La grande crevasse

FRISON-ROCHE	*ŒUVRES*
PREMIER DE CORDÉE	*J'ai lu* 936***
RETOUR À LA MONTAGNE	*J'ai lu* 960***
LA GRANDE CREVASSE	*J'ai lu* 951***
LES MONTAGNARDS DE LA NUIT	*J'ai lu* 1442****
BIVOUACS SOUS LA LUNE :	
LA PISTE OUBLIÉE	*J'ai lu* 1054***
LA MONTAGNE AUX ÉCRITURES	*J'ai lu* 1064***
LE RENDEZ-VOUS D'ESSENDILÈNE	*J'ai lu* 1078***
LUMIÈRE DE L'ARCTIQUE :	
LE RAPT	*J'ai lu* 1181****
LA DERNIÈRE MIGRATION	*J'ai lu* 1243****
LES TERRES DE L'INFINI :	
LA PEAU DE BISON	*J'ai lu* 715**
LA VALLÉE SANS HOMMES	*J'ai lu* 775***
CARNETS SAHARIENS	*J'ai lu* 866***
LES MONTAGNES DE LA TERRE	
MISSION TÉNÉRÉ	
SAHARA DE L'AVENTURE	
PEUPLES CHASSEURS DE L'ARCTIQUE	*J'ai lu* 1327****
NAHANNI	*J'ai lu* 1579***
KABYLIE 39	
SUR LA PISTE D'EMPIRE	
DJEBEL AMOUR	*J'ai lu* 1225****
LE VERSANT DU SOLEIL - 1	*J'ai lu* 1451****
LE VERSANT DU SOLEIL - 2	*J'ai lu* 1452****
L'ESCLAVE DE DIEU	*J'ai lu* 2236****** *(sept. 87)*

Frison-Roche

La grande crevasse

Éditions J'ai lu

PREMIÈRE PARTIE

1

Jusqu'à cette fameuse enjambée au-dessus du vide, tout avait bien été. Certes, l'aide de la corde d'attache discrètement tenue par Laurent Bournet n'avait pas été inutile. Encore, songeait Sylvain Kipp, la figure cramoisie par l'effort, encore avait-il dû déployer toute son énergie ! Quand on a cinquante ans et qu'on traîne cent dix kilos, on ne peut pas se permettre dans le rocher les mêmes acrobaties que les jeunes de vingt ans. C'était déjà bien joli de pouvoir faire ça...

A présent il reprenait son souffle, le corps collé à la paroi, en équilibre instable sur deux prises de pied. Le passage du Grand Surplomb, qu'il venait de terminer, l'avait mis à rude épreuve. C'est à peine s'il osait regarder, entre ses jambes, le vide qui se creusait, et tous ces arbres qui, vus d'ici en perspective verticale, semblaient plantés tout de guingois, et le lac à l'Anglais, dont les eaux stagnantes, couvertes de feuilles mortes, miroitaient comme une nappe de plomb.

— Faut traverser vers moi maintenant...

La voix de Laurent Bournet semblait lui parvenir directement par cette corde de onze millimètres qui partait de sa ceinture et contournait la falaise; Laurent, lui, on ne le voyait pas. Un bombement de la paroi le masquait, et cela compliquait beaucoup la manœuvre.

— Suivez la corde, dit encore Laurent.

Kipp ne put réprimer un mouvement d'humeur.

– Suivez la corde! Suivez la corde! T'en as de bonnes... Je voudrais t'y voir... C'est bien une idée de Zian de m'avoir fourré dans ce passage difficile.

Si encore il était là, Zian... Certes, il avait une entière confiance en Laurent, mais ça n'était pas la même chose. Quand Zian était devant, tout allait mieux. Trop bien même :

– Vous vous habituez à moi, Kipp, disait-il, vous devenez trop confiant; aujourd'hui, vous marcherez derrière Laurent; comme ça, vous serez obligé de vous débrouiller, car il ne connaît pas toutes vos manies, Laurent...

Il avait bien fallu obéir. On en passait toujours par où voulait Zian. Car il savait la diriger, son école d'escalade, et tous, jeunes et vieux, faisaient sous sa conduite, d'étonnants progrès. « Vous arriveriez à faire grimper un paralytique », lui disait-on parfois.

A l'autre bout de la corde, Laurent devait s'impatienter, car une discrète traction faillit arracher le gros soyeux lyonnais des prises sur lesquelles il hésitait.

– Alors, c'est oui ou c'est non? disait la voix.

Il fallait se décider. Kipp soupira et chercha maladroitement à progresser vers la droite. Il dominait d'une trentaine de mètres le pied de la falaise des Gaillands. Il s'agissait de rejoindre, à main gauche, une arête rocheuse où se devinait un début de vire; Laurent Bournet était quelque part derrière! Kipp devait se débrouiller tout seul.

On lui avait expliqué : s'élever sur la jambe droite, faire de l'opposition dans le « dièdre » avec la jambe gauche, le pied posé à plat sur la paroi... se pencher à l'horizontale pour attraper une prise de main sur l'arête... Ensuite? Ensuite, c'était tout, avait dit Laurent.

Plein de bonne volonté, il essaya.

Ça devait finir comme ça ! Sans doute Laurent s'y attendait-il, car il avait passé sa corde dans un piton; mais ce qu'il n'avait pas prévu, c'est que Kipp lâcherait prise sans prévenir – les autres criaient toujours avant – de sorte qu'il avait reçu le choc sur un seul bras, l'autre lui servant à garder son équilibre sur l'étroite plate-forme où il se trouvait; ça lui tira les muscles à les arracher, mais il tint bon. Maintenant une voix étouffée parvenait jusqu'à lui :

– Laurent... je lâche... je lâche tout !...

– M'en doute que vous lâchez tout... grogna Laurent.

Le guide ne s'effrayait pas outre mesure; la corde passait dans deux solides pitons de fer... Si seulement le client voulait faire un effort !

– Je tiens bon, Kipp !... cria-t-il. Tirez-vous après la corde... tâchez de remonter jusqu'à la vire... Allez-y !

Il encourageait, il se faisait persuasif. Mais Kipp, complètement épuisé, n'était plus qu'une loque. Il ressemblait, vu d'en bas, à un gros pantin disloqué pendant le long de la paroi rocheuse; la corde lui sciait la poitrine, lui ôtant le peu de souffle qu'il avait conservé. Il haletait :

– Vite, Laurent... j'étouffe !

Alors, comme il ne pouvait rien faire d'autre, Laurent appela Zian à son aide, d'une voix très calme où ne perçait aucune émotion. Il disait :

– Zian !... Oh ! Zian... Dépêche...

Il ne sourcilla même pas quand la réponse lui parvint d'en haut :

– Tiens bon ! J'arrive.

★

La falaise des Gaillands domine la route nationale du Fayet à Chamonix. A sa base deux étangs, qu'on nomme ici des lacs, gisent dans un fouillis de végétation alpestre. L'herbe alentour est parsemée de gros blocs, car les couloirs de rochers sont l'exutoire naturel des avalanches descendant du Plan Lachat. Le plus petit de ces lacs baigne la paroi du roc; le vent d'est y dessine des moirures chatoyantes, et tout un paysage frissonnant s'y reflète par temps clair. On l'appelle le Miroir du Mont-Blanc.

De nombreux promeneurs s'y rendent de Chamonix pour admirer le panorama du Mont-Blanc; cette école d'escalade procure en outre aux flâneurs un spectacle gratuit.

Tout au sommet de la falaise, à près de quatre-vingts mètres de haut, Zian Mappaz a rassemblé sur une large vire rocheuse les deux cordées qu'il vient d'entraîner par le passage du Dièdre Gris. Chacun apprécie ces minutes de repos après l'effort. On entend le murmure de la forêt toute proche, le bruissement soyeux des trembles et des bouleaux argentés. Le soleil tourne peu à peu derrière les croupes boisées de Merlet; laissant le rocher dans l'ombre, il éclaire violemment la haute chaîne festonnée sur le ciel incroyablement foncé du mois d'août. Parfois, le bruit sourd d'un sérac se détachant quelque part dans l'immense chaos glaciaire signale l'activité millénaire de ces monts en apparence assoupis dans l'air calme de l'été. De belles volutes de nuages flottent à mi-chemin de la cime suprême, présageant un temps serein.

Zian est heureux, comme on peut l'être lorsqu'on a mené à bien son escalade, et il fait partager sa joie à ses élèves... Tous chantent en sourdine un chœur montagnard.

C'est à ce moment qu'il perçoit l'appel de Laurent :

– Zian !... Oh ! Zian... Dépêche...

La voix monte jusqu'à lui. Il ne demande pas d'explication : si Laurent appelle, cela doit être grave... D'ailleurs, il a compris : Kipp a dérapé en faisant l'enjambée au-dessus du Grand Surplomb ! Il faut agir vite, car Kipp est lourd, et les meilleures cordes peuvent casser...

Il crie :

– Tiens bon ! J'arrive ! (Puis, tourné vers Boule, il ajoute, plus doucement :) Tu ramèneras tout le monde au pied de la paroi; moi, je file...

Sans attendre un ordre de Zian, Boule a déjà lancé le rappel. Son camarade l'empoigne et se laisse glisser avec virtuosité jusqu'à la grande plate-forme qui sépare en deux dalles bien distinctes la paroi rocheuse. Puis, négligeant la corde il dévale, face au vide, jusqu'au bas de la falaise. C'est bien plus une chute dirigée qu'une descente. Zian trouve en cette occasion sa forme des grands jours : il adhère avec une souplesse quasi simiesque au rocher qu'il ne fait qu'effleurer, se détend d'une prise à l'autre, rebondit telle une balle; toutefois ses gestes sont si précis qu'il atteint toujours l'aspérité invisible, devinée d'avance, d'où, ensuite, par un effort portant sur un seul doigt, sur le bout de son espadrille, il ira s'accrocher à une autre prise minuscule, sur cette muraille familière où l'habitude décuple la perfection de sa technique.

Quelques badauds arrêtés au bord de la route nationale suivent avec intérêt ce qu'ils prennent pour une démonstration et qui, en réalité, est un sauvetage.

★

Arrivé en bas, il juge d'un coup d'œil la situation. C'est bien ce qu'il pensait ! Kipp geint là-haut au bout de la corde. Il a pendulé de quelques mètres et ça lui a coupé le souffle. Laurent, le visage un peu crispé, n'a pas bougé d'un centimètre sur sa vire. Il voit venir Zian.

– Dépêche !... Je prends la crampe, dit-il simplement.

– Tiens bon...

Pour gagner le pied du surplomb, Zian bouscule

presque deux jeunes femmes, qui se prélassent à l'ombre et ne perdent rien du spectacle. L'une d'elles surtout semble s'amuser follement de la situation; là-haut, le malheureux Kipp fait des contorsions grotesques pour se dégager, puis il y renonce... Zian, déjà, s'élève le long de la paroi; il progresse lentement, avec une précision mathématique; personne, le voyant évoluer de la sorte, ne soupçonnerait la difficulté du passage; il se coule sous le surplomb et arrive au niveau des pieds du grimpeur en difficulté; alors il coince un genou dans une étroite fissure, et fait peser dessus tout le poids de son corps; il sent la pierre s'incruster dans sa chair; ainsi suspendu à trente mètres de hauteur, il prête ses épaules à Kipp, lui tient fermement les chevilles. C'est lourd, cent kilos à supporter, sur une seule cuisse coincée dans une faille; il sent ses muscles se gonfler à craquer, cependant que cette masse de chair flageole, cherche à s'élever, reprend appui sur les solides épaules... Elles sont solides comme un pilier de granit, les épaules de Zian ! Kipp reprend son souffle; son cœur bat à coups violents tandis que, d'un effort surhumain, il cherche à progresser; il piétine sans ménagement la tête du guide, ses épaules, de nouveau sa tête, sans pouvoir gagner un centimètre.

C'est alors que d'en bas un éclat de rire parvient jusqu'aux deux hommes.

Zian a peine à le croire... Sacrebleu ! On ose se moquer... et pendant qu'on se moque, la fatigue l'envahit, il sent les muscles de sa cuisse se durcir exagérément – c'est toujours ainsi avant la crampe. Et ce rire qui continue... Elle ne voit donc pas que je peux me casser la figure, celle-là ! Alors sa rage explose, il hurle :

– Vous allez vous taire là-dessous !

Kipp lui dira plus tard qu'il a juré grossièrement, mais il affirmera le contraire.

A cet éclat de colère, le rire s'est arrêté.

Dans le silence qui suit, ils voient plus clair.

Kipp peut enfin saisir à deux mains un solide rebord. Et puis, de sentir Zian sous lui, qui le soutient de sa large nuque, de ses fermes épaules, il n'a plus peur tout à coup ! Le miracle s'accomplit. Zian parle, et Kipp obéit :

– A droite pour le pied... là... ça va... Maintenant l'autre jambe... un peu plus haut... Bien... Laurent ! Tire la corde !

Comme tout est simple quand Zian est là !

Et Laurent sent venir la corde : un mètre, deux mètres... Il peut changer de position, gagner une plateforme, reposer son bras crispé où les veines saillent comme un nœud de serpents... Ça y est ! Voici Kipp qui tourne l'arête : il aperçoit d'abord son visage ruisselant de sueur, écarlate, mais déjà rasséréné, puis le corps surgit à son tour...

– Ben, mon petit, fait Kipp, tu me la copieras !

Derrière vient Zian, décordé, veillant pas à pas sur le gros Kipp, car il sait qu'une défaillance est toujours possible.

Ils gagnent ainsi la voie normale et atteignent le bas de l'escalade.

– Pour aujourd'hui, c'est terminé, déclare Zian.

Tous les élèves l'entourent, le questionnent, taquinent la victime qui est la première à rire de son aventure.

– Cent kilos ! Je voudrais bien vous y voir ! Demandez plutôt à Zian ou à Laurent ! A propos, merci quand même, vous deux !

Ils se groupent autour des sacs, enlèvent leurs espadrilles, plient les cordes. Ils ne font même pas attention aux deux jeunes femmes de tout à l'heure qui n'ont pas quitté leur place sur la rive herbeuse, et qui se taisent, un peu mortifiées d'avoir été rabrouées.

Mais Zian feint de ne pas les voir; il sent encore trop de colère amassée en lui, il serait capable de s'emporter; mieux vaut les ignorer.

Et ça se serait sans doute passé comme ça, et il ne les

aurait plus jamais revues, si Kipp n'avait reconnu Micheline Faret.

– Tiens, tiens! fait-il, jovial, c'est donc vous, madame, qui vous moquiez si gentiment... Vous, ou votre amie?

La jeune femme se lève un peu confuse, fait un signe.

– Brigitte! dit-elle. (Mais sa compagne semble bouder.) Brigitte! répète-t-elle. M. Sylvain Kipp est un excellent ami de mon mari; quant à Mlle Collonges, ajoute-t-elle en se tournant vers lui, vous la connaissez sans doute?

– Le baron Collonges! Bien entendu... Mes respects, mademoiselle. (Il voudrait présenter Zian. Trop tard! Celui-ci, ayant ramassé ses cordes, file déjà à grands pas sur le chemin des Pècles.) Déjà parti! Dommage, j'aurais bien voulu que vous le connaissiez; un charmant garçon, un peu sauvage...

– Je crains que nous ne l'ayons froissé, dit encore la jeune femme. Il faudra nous pardonner, nous n'avions pas compris que vous étiez en mauvaise posture, et puis...

Micheline Faret s'arrêta avec un sourire malicieux.

– Allez, allez! Dites la vérité, répondit-il. Un gros homme comme moi au bout d'une corde, c'est forcément drôle! Ça ne fait rien, qu'attendez-vous pour en faire autant?... Hein! Si on vous mettait au pied du mur? (Et il rit aux éclats.) C'est ça, j'en parlerai à Zian, et pas plus tard qu'aujourd'hui au bal des Guides!

★

La fête des Guides avait lieu ce même soir du 14 août 1932, au Casino.

Après avoir quitté ses élèves, Zian n'avait eu que le temps de remonter au village des Praz pour se changer – le costume qu'il avait fait faire pour la noce de Pierre Servettaz était encore très bon. Il était bien décidé à s'amuser. Un jour de détente au milieu d'une longue saison de montagne, cela remet de toutes les fatigues.

En passant, il avait pris Nanette Guichardaz, et tous deux avaient rejoint, chez Breton, Laurent, Boule, et les autres guides. Ils étaient arrivés en avance au Casino. Le vieux Kléber, chargé de la réception, les avait dirigés vers la table réservée aux guides, un peu à l'écart, dans le fond de la salle; on leur avait servi du crépy pétillant et, de là, ils avaient vu arriver tout le monde.

Il y avait foule. Au centre se trouvait la table d'honneur avec les officiels : le maire, le président du Syndicat, etc.; puis autour de la piste de danse en verre dépoli éclairé par en dessous étaient dispersées les tables destinées aux invités. Zian reconnaissait la plupart des « clients » habituels des guides – ceux que l'on croise sur les glaciers, ou qu'on rencontre dans les cabanes – mêlés à une multitude de touristes quelconques, de ceux qui ne quittent jamais la station.

Nanette aurait bien voulu danser.

– Pas encore, avait dit Zian. On va pas ouvrir le bal, nous autres!

Mais quand les touristes avaient envahi la piste, eux, du coup, n'avaient plus osé.

– On est plus à l'aise dans le rocher! soupira Paul Mouny.

De la sorte, le temps avait passé, et ils commençaient à s'ennuyer.

C'est alors que le chef d'orchestre, un boute-en-train qui aimait bien les guides, s'aperçut de la situation.

Il ordonna un roulement de tambour, et dans le silence qui suivit, il annonça :

– Mesdames, mesdemoiselles, une « série bleue », pour faire danser les guides!

Ça devait changer toute la vie de Zian, cette danse!

Elle était venue droit vers lui à travers la salle, et alors il eût voulu être à cent pieds sous terre. Si encore elle avait fait le grand tour, si elle s'était faufilée discrètement au milieu des tables! Mais non, elle s'était levée la première, et toute la salle l'avait remarquée; puis, coupant au plus court vers la table des guides, elle avait franchi la piste de danse déserte qui l'isolait de la lumière, tandis que tous la suivaient du regard, et l'admiraient, car elle était très belle.

Zian l'avait vue venir, lui aussi, et tous ses camarades; elle semblait presque trop belle, comme ces vedettes qu'on voit sur l'écran; dans la réalité, les femmes ne sont jamais aussi parfaites.

Nanette elle-même paraissait en convenir.

— Elle est rudement bien! fit-elle naïvement.

Et malgré lui, Zian avait fait la comparaison avec Nanette. Puis il avait détourné son regard, gêné.

Mais il n'avait pas eu le temps de penser plus avant : elle s'était trouvée tout à coup devant lui, souriant d'un air malicieux, ébauchant une sorte de révérence :

— Puisqu'il est permis de choisir son cavalier, voulez-vous valser avec moi, M. Zian?

Alors seulement il reconnut la jeune fille à sa voix. Mais ne comprenant pas pourquoi elle était venue à lui, il restait là, tout interdit, les bras ballants... Boule fut obligé de le pousser du coude.

— Fais pas attendre!

Zian se leva.

Il l'enlaça comme dans un rêve, et ils se mirent à valser; d'autres couples tournaient maintenant autour d'eux, et Zian prenait un peu plus d'assurance.

Tout d'abord, ils n'échangèrent pas une parole. Ce ne fut qu'un peu plus tard, après la reprise, qu'elle parla la première. Lui, gardait un air taciturne, mais la valse dissipait peu à peu sa gêne.

— Vous m'en voulez encore? demanda-t-elle.

Il aurait voulu répondre qu'elle avait été odieuse, qu'il la détestait, tout ce qu'il s'était promis de lui dire cet après-midi aux Gaillands si un jour il la rencontrait sur son chemin! Mais elle le regarda bien en face, et il sentit toute sa rancune fondre comme neige de printemps sous le souffle du fœhn.

Alors elle entreprit de l'apprivoiser.

Quand il revint vers la table des guides, on y discutait ferme. Le vin, déjà, faisait son effet. Boule s'apprêtait à lancer une boutade, mais Zian l'arrêta d'un geste. L'autre comprit qu'il ne fallait pas plaisanter. Dans son coin, Nanette se taisait.

Zian laissa passer une danse, puis une autre et une autre encore. Soudain, tandis que l'orchestre recommençait à jouer, il se leva brusquement, et, comme on se jette à l'eau, il traversa la piste, tout droit, seul, avant tout le monde, jusqu'à sa table.

Elle le regardait venir en souriant.

2

La température changea brusquement à l'instant où le petit train à crémaillère, franchissant le pont métallique du couloir de la Filiaz, s'engageait sur les longues arches de pierre du viaduc. Jusque-là, l'air chaud des vallées stagnait, sous les épaisses frondaisons des forêts de sapins. Puis, tandis que les Aiguilles apparaissaient au tournant de la montagne, un vent froid soufflant des cimes enveloppa traîtreusement les voyageurs. Ceux-ci, penchés aux portières, laissaient éclater à voix haute leur étonnement admiratif devant l'élan gigantesque de l'Aiguille du Dru, prodigieux obélisque de dix-huit cents mètres de hauteur, épaulant la coupole de glace de l'Aiguille Verte.

Le paysage devint nu, minéral; la forêt cessa d'un seul coup, cédant la place aux essences naines — aulnes verts, rhododendrons, genévriers — qui calfataient les pierriers et les vieilles moraines. Seuls, quelques mélèzes décharnés, quelques arolles millénaires aux troncs de bronze éclatants, postés en sentinelles sur de gros blocs erratiques qu'ils étreignaient de leurs racines, ressemblaient à d'étranges rapaces montant la garde à l'entrée d'un monde interdit.

Ce monde avait bien changé depuis le jour où, en 1741, quelques Anglais, suivis d'une nombreuse escorte, y parvenaient, venant du Prieuré de Chamonix. Sur la vaste plate-forme dominant la Mer de Glace s'étagent les trois bâtiments de l'hôtellerie du Montenvers, et plus loin, semblable à un blockhaus, la solide construction de la gare. Ahanant, secoué sur sa crémaillère, tous ses essieux grinçant, le train pénètre sur le palier d'arrivée, lâchant, dans sa joie d'en avoir terminé, la vapeur en jets stridents. Sans attendre l'arrêt complet, la foule se déverse sur le terre-plein et s'apprête à admirer en toute confiance le spectacle qui lui est offert. A l'entrée du sentier qui mène aux glaciers, les alpinistes vérifient le chargement de leurs sacs, tombent la veste, déboutonnent l'encolure de leur chemise, puis se mettent en route pour gagner les refuges où ils passeront la nuit.

Un peu à l'écart, Brigitte et Zian font leurs préparatifs. Ils parlent peu. Déjà l'envoûtement de la montagne les dépouille de leurs gestes, de leurs habitudes, de leur âme de gens des plaines. Souvent la jeune fille est venue jusqu'ici, en toilette claire ou en short et chemisette, mais la promenade ne dépassait pas le parapet de granit et, après quelques coups d'œil distraits, quelques photographies banales, elle et ses amis gagnaient bien vite le bar de l'hôtel. Cette fois, il s'agit d'une tout autre aventure, et, malgré elle, Brigitte se sent oppressée. La calme assurance de son guide l'étonne. Tous les gestes de Zian semblent réglés d'avance : la façon dont il équilibre le rouleau de corde sous la patelette du sac, dont il remonte les manches de sa chemise, découvrant des muscles noueux et solides; jusqu'au ton sur lequel il parle, qui n'est plus respectueux et timide comme dans la vallée, mais grave, autoritaire, ferme et doux à la fois.

Tous deux s'engagent sur le petit sentier qui longe la rive gauche de la Mer de Glace, se faufilant entre les plaques rocheuses couvertes de rhododendrons, à une cinquantaine de mètres au-dessus du glacier.

Zian a laissé tous les alpinistes le dépasser. Il marche très lentement. C'est du moins l'impression qu'il donne à Brigitte dont l'allure ne s'est pas encore modelée sur celle de son guide.

— Réglez votre pas sur le mien, mademoiselle ! lui a conseillé Zian au départ, alors qu'il passait le manche de son piolet sous son bras. Puis il n'a plus rien dit, et Brigitte ne sait comment entamer la conversation.

Il y a une demi-heure qu'ils vont en silence. Derrière eux, un touriste en souliers bas les a suivis quelque temps, sautillant d'une pierre à l'autre; puis, las de l'allure uniforme du guide, il a fait demi-tour. Désormais, ils sont seuls.

Quand Brigitte lève la tête, elle aperçoit si haut dans les nues les arêtes déchiquetées des Charmoz, les pentes effrayantes du glacier de la Thendia et la brèche de l'Aiguille de la République, qu'elle baisse presque aussitôt les yeux pour reposer son regard sur quelque chose de vivant, sur les touffes de renoncules, sur les buissons d'aulnes verts qui jaillissent entre les pierres serties de mousse. Ils arrivent à quelques marches taillées dans le roc : la piste franchit deux falaises rocheuses et une main courante en fer facilite le passage. Zian ne s'est pas arrêté; simplement, d'un regard jeté derrière lui, il s'est assuré que Brigitte s'engageait sans appréhension dans les marches.

— Tenez bon ! a-t-il dit.

C'est tout. Et Brigitte avance, comme fascinée. Non pas qu'elle soit peureuse – l'habitude des sports l'a aguerrie toute jeune – mais tout ceci est nouveau pour elle. Avec un demi-sourire, elle songe aux précautions que prenait son professeur de gymnastique pour lui faire traverser le portique. Elle obéit tout naturellement et fait attention à bien poser ses pieds dans les encoches de pierre. Le passage est franchi. Zian continue à travers des blocs instables – une moraine en activité qui bourgeonne et vient déborder sur la rive du glacier. A présent, cela semble facile à Brigitte, et pourtant son guide, cette fois, lui recommande :

– Prenez garde, mademoiselle, il y a de la glace là-dessous; mettez vos pieds dans mes traces.

De la glace? Elle n'en voit nulle part, jusqu'au moment où elle dérape sur le sable gris qui cache la surface noire et dure du glacier. Dans sa chute elle s'est égratigné la main et saigne un peu. Zian n'y fait pas attention, ne s'arrête pas. Brigitte réfléchit. Ne lui a-t-il pas dit que jusqu'au refuge ce n'était qu'une promenade de trois heures sans aucune difficulté? Alors, que sera-ce demain? Elle n'ose y penser. Elle se demande ce qu'elle est venue faire ici alors qu'elle pourrait être, à cette heure, en train de bavarder sur la terrasse du pavillon du Golf. Elle regarde sa main déchirée et songe aux soins qu'elle prenait pour la conserver fine, intacte, avec des ongles bien laqués. Elle sourit. Si « on » la voyait ainsi, déjà rouge, un peu décoiffée, des gouttes de sueur perlant à la naissance des cheveux...

Ils marchent depuis plus d'une heure et remontent maintenant le glacier immense, à peine incliné, dépourvu de neige, montrant toutes ses crevasses. Zian poursuit sa route sans hésitation : il l'a parcourue tant de fois! Mais Brigitte s'étonne des brusques détours qu'il fait sans raison apparente. Pourtant ceux-ci se justifient toujours et elle s'aperçoit que le guide devine de très loin l'endroit exact où une crevasse peut se franchir. Au milieu du glacier, ils dépassent des caravanes inexpérimentées qui vont et viennent, perdant un temps précieux.

Brigitte voudrait bien s'arrêter. Le petit sac tyrolien que Zian lui a fait prendre n'est certes pas lourd, et son contenu est à peu près le même que celui du sac de ville qu'elle porte allégrement des heures entières dans les rues de la capitale; cependant il lui semble que les courroies lui scient les épaules.

— C'est pour vous entraîner, lui a-t-il dit au départ.

Le glacier s'élargit brusquement. Ils ont quitté une longue zone d'ombre pour pénétrer dans la lumière du cirque intérieur. Zian rabat sur ses yeux ses lunettes à coque métallique et lui fait signe d'en faire autant. Ils remontent le long d'un véritable torrent qui coule à pleins bords dans son lit de glace avant de disparaître dans un gouffre sans fond. A leur droite, un nouveau glacier apparaît, énorme, formé par la réunion de nombreux glaciers secondaires, coulant des cimes qui les entourent. La vallée s'est fermée derrière eux. Ils se trouvent dans un vaste amphithéâtre, bordé de murailles cyclopéennes. Autour d'eux, ce ne sont que rocs, glaces et neiges. Un long sifflement asthmatique parvient jusqu'à eux : le dernier train descendant du Montenvers avertit les retardataires.

Ils traversent plusieurs moraines. Brigitte se fatigue dans ces blocs branlants où il est nécessaire de posséder une grande sûreté de pied pour marcher avec facilité, mais elle n'ose se plaindre. Son guide, lui, va indifférent, de son allure égale et lente. Quittant le centre du glacier, il se dirige vers une haute falaise rocheuse, coupée par places de terrasses herbeuses, qui s'élève jusqu'aux à-pics tourmentés d'une aiguille dont elle ignore le nom. Plus ils avancent, plus la muraille semble se redresser et devenir infranchissable; Zian contourne quelques blocs, et vient heurter de la main le bas de la paroi. Brigitte distingue alors, dans une fissure cachée, quelques marches taillées et une rampe de fer. Son compagnon est déjà à quelques mètres au-dessus d'elle, le piolet passé à la ceinture; il se retourne pour l'encourager.

– Les Égralets, mademoiselle. Nous serons bientôt au bout de nos peines.

– Je voudrais bien me reposer un peu, Zian, dit-elle timidement.

– Pas encore!

Elle ne discute pas. Sa volonté ne compte plus. Comme une automate, elle empoigne la rampe et monte; le vide se creuse au-dessous d'elle. Les yeux fixés sur les souliers ferrés de son compagnon, elle se laisse conduire, un peu étonnée qu'il lui soit si facile de renoncer ainsi à sa personnalité. Elle ne sent plus la fatigue; elle est trop occupée à poser ses pieds en équilibre sur les marches, à serrer de ses mains le rigide câble d'acier... Elle est presque surprise lorsqu'elle débouche enfin sur une belle plate-forme où elle trouve Zian, débarrassé de son sac, confortablement assis sur l'herbe, et qui lui dit d'un ton joyeux :

– Maintenant, on peut souffler! Pas mal pour une débutante; nous avons mis deux heures depuis le Montenvers.

Il s'éponge le front, desserre l'ouverture du sac, en tire une gourde de thé, quelques biscuits, du chocolat. Il sort le petit gobelet en argent de Brigitte – sa timbale d'enfant – que Mme Collonges lui a confiée au départ, et donne à boire à sa « cliente ». Quant à lui, il se contente du vieux quart militaire, culotté de brun, qui ne quitte pas les poches de son sac. Brigitte boit avec avidité. Jamais jusqu'à ce jour elle n'a goûté breuvage aussi divin que ce thé fade, peu sucré et froid, que le guide lui verse.

Zian n'est pas pressé de repartir. Il connaît la valeur des haltes. Il sait que la dernière heure sera la plus pénible. Pour que la jeune fille oublie sa fatigue, qu'elle détende ses nerfs et jouisse de ce repos, il la distrait en bavardant amicalement avec elle. Il lui décrit le paysage majestueux qui s'offre à leurs yeux.

Une fine couche de neige fraîche, amenée par le mauvais temps de la semaine écoulée, saupoudre toutes les cimes jusqu'à trois mille mètres d'altitude. La fin de la journée est chaude sur ces rochers exposés au sud-ouest et qui recueillent jusqu'à la nuit les rayons du soleil. En face d'eux, le Mont-Blanc s'étage, magnifique de proportions, dominant toutes les cimes à l'entour. Ce n'est plus l'impressionnante coulée de glace qui dévale jusque dans les vergers de Chamonix, mais une belle coupole soutenue par d'audacieux piliers de roche rouge, encadrée par des arêtes aériennes hérissées de clochetons et de pinacles, bouchant l'horizon de toutes parts.

Au-dessous, le glacier de Leschaux, plat, uni, sans crevasses, étend son tapis de neige au pied de l'irréelle muraille nord des Grandes Jorasses, vaste surface de rocs noirs striée de lumineux couloirs de glace, élevant d'un seul jet ses douze cents mètres, nets, jusque-là, de toute atteinte humaine.

Pourtant, quelques années plus tard, après de sanglants échecs, des hommes parviendront à forcer plusieurs voies, où ils écriront des pages d'héroïsme obscur, des poèmes d'action virile. Mais en ce beau soir de 1932, la paroi qui s'élève devant eux est vierge, provocante, et semble inattaquable. Derrière le Col des Hirondelles, de lourds nuages roulent, telles les fumées d'un immense incendie qui ferait rage quelque part, au sud, dans les plaines italiennes. Du glacier suspendu du Tacul, d'énormes avalanches de glace croulent avec un bruit de tonnerre sur celui de Leschaux; les deux jeunes gens suivent le déroulement de leurs masses aveugles qui déferlent le long des pentes, les recouvrant et les masquant sous des nuages d'une poussière irisée, ténue, tenace comme un vent de sable qui longtemps flotte dans l'air alors que le silence a déjà repris possession des solitudes.

Zian parle. Brigitte écoute et revit en même temps son étonnante aventure. Elle se revoit il y a dix jours au rocher des Gaillands, suivant d'un œil distrait et ironique les évolutions des grimpeurs. C'est de là que date son envie de connaître non pas tant la montagne – elle n'y avait même pas songé – que cet homme qui se jouait du vide et paraissait à la fois si sûr de lui et si étrangement timide.

Assis à ses côtés sur le gazon ras, caressant les herbes de la pointe de son piolet, il parle avec douceur et autorité.

Mais elle ne l'entend plus. Elle se rappelle le bal des Guides, le muet hommage qu'elle a lu dans les yeux de Zian. Ça y est ! L'ours des Gaillands est apprivoisé. Ce qui est arrivé ensuite lui paraît inexplicable. Deux jours plus tard, à 7 heures du matin, elle était au bureau des Guides; Zian n'était pas encore arrivé; elle a payé son inscription et a docilement attendu avec les autres élèves. Le gros Kipp lui a jeté un sourire complice, mais n'a rien dit; les autres ne l'ont pas reconnue. Elle portait une blouse, un pantalon serré aux chevilles. « Un vrai garçon manqué ! » lui avait dit sa vieille gouvernante lorsqu'elle avait quitté la villa sans avertir personne.

Puis Zian était arrivé. Il avait dit :

– Bonjour à tous, (et avait ajouté, en chargeant son sac sur l'épaule :) En route !

Ils étaient partis, lui en tête bavardant avec Jimmy, elle suivant en queue de caravane.

Avait-il oublié la soirée des Guides ? Elle l'avait cru jusqu'au moment où il s'était approché d'elle pour l'encorder, ce qu'il avait fait avec minutie, vérifiant le nœud d'attache. Ensuite, la regardant dans les yeux, il lui avait dit avec un bon sourire :

– Maintenant à nous deux...

Et il s'était engagé dans la falaise. Tout à coup Brigitte avait ressenti une impression neuve : par l'intermédiaire de la corde, il lui semblait que le guide lui transfusait sa science de l'escalade. Elle avait tout naturellement trouvé des prises. Aucune gaucherie dans ses gestes, dans son allure. Zian avait marqué son étonnement :

– Bravo, mademoiselle ! Bravo, on fera quelque chose de vous.

Ses progrès avaient été très rapides. Le lendemain, elle ne marchait plus en serre-file, mais à la droite du guide.

– Ce matin, lui avait-il dit, je vais vous *essayer* dans le Dièdre Gris. Avec votre souplesse, vous devez le franchir sans hésitation.

Au bout de quelques jours, elle avait manifesté le désir de faire des courses. Zian l'avait emmenée au Belvédère des Aiguilles Rouges :

– Une longue marche, pas très difficile, mais qui me renseignera sur votre résistance...

L'épreuve avait été décisive. Si bien qu'il y a deux jours Zian lui a déclaré au retour d'une dernière séance d'escalade :

– Avec vous, j'ai envie de brûler les étapes. Que diriez-vous d'une grande, d'une vraie course avec de la glace, de la neige et des rochers vertigineux ?

Elle a consenti. Elle ne sait plus lui dire non, à ce grand gaillard; cet homme simple possède sur elle un pouvoir absolu. Elle le suivrait n'importe où sans discuter, sans en chercher la raison. Zian lui a proposé de faire les Aiguilles Ravanel et Mummery. Elle ne saurait dire exactement où elles se trouvent, mais cela n'a à ses yeux aucune importance ! Elle est décidée à poursuivre cette expérience étonnante. Rien d'autre ne l'intéresse depuis ce 15 août, ni les thés mondains, ni les bals, ni les randonnées en voiture... Son amie Micheline ne la reconnaît plus. Quant à ses parents, ils ont protesté, mais elle a eu gain de cause... comme toujours.

N'est-elle pas libre d'ailleurs? N'a-t-elle pas vingt-deux ans, une indépendance totale, et l'habitude de se gouverner seule dans la vie?... Ainsi est-elle venue, ce soir, sur une étroite terrasse herbeuse dominant les plus beaux glaciers d'Europe, au cœur d'une montagne qu'elle ne connaissait jusque-là que par ouï-dire.

L'aime-t-elle cette montagne? Brigitte analyse ses sentiments et doit s'avouer qu'elle n'en sait rien, et cette ignorance est bien proche de l'indifférence.

Elle relève les paupières, s'enchante de lumière.

Zian, à ses côtés, l'interroge :

— Fatiguée?... Je vous regardais dormir...

— Je ne dormais pas...

— Dommage, dit le guide en souriant. Je m'étais mis en frais pour vous décrire la montagne, et au bout d'un moment, j'ai vu que vous ne m'écoutiez plus...

— Pardon!

Il rit, puis ajoute :

— Ce n'est pas moi qui vous en voudrai de ne pas apprécier les bavards; j'aime trop le silence; ça ne vous donne pas envie de réfléchir, tout « ça » ?

— Je réfléchissais, Zian.

— Dites voir?

— Je me demandais pourquoi j'étais ici. Savez-vous que, depuis une quinzaine, vous me faites faire exactement tout ce que vous voulez?

— Je vous propose des courses et vous acceptez.

— Oui, mais je n'avais pas précisément l'habitude de me laisser diriger... A la maison, je passe pour capricieuse et autoritaire, je croyais aimer par-dessus tout ma liberté, et il a suffi que je m'inscrive à l'école...

— L'amour de la montagne ne se discute pas, répond Zian simplement.

Puis il se tait et remet de l'ordre dans son sac.

Brigitte retourne à sa méditation. Ces quelques heures de marche semblent l'avoir détachée de sa famille, de ses amis, de tout ce qui avait jusque-là rempli son existence de jeune fille choyée. Elle, toujours si altière, se sent tout à coup perplexe, incertaine... Elle voudrait se persuader qu'elle n'a rien perdu de son autorité sur les hommes. « Si je mettais mon guide à l'épreuve, pense-t-elle, par exemple en laissant tomber mon foulard ou mon piolet au bas de la falaise, irait-il le chercher ? »

Elle regarde Zian à la dérobée. Non ! Ce compagnon viril, rude et franc n'est pas homme à céder à un enfantillage ni à se laisser mener par une coquette. Il lui dirait certainement avec son faux air bourru :

– En montagne, on ne gaspille pas ses forces pour des riens. Votre foulard ? On ira voir au retour s'il y est encore.

Elle se sent seule tout à coup dans cette nature primitive, hostile à l'homme.

« Alors, se dit-elle, si je ne suis pas ici pour la montagne, serait-ce... »

Mais le guide interrompt ce monologue intérieur.

– La pause a assez duré, mademoiselle. En route !

Et il se lève, accroche la bretelle de son sac, prend son piolet.

Ils repartent lentement par un sentier en lacets que les souliers ferrés des montagnards ont profondément creusé dans une terre grasse, humide, couverte d'une herbe courte et drue comme celle d'une pelouse. Des marmottes sifflent à leur approche. Zian montre à Brigitte le mâle, assis sur son arrière-train, les pattes de devant repliées sur la poitrine, la tête haute, l'oreille en alerte, qui fait le guet sur un bloc erratique, puis disparaît sans se presser dans son terrier aux multiples issues.

Brusquement, alors qu'ils débouchent sur une croupe, l'immense cirque du glacier de Talèfre apparaît à leurs yeux, baigné dans la chaude lumière du soleil couchant. De nouvelles cimes surgissent : la Verte, balafrée de couloirs d'avalanches, les Droites, les Courtes hérissées de campaniles et, tout au fond, tels deux immenses cierges brûlant sous le soleil couchant, deux flèches audacieuses, accolées l'une à l'autre, veillent sur la molle courbe des névés supérieurs.

Zian s'arrête, se retourne vers Brigitte et dit simplement, les désignant de son piolet :

— La Ravanel et la Mummery. (Et comme, interdite, elle ne répond pas, il ajoute, le regard illuminé :) Sont-elles belles ! Vous verrez quand nous serons dans leurs parois. Quelle varappe !

A quelques centaines de mètres au-dessus d'eux, sous les premiers ressauts de l'Aiguille du Moine, une large pierre en auvent se détache de la masse, énorme toit de granit engagé dans un chaos de blocs. Il ajoute :

— Là, c'est le refuge.

Il faut quelque temps à Brigitte pour discerner, sous le bloc, la petite construction dont les murs de mélèze se confondent avec la teinte ocrée des rochers du voisinage.

Maintenant, le sentier moins abrupt suit la crête d'une ancienne moraine, et la jeune fille ne quitte plus des yeux la cabane qui lui semble toute proche et pourtant ne grossit pas. Comme il arrive souvent lorsqu'on touche au but, la fatigue la prend tout d'un coup. Implacable, le guide continue de son allure égale, aux longues foulées souples, fléchissant les genoux à chaque pas, sans ralentir ni accélérer. Brigitte en vient à détester cette régularité; elle voudrait courir ou se coucher par terre, à même le gazon ras de ce pâturage à chamois.

Tout a une fin, cependant. Ils prennent pied sur l'étroite plate-forme, devant le refuge. Avant d'entrer, Zian accroche le piolet de sa cliente avec le sien à un long clou fiché pour cet usage dans les vieilles planches de la paroi. Puis, lui faisant signe de passer, il pousse la porte d'un geste familier.

— Salut à tous, fait-il.

— Salut, répondent des voix dans la pénombre.

L'intérieur est sombre et enfumé. Dans l'étroite salle commune, des alpinistes s'affairent autour de réchauds à alcool qui ronronnent avec de courtes flammes bleuâtres. D'un coup d'œil, Zian fait le tour de la salle, cherche une place libre à une table, tandis que Brigitte, légèrement décontenancée, reste plantée au milieu du passage.

— Asseyez-vous là, mademoiselle, dit Zian en lui désignant un coin de banc. Mettez votre veste. Je vais chercher le thé; « le Rouge » en a toujours de prêt.

Joseph Ravanat, dit « le Rouge », à la retraite depuis quelques années, assure le gardiennage de ce refuge du Couvercle, le plus fréquenté du massif du Mont-Blanc. Il s'active dans la pièce exiguë, à peine plus grande qu'un cabinet de débarras, qui lui sert de cuisine, de réserve à provisions et de chambre à coucher personnelle. L'endroit rappelle à s'y méprendre la cambuse d'un petit cargo. La comparaison est d'ailleurs facile et pourrait s'appliquer à la salle commune où s'entassent les alpinistes qui, les coudes sur la table, fument leurs pipes, font chauffer leurs vivres, bavardent par groupes, échangent des pronostics sur le temps. Leur teint bruni, hâlé, leur allure abandonnée pourraient tout aussi bien appartenir à des marins. Il n'est pas jusqu'à ce carré de ciel bleu entrevu par une fenêtre étroite comme un hublot et solidement fermée par de lourdes targettes, qui ne vienne compléter l'illusion.

Zian est revenu s'asseoir auprès de Brigitte. Déjà, il met de l'ordre dans son sac, prépare les provisions pour le lendemain.

Le Rouge apporte deux grands bols de thé bouillant.

— Alors, ma petite demoiselle, dit-il, c'est la première fois que vous venez coucher en cabane? Dame, on est un peu serré, mais ce soir ça ira; à peine une vingtaine de personnes! A propos, Zian, où vas-tu demain?

— Ravanel et Mummery.

— Tu sais, il y a de la neige fraîche jusqu'à trois mille. Ça sera p'têtre pas si commode que ça. En tout cas, y a Louis Dayot qui les fait également avec des clients, deux Suisses. Vous pourrez vous relayer en tête.

— Mets-nous le réveil à 1 heure et demie.

— Si tôt que cela ? s'écrie Brigitte. Mon Dieu ! je suis plus habituée à me coucher qu'à me lever à cette heure-là.

— Vous vous y ferez comme les autres, mademoiselle, dit le vieux guide en riant. Mais je bavarde et je laisse la soupe brûler dans la marmite.

Zian l'accompagne à la cuisine, en revient avec quarts, cuillers, fourchettes et écuelles en métal qu'il dispose sur la table. Brigitte fait un geste comme pour l'aider, puis elle renonce : elle ne se sent vraiment pas à l'aise dans cette pièce enfumée, au milieu de ces gens qu'elle ne connaît pas. Autour d'elle, on parle montagne : les mots de séracs, arêtes, clochetons, gendarmes, cairns, fissures, reviennent sans cesse. Il y a ce soir au refuge sept ou huit cordées, dont quatre avec guides. Elle apprend ainsi que son voisin de droite part pour l'Aiguille Verte et qu'il a demandé le réveil pour 11 heures et demie du soir.

Zian continue à faire le service, joyeux, lançant des plaisanteries à ses collègues qui, assis sur les bat-flanc du dortoir contigu, fument leur pipe en silence. Il va chercher à la cuisine une grosse soupière de potage et sert Brigitte avant que celle-ci ait eu le temps de prévoir son geste.

— Mais je ne mange jamais de soupe, Zian, dit-elle.

— Dans la vallée, peut-être, mais ici, si vous voulez vous soutenir, faut faire comme nous. Regardez !

Il taille son pain en dés dans son assiette, y coupe menu un bon morceau de gruyère, et laisse tremper le tout un petit instant.

— Ça ne vous dit rien, mademoiselle ? Essayez.

Brigitte l'imite et mange cette soupe épaisse et rustique. Elle songe à sa gouvernante qui n'a jamais pu lui faire avaler le moindre potage. Elle se met à rire.

— Si mes parents me voyaient, dit-elle, cela leur semblerait encore plus extraordinaire que ma décision de partir en course avec vous. Pauvres parents ! Quelle bile ils doivent se faire ! Vous vous rappelez notre départ de la maison ?

Si Zian s'en souvient ! A son tour, il éclate de rire.

— Écoute un peu, le Rouge, dit-il, ça en vaut la peine. J'arrive en avance à la Villa des Nants. Il y avait un monde, un monde !... Le papa et la maman de la demoiselle avaient dû convoquer tous les amis ! On m'entoure, on me pose une foule de questions. Les domestiques apportaient de l'office des tas de provisons; c'est tout juste si Mme Collonges ne pleurait pas... Votre papa (il se tourne vers Brigitte) votre papa m'avait pris à part et me disait : « Je vous la confie, « guide ! ». Je l'ai rassuré, un peu éberlué de voir la tournure que ça prenait, un départ en course. Votre amie, Mme Faret, soupesait mon sac, c'est tout juste si elle ne me tâtait pas les biceps : « Comme il est fort ! » faisait-elle. Moi, ça m'énervait, d'autant plus que l'heure du train approchait et que vous n'étiez pas là. Enfin, vous avez descendu l'escalier... Ça se voyait que vous ne saviez pas marcher avec des godasses ferrées... vous avez dérapé sur une marche. Alors, j'ai rempli mon sac. Il y en avait des choses inutiles !... Mais le temps pressait. J'ai coupé court aux embrassades.

— Il a dit : « C'est l'heure ! » avec tant d'autorité, enchaîna Brigitte, que maman en a eu le souffle coupé, et comme ils proposaient tous de m'accompagner à la gare, ce grand sauvage les a rembarrés. « Rien à faire, vous restez ici, disait-il. Maintenant, c'est moi qui commande. » Et le plus fort, c'est que mon père n'a rien dit...

— C'est normal de la part des parents, dit le Rouge. Faut bien dire que ça leur cause du souci quand les enfants partent en montagne. Mettez-vous à leur place... Ainsi, moi...

Et le Rouge raconta à son tour une longue histoire.

Le repas achevé, les deux jeunes gens sortirent. La nuit était tombée, une nuit étrange et claire où se mêlaient toutes les tonalités de noirs et de gris : noir profond des masses rocheuses, teinte légèrement moins foncée des éboulis et des moraines, gris laiteux des étendues glaciaires, gris de fer du ciel pointillé de rares étoiles clignotantes. Zian se plaisait à écouter les quelques bruits grossis par les ténèbres et qui, au bout d'un instant, surgissaient dans le calme de la soirée : léger bruit d'eau courante dans la canalisation du refuge, qui irait s'amenuisant jusqu'à disparaître tout à fait à mesure que le gel nocturne agirait; tonnerre éclatant des avalanches burinant les couloirs de la face nord des Jorasses ou les pentes abruptes de l'Aiguille de Talèfre.

Le soleil de l'été avait dénudé les arêtes et, en cette fin de saison, des chutes de pierres particulièrement abondantes se mêlaient aux avalanches de neige et de glace. Les étincelles qui jaillissaient des masses en mouvement permettaient de suivre leur trajectoire. Lorsque deux gros blocs se heurtaient, cela faisait comme une pluie de feu : on eût dit la chute d'un météore s'évanouissant dans les abîmes, puis, d'un coup, un silence profond, surnaturel, s'établissait dans la montagne. Seule, une légère brise venue de l'est semblait alors, dans ce calme, la respiration même des cimes géantes.

Soudain Brigitte frissonna :

— Rentrons, Zian, j'ai froid.

Ils retournèrent au refuge. Bien qu'il ne fût que 8 heures du soir, Zian conseilla à la jeune fille d'aller prendre quelque repos.

— Voici votre place, mademoiselle. Ravanat vous a laissé un coin pour que vous soyez plus à votre aise. Oh ! Ravanat, cria-t-il, as-tu les couvertures ?

– Voilà, voilà, fit le vieux guide. Deux chacun.

Brigitte s'étendit sur le matelas du bat-flanc et se roula dans une couverture.

Zian la regardait faire, l'éclairant avec une lampe-tempête.

– Pas comme ça, mademoiselle, lui dit-il. Il faut d'abord enlever vos chaussures. Laissez-moi faire, ajouta-t-il, comme Brigitte essayait, sans y parvenir, de dénouer les lacets de cuir.

Il s'agenouilla. Brigitte se laissa faire.

– Auprès de vous, Zian, j'ai l'impression d'être une enfant sans volonté, murmura-t-elle.

– Vous êtes une enfant pour la montagne. Mais vous grandirez...

Brigitte s'étendit sur le bat-flanc de mélèze et tira à elle la couverture. Zian la borda avec soin et se prépara à se coucher à côté d'elle. Elle voyait sa silhouette de profil contre l'embrasure éclairée de la porte. En fredonnant, le guide remplissait son béret avec le contenu de ses poches : pipe, couteau, tabac, portefeuille, bougie, allumettes, puis il plaça le béret sous sa tête en guise d'oreiller.

– Comme ça, j'ai tout sous la main pour demain matin, dit-il, et, satisfait, il s'enroula dans ses couvertures et ferma les yeux.

Le Rouge faisait sortir les retardataires de la salle commune.

– Tout le monde au lit, ordonna-t-il. Et pas de bruit. Y en a qui partent tôt. Conservez vos forces, vous en aurez besoin demain !

Il accrocha au plafond une lampe-tempête. Les autres alpinistes vinrent s'étendre à leur tour. Déjà des ronflements sonores s'élevaient des bat-flanc supérieurs où dormaient les guides. Quelques alpinistes continuaient à parler à voix basse tout en vérifiant leurs équipements.

Une demi-heure plus tard, le Rouge revint dans le

dortoir, reprit la lampe, ouvrit un petit vasistas pour donner de l'air et s'en alla silencieusement.

Brigitte ne parvenait pas à s'endormir. N'osant faire un mouvement, de crainte de réveiller Zian, elle écoutait sa respiration régulière et l'enviait. Peu à peu ses yeux s'habituèrent à la pénombre du dortoir, éclairé indirectement par une lampe qui brûlait dans la cuisine où le Rouge vaquait à ses occupations. Laissant errer son regard sur les fortes solives du plafond, elle aperçut tout à coup le brancard de secours plié et suspendu entre deux poutres; sur une planche, une grosse boîte de bois verni, marquée d'une croix rouge, attira aussi son attention.

Soudain, ces deux objets, comme une menace imprécise, lui rappelèrent le danger qu'elle avait oublié. En voyant dormir paisiblement autour d'elle tous ces hommes, elle songea que c'était sans doute la connaissance même du péril qui leur donnait cette gravité, cette sobriété de gestes et de langage qui l'avaient tout de suite frappée chez son guide.

Elle se sentit tout à coup mal à l'aise. Elle eût voulu se lever, marcher; elle étouffait dans cet air confiné... Mais les montagnards reposaient, puisant dans le sommeil des forces dont ils auraient besoin pour la lutte du lendemain, et elle n'avait pas le droit de bouger. Elle n'avait pas le droit, surtout, de réveiller le grand garçon confiant qui dormait à ses côtés.

Sur le bat-flanc du dessus, un corps se retourna bruyamment. Elle devina que c'était le jeune Suisse. Comme la nuit était longue! Pourtant, il lui fallait dormir ainsi que Zian l'avait ordonné...

D'un mouvement inconscient, le guide, dans son sommeil, s'était rapproché de Brigitte. A travers l'épaisseur de la couverture, elle devinait le corps musclé, elle aurait pu compter les pulsations de son cœur. Elle découvrit alors la pureté montagnarde : elle n'était nullement gênée d'être couchée au milieu de tous ces hommes, pas plus qu'eux n'étaient troublés. Sa tête bourdonnait, elle aurait voulu dormir, ne plus penser.

Elle allait enfin s'assoupir lorsqu'un rai de lumière se glissa dans le dortoir. Le Rouge, une bougie à la main, éclairait de son lumignon les corps allongés. Il se pencha sur un guide qui sommeillait, roulé dans les couvertures de laine grise, et lui toucha l'épaule.

– C'est toi, Armand ? demanda-t-il à voix basse. C'est l'heure.

Sans bruit, l'homme s'étira, rejeta ses couvertures, réveilla son client, et tous deux, tenant leurs grosses chaussures à la main, passèrent dans la salle commune.

« Ceux de la Verte, songea Brigitte. Dans deux heures, ce sera notre tour. »

Un glouglou résonna dans la pièce voisine. C'était le Rouge qui remplissait les gourdes de thé que les alpinistes allaient emporter. Brigitte perçut encore des chuchotements, des jurons proférés à voix basse à propos d'un lacet de soulier qui venait de sauter, un tintement mat de boîtes d'aluminium s'entassant dans les sacs. Puis un courant d'air froid parvint jusqu'à elle, rafraîchissant son visage enfiévré; la porte se referma, et elle entendit les pas de la caravane qui contournait le refuge.

Le guide parlait à voix haute :

– Grand beau temps ! disait-il. On a de la chance !

– Grand beau temps, répéta Brigitte, et elle dut s'avouer que, tout au fond de son cœur, elle eût souhaité une bonne tempête qui l'eût forcée à rester au refuge.

Enfin, lasse, courbatue, la tête lourde, elle se retourna sur sa couche et s'endormit d'un bloc, sa chevelure tout contre l'épaule de Zian.

3

— Allons, ma petite demoiselle, faut manger un bout ! Vous allez avoir trois heures de marche, au moins, sans vous arrêter. Faut prendre des forces... Oui, oui, je sais bien, je connais les débutants... Ça ne veut pas descendre, vous n'avez pas faim... Regardez Zian : il mange, lui. Allons ! Buvez au moins cette tasse de thé bien sucré; ça vous donnera des forces.

Le Rouge, paternel, encourage Brigitte, un peu désemparée par ce réveil en pleine nuit, alors qu'elle venait tout juste de s'assoupir. Il va de l'un à l'autre, distribue aux alpinistes les gourdes d'aluminium pleines de boisson pour la route, donne quelques conseils. Il y a là Louis Dayot et ses deux clients, le père et le fils, également grands, maigres, aux yeux clairs dans un visage tourmenté. Ils parlent d'une voix traînante et calme, arrangeant leurs sacs en habitués. Il y a aussi Zian et sa « demoiselle », comme dit le Rouge, un Zian sérieux, précis, qui sait qu'à partir de ce moment il doit penser et agir pour deux. Et comme Louis Dayot, déjà prêt, se lève suivi de ses camarades, il presse un peu Brigitte.

— Vous y êtes, mademoiselle ? 2 heures du matin ! C'est la bonne heure pour partir. Fait un temps superbe. Au bout d'un moment, vous verrez, vous n'aurez plus mal à la tête. Allez, je sais ce que c'est, la première nuit en cabane; pas moyen de fermer l'œil. Après, on s'y fait. Pas vrai, Louis ? (Puis il prend sa lanterne pliante en aluminium et allume la bougie.) A r'vi, le Rouge ! A tantôt, dit-il.

— A r'vi, pas !...

Dehors, c'est une nuit magnifique. Brigitte aspire

avec délices la brise fraîche qui descend des cimes. Zian va devant, à travers l'énorme glacier du Couvercle, sautant d'un bloc à l'autre, retrouvant d'instinct de vagues traces marquées sur le sable gris. Dans les endroits difficiles, il se retourne, lève sa lanterne à hauteur d'homme pour mieux diriger les pas de Brigitte. Puis, rassuré, il continue. La pointe de son piolet arrache des étincelles au granit. Brigitte bute parfois et de ses brodequins d'escalade jaillit également du feu. Une courte mais raide descente sur une moraine instable les conduit sur le glacier de Talèfre. La nuit est plus sombre depuis qu'ils sont dans ces bas-fonds glaciaires, mais au-dessus de leurs têtes resplendit un grand disque de clarté confuse, un ciel de jade, strié par instants de brefs éclairs de chaleur.

La pente du glacier s'est légèrement redressée; le guide contourne des crevasses, taille parfois quelques degrés dans une glace dure et noire, pailletée de cristaux de sable. Deux fois de suite, un coup de vent glacial s'abat sur eux, éteignant la lanterne. Las de la rallumer, Zian continue à l'estime, se fiant à sa connaissance de l'endroit. Assez loin devant eux, la jeune fille distingue un feu follet zigzaguant sur le glacier : la lanterne de Louis Dayot et de ses clients qui ont pris les devants. Depuis combien de temps marchent-ils, Zian et elle? Brigitte n'en sait rien. Lorsqu'un passage exige que Zian s'arrête, elle tremble de froid sous la bise âpre qui la transperce.

Zian longe de hautes parois de rochers qui s'élèvent, hostiles, dans l'obscurité. Il traverse de nombreux cônes de déjection où la vieille neige des avalanches est toute souillée de débris rocheux.

– Hâtons le pas! conseille-t-il. C'est en général malsain par ici.

A l'instant même où ils franchissent le dernier couloir descendant du massif des Courtes, un bruit d'avalanche les force à lever la tête; une énorme coulée de pierres s'est déclenchée, grondant comme plusieurs tonnerres, lumineuse de mille éclats de feu. On perçoit, dominant tous les bruits, le son plus clair des granits qui s'entrechoquent dans cette chute titanesque. Un énorme bloc, gros comme une maison, semble choir directement du ciel sur le glacier où il s'engloutit, soulevant une gerbe de neige pulvérulente, et disparaît, comme escamoté, cependant qu'à l'endroit de la chute flotte longtemps une lourde fumée qui paraît blanche dans la nuit. Une odeur de pierre à fusil et de soufre se répand dans l'air, tenace malgré la brise.

– Nous avons passé de justesse, constate Zian. Dix minutes plus tard et on était pris. Regardez ! La coulée a coupé nos traces sur cinquante mètres de largeur. Quelle saleté, ces chutes de pierres ! Le plus gros risque du métier parce qu'il est rarement prévisible.

Ils sont maintenant sur un plateau glaciaire très crevassé. Zian sort une corde d'attache et encorde Brigitte avec soin. Elle frémit lorsqu'il passe ses bras autour de sa taille pour vérifier la solidité du nœud d'attache. Est-ce de froid ? Est-ce d'anxiété ? Il s'en aperçoit et la rassure.

– N'ayez pas peur. Nous avons fait le plus dur. Le jour va bientôt se lever. Nous allons franchir la rimaye, et après nous nous reposerons dans une niche de rocher, à l'abri des pierres.

Il part devant, quelques anneaux de corde à la main. Sa silhouette se découpe sur la neige fraîche qui recouvre rocs et glaces, une neige de deux jours restée poudreuse en raison du froid. Le voici au pied de la rimaye; la lèvre supérieure n'est pas trop escarpée. Dayot a taillé quelques degrés dans la glace et des encoches pour les mains. Zian n'a qu'à suivre ses traces. Il prend pied facilement sur le cône de neige supérieur, y enfonce jusqu'à la garde le manche du piolet, autour duquel il assure la corde bien tendue.

– A vous, mademoiselle, fait-il.

Brigitte s'élance le long du petit mur de glace. Elle enfonce ses mains gantées dans les encoches, pose ses pieds sur les marches. Un peu de poussière de neige lui glisse dans le cou, saupoudre ses cheveux; elle se sent tout à fait rassurée, soutenue par la corde bien tendue. Elle rejoint rapidement son guide qui aborde le rocher – un rocher brisé, glacé, mêlé de neiges anciennes et de terres d'éboulis, – et tous deux atteignent bientôt une niche dans le roc qui domine le glacier d'une soixantaine de mètres.

– Halte, décide Zian. Cassons la croûte! Voici deux heures et demie que nous marchons. Vous n'êtes pas fatiguée?

– Je vous ai suivi si machinalement que je n'ai plus aucune notion de durée; je n'aurais jamais cru pouvoir marcher aussi longtemps sans arrêt!

Il est 4 heures et demie du matin; le froid est très vif. Tout autour d'eux, le paysage sort peu à peu du néant, le jour descend sur les montagnes, et dans la lividité de l'aube, les cimes apparaissent froides et hostiles. Aucune ombre portée ne souligne les arêtes et les surplombs; les sommets ont des reflets métalliques; on distingue tout d'abord des masses plus claires qui naissent de l'obscurité et se découpent dans le ciel d'une pâleur extraordinaire. Puis ces masses se divisent, se précisent, dessinent leurs contours, coupées de longs couloirs glauques et brillants, ourlées de corniches de glace; des crêtes jusque-là invisibles apparaissent.

Voyant Brigitte trembler de froid en essayant de croquer un fruit, Zian l'enveloppe de sa grosse veste de guide, et tout de suite elle a chaud comme s'il lui avait communiqué sa propre chaleur d'homme. Elle le remercie d'un sourire reconnaissant, tandis qu'il se contente de nouer un foulard rouge autour de son cou. Insensible au froid, il sort de son sac un quignon de pain et une tranche de lard, et, se taillant des bouchées avec son couteau de poche, il mange sur le pouce, tout en surveillant le lever du jour, car il sait que l'aube commande la journée qui va venir. Son examen est satisfait; il prend Brigitte à témoin.

– Grand beau temps, mademoiselle, grand beau temps. Pas de « ravoures (1) », tout va bien !

– Fera-t-il toujours aussi froid, Zian ? Je ne sens plus mes pieds.

– Attendez, ce n'est rien. Je vais vous réchauffer.

Et, prenant son piolet, il en tapote à petits coups les semelles raides et gelées de la jeune fille.

– Aïe ! Doucement, vous me faites mal, s'écrie Brigitte.

– Ça y est, c'est fini ! Sentez-vous la chaleur revenir ? C'est un remède infaillible !

Puis il la saisit à bras-le-corps et la frictionne énergiquement, avec une rudesse maladroite mais efficace.

– Assez, Zian, assez ! Vous n'y allez pas de main morte !

Brigitte, sous cette caresse violente, sent une douce chaleur se répandre dans son corps, une sensation de bien-être l'envahir.

– Et maintenant, en route ! (Ils se préparent à partir.) Regardez, fait tout à coup Zian.

Brigitte lève la tête. Au-dessus d'eux, une large et haute paroi gercée de nombreux petits ravinaux couverts de glace se termine par une crête tourmentée, bien découpée sur le ciel, formant une longue arête hérissée de petits gendarmes et qui, vers l'est, est barrée par deux gigantesques aiguilles de granit, blafardes dans le jour commençant. Brigitte n'interroge pas son guide; elle sait que ces deux pointes monstrueuses, ce sont les Aiguilles Ravanel et Mummery, qu'il leur faudra tout à l'heure gravir. Elles semblent proches à toucher du doigt. Du couloir vertical, taillé dans une pro-

(1) Longues traînées de nuages rouges qui apparaissent au lever du soleil, présageant le mauvais temps pour l'après-midi.

fonde gorge qui les sépare l'une de l'autre, s'écoulent à tout moment d'interminables avalanches de pierres; le soleil levant les éclaire à contre-jour d'une lumière très pâle, d'un rose bonbon qui s'oppose au gris hostile, métallique des roches couvertes de neige fraîche; de quelques touches posées çà et là sur leurs sommets aigus, sur leurs crêtes tranchantes, il les découpe avec une netteté impressionnante, projetant comme une gloire quelques rayons à travers la brèche sauvage où flottent des vapeurs translucides. Leur taille se hausse jusqu'à des proportions terrifiantes.

Brigitte suit docilement son guide le long de cette paroi facile, composée de rochers brisés. A mesure qu'ils remontent, la crête paraît s'élever et les deux aiguilles, proches tout à l'heure, semblent reculer.

Ils traversent de petits couloirs de glace vive, utilisant les marches taillées par la caravane qui les précède, et après une heure et demie de cette escalade, débouchent sur l'arête, salués par un vent violent et glacial qui remonte en sifflant des abîmes des parois nord. L'autre versant est tout différent du pierrier escarpé qu'ils viennent de gravir : c'est une pente de neige et de glace très raide, filant vertigineusement et sans solution de continuité jusqu'à la cuvette neigeuse du glacier d'Argentière à neuf cents mètres au-dessous d'eux. Sur une terrasse en contrebas, abritée du vent, Zian rejoint la caravane Dayot qui s'y repose en attendant que le froid diminue.

Dayot et Zian discutent pour savoir qui des deux passera le premier.

— T'es seul avec une dame, dit Dayot; reste en arrière.

— Oui, mais j'irai certainement plus vite que toi, car je n'aurai pas à faire la double manœuvre de corde. D'ailleurs, as-tu un marteau-piolet?

— Non.

— Alors, laisse-moi aller, car la plaque est toute verglacée.

– Bon, mais à la descente, je passerai devant.

– Si tu veux.

Les deux guides parlent posément; finies les rivalités mesquines de la vallée. Ici, seule la conduite de la cordée importe. Vue du Col des Cristaux, l'Aiguille Ravanel, par laquelle commence l'ascension, se montre sous son aspect le plus rébarbatif. Qui donc irait imaginer une voie d'accès dans cette paroi verticale, formée de larges dalles de granit bombées, lisses, à peine striées de courtes fissures étroites ? En la regardant ainsi de face et par en dessous, aucun itinéraire n'est visible. Pour augmenter le sentiment d'impuissance et de doute qui s'empare à cet endroit de tous les alpinistes, de larges coulées de verglas ruissellent sur les rochers. Il y a du travail en perspective pour le premier de cordée.

Brigitte est découragée; elle a peur de ces murailles hostiles. Tout dans cette escalade lui paraît effrayant, tout est trop différent de l'école du rocher des Gaillands, avec sa falaise joujou sertie dans la verdure des forêts tièdes. Brigitte ne retrouve plus le sentiment de sécurité absolue que lui donnait la présence de son guide. Elle a peur de la montagne et de Zian. Tout ici est froid, cruel. Son corps est las des quatre heures de marche d'approche. La nourriture l'écœure; elle ne se soutient qu'avec un peu de thé froid très sucré qu'elle boit à même la gourde où son compagnon a déjà collé ses lèvres. Elle se sent au bout du monde ! Sa solitude est complète; le paysage à l'entour n'est que glaces et rocs, pics audacieux, chaînes de montagnes se dessinant en plans successifs jusqu'aux confins de l'horizon. Vers l'est, surtout, son regard s'étend librement, au-delà du Mont Dolent et de l'Aiguille d'Argentière, sur les Alpes Suisses, jusqu'au Grand Combin, à la Dent Blanche, au Cervin, mince pyramide noire surgissant d'un halo de brumes. Tout au fond apparaissent les glaciers du Mont-Rose, tachetés de lumière par le même soleil qui, à l'ouest, colore délicatement l'immense coupole du Mont-Blanc.

Zian lui fait enlever ses souliers cloutés et chausser des espadrilles à semelle de caoutchouc.

– Vous verrez ! dit-il. C'est une magnifique escalade. Elle est délicate, mais n'exige aucune force physique. Plus tard, elle devient vertigineuse. Une course épatante...

Et il la regarde, l'air radieux.

– Zian, fait-elle tout bas, afin que les autres ne l'entendent point.

– Oui ?

– J'abandonne. J'ai peur. Redescendons !

– Taratata... Vous irez au sommet.

– Zian, je vous en supplie; je ne m'en sens pas le courage.

Mais Zian ne l'écoute pas. Il vérifie les nœuds d'attache, fixe soigneusement sur ses épaules un écheveau de corde de rappel, glisse dans sa ceinture quelques pitons, des mousquetons, un marteau-piolet.

– Allons, en route ! On se réchauffera assez dans un moment.

Et sans écouter les protestations de Brigitte, il attaque l'escalade.

Il leur faut d'abord descendre un petit couloir de rochers brisés et contourner le pied d'un gendarme, pour toucher enfin les dalles de l'Aiguille.

Zian fait d'ultimes recommandations à son élève.

– Ne bougez pas quand je grimpe. Attendez toujours que je vous dise de partir.

– Faut-il vous assurer, Zian ? demande Brigitte qui reprend courage.

– Inutile, mademoiselle.

Zian sait très bien qu'elle serait incapable d'enrayer une chute si jamais il venait à tomber. Ce qu'il fait aujourd'hui avec une débutante est très imprudent. Pourquoi n'a-t-il pas pris de porteur ? A peine est-il au contact du rocher qu'il regrette son impulsion. Non! Il n'a pas voulu de porteur, il tenait à être seul à susciter cette vocation montagnarde. Entre Brigitte et lui, il ne veut pas de tiers. Après quelques mètres d'escalade facile il arrive au passage clef de l'ascension : une dalle bombée d'une vingtaine de mètres de hauteur, toute verglacée. A cet endroit, on débute en général par une courte échelle. Pas question aujourd'hui de monter sur les épaules de la « demoiselle »... Tant pis! Il n'avait qu'à prendre un porteur, il se débrouillera tout seul.

Il fait venir Brigitte jusqu'à lui, et par un surcroît de précautions, passe la corde derrière une aspérité du roc. Puis il plie soigneusement sa corde en anneaux afin qu'elle se déroule avec régularité derrière lui. Il y a de la neige fraîche sur la vire et ses espadrilles sont déjà trempées. Mauvais début! Tant pis, se dit-il, il faut tout de même y aller. Il considère le passage, avance une main avec précaution, saisit une prise infime, s'élève d'une traction très lente, et, des pieds, prend appui sur des nodosités à peine visibles. Ses espadrilles glissent; à plusieurs reprises, il dérape et doit redescendre. Il jure, furieux de ses échecs.

Ayant à nouveau calculé tous ses mouvements, il repart à l'assaut; il progresse de deux ou trois mètres. A présent qu'il s'est engagé dans la dalle, il ne peut plus songer à redescendre. Très lentement, collé au rocher comme une mouche sur une vitre, tenant par on ne sait quel prodige, il dégage de la main la neige qui obstrue de petites cavités. Pour mieux sentir les prises, il a ôté ses gants et les a fourrés dans sa poche. Brigitte le voit se détendre d'un souple mouvement de félin, s'élever centimètre par centimètre sur la plaque verticale jusque sous une niche de rocher où il espère trouver une bonne prise de main. Hélas! la fissure est remplie de neige durcie et il doit la dégager à tout petits coups de marteau-piolet. Son équilibre est précaire, une chute à cet endroit serait fatale. Brigitte le regarde avec anxiété. Zian est maintenant aux prises avec une fissure surplombante qui succède à la plaque; elle le voit ramper, s'arc-bouter, se détendre; elle perçoit même sa respiration tandis qu'il sent son cœur battre si fort contre le rocher qu'il en a mal. Haletant, épuisé, il parvient enfin à la première plate-forme, se jette derrière un bloc détaché de la paroi et lance un cri de triomphe.

– Bravo! crie Brigitte, empoignée par la beauté de la lutte.

– Un sacré morceau quand c'est verglacé! dit Dayot qui vient de la rejoindre. Tenez, mademoiselle, profitez de ce que je suis là pour monter sur mes épaules; ça sera autant de gagné.

Et il présente ses mains jointes, du geste d'un cavalier s'offrant à tenir le pied d'une écuyère. Brigitte se sent soulevée et plaquée sur ce rocher froid.

– Faut quitter vos mitaines, mademoiselle, lui crie Zian.

Elle obéit.

A son tour, elle palpe la roche, cherchant les prises invisibles, et place minutieusement le bout de ses espadrilles sur des encoches mouillées. Bientôt plus rien ne compte pour elle que grimper, forcer le passage. Elle va lentement, rassurée par la corde tendue qui la lie à son guide; celui-ci la tient si bien que, lorsqu'elle hésite, une simple petite traction venue d'en haut lui redonne son équilibre. Lorsqu'elle ne peut plus avancer, elle jette un regard anxieux vers le haut, et à voir la bonne figure de Zian, souriante, penchée vers elle comme une statue dans une niche de cathédrale, elle retrouve son courage.

Zian la surveille tandis qu'elle se rapproche de lui, calme, souple, quêtant de ses beaux yeux un conseil, une approbation. Mais il ne dit rien, continue à sourire et à tendre la corde avec douceur. D'un rétablissement, Brigitte le rejoint sur la plate-forme exiguë, et comme celle-ci est trop petite pour deux, il prend la jeune fille à bras-le-corps, la serre contre lui. Dans l'ardeur de la lutte, les cheveux de Brigitte se sont échappés en mèches folles du foulard de tête et se mêlent maintenant à la chevelure ébouriffée du guide.

Brigitte reprend son sourire, regarde Zian et devine qu'il est content de son élève; Zian pense que les yeux verts sont bien plus jolis encore dans ce lieu étrange, sur cette haute falaise grise, alors qu'ils gardent encore le reflet des émotions passées et expriment à la fois tant de confiance et d'ardeur.

– Vous n'avez plus peur, maintenant ?

– Plus du tout, Zian. Il me semble qu'avec vous j'irais n'importe où... et pourtant, j'avais si peur au col...

– Bien, continuons.

Il est redevenu lui-même, calme, froid, précis.

Déjà, il bondit dans une fissure, disparaît derrière un bloc, réapparaît à une vingtaine de mètres au-dessus d'elle, disparaît de nouveau. Elle entend sa voix :

– Montez seulement !

La corde se tend et lui indique le chemin à suivre sur la vertigineuse paroi de granit.

Mon Dieu ! Comme ce passage lui semble facile après la plaque du début. Elle grimpe vite, réchauffée par l'escalade, et retrouve Zian, de nouveau perché comme un oiseau de proie sur une autre vire en plein ciel. Les voici encore une fois réunis. Alors seulement elle prend conscience du paysage. Jusque-là elle a grimpé face au rocher, employant toutes ses facultés à escalader, aussi ne peut-elle retenir un cri d'admiration et d'effroi en découvrant l'abîme qui fuit sous eux, et les parois verticales qui se dressent au-dessus de leurs têtes. Dans la chaleur de l'action, elle avait oublié le vide. Dans le couloir qui sépare l'Aiguille Ravanel, sur laquelle ils se trouvent, de l'Aiguille Mummery – prodigieux escarpement de rocs brisés, cannelés, burinés par l'érosion glaciaire – se détachent quelques chutes de pierres. C'est tantôt un simple caillou qui tinte en rebondissant d'une paroi à l'autre et passe en sifflant hors de leur portée; tantôt une pierre plus grosse qui tombe avec un bruit de souffle, franchit deux cents mètres avant de toucher le rocher, rebondit et disparaît dans le gouffre masqué par les rocs convexes de la muraille.

Devant eux, la brèche entre les Aiguilles est toute baignée de soleil et de lumière, et Zian s'apprête à la rejoindre par une traversée hasardeuse, en pleine paroi. Sur leurs têtes, en effet, l'Aiguille Ravanel surplombe et il n'est pas question de poursuivre directement l'escalade. Zian se rétablit sur une corniche ronde où foisonnent de minuscules prises, des encoches, de petites niches, où étincellent des blocs de quartz hyalin. Les espadrilles adhèrent de façon parfaite sur ces rugosités et Zian entame la traversée avec aisance, contourne la corniche et disparaît. Brigitte s'intéresse aux mouvements de la corde dont elle connaît à présent la signification : que la corde reste immobile et elle sait que le guide doit être aux prises avec une difficulté sérieuse; lorsqu'elle sent quelques centimètres de chanvre glisser lentement entre ses doigts, elle attend, anxieuse; puis, tout d'un coup, plus d'un mètre part entre ses mains. « Allons, pense-t-elle, la difficulté est surmontée. » La corde file maintenant avec rapidité, et elle se réjouit de savoir Zian en terrain facile. En effet, un cri joyeux lui parvient.

— A vous, mademoiselle !

A son tour, elle se met à ramper sur cette corniche où les cristaux de roche brillent comme des diamants; au début, elle appréhendait de se fier ainsi sur ces dalles à la seule adhérence de ses espadrilles. Mais elle triomphe à nouveau de cette faiblesse, dompte ses nerfs, se déplace au-dessus du vide, franchit le passage et parvient à la brèche. Le soleil et la lumière la frappent à la fois en plein visage. Le versant opposé baigne dans cette clarté matinale, et l'immense nef glaciaire contraste par sa blancheur avec les sauvages murailles plongées dans l'ombre, verglacées, qu'elle vient de gravir. Elle souffle sur ses doigts pour les réchauffer et, sans crainte, regarde la suite.

Véritable tour verticale de soixante-dix mètres de hauteur, l'Aiguille Mummery se dresse au-dessus d'eux. La paroi qui domine le versant de Talèfre est encore dans l'ombre; elle seule paraît praticable avec ses nombreuses cheminées enneigées, ses rocs délités, ses fissures, ses points faibles contrastant avec les dalles lisses, surplombantes, de la face est, toute baignée de soleil.

Toutefois, délaissant l'ombre, Zian choisit la lumière, se hisse dans une fissure verticale à peine visible et progresse lentement avec une peine dont témoigne sa respiration haletante que l'on entend de la brèche.

— A vous, crie-t-il au bout de quelques minutes.

Brigitte, à son tour, se coince dans la fissure. Mais l'effort physique est trop violent; elle se crispe, écorchant ses mains fragiles sur le granit coupant. Tout son corps est meurtri malgré l'épaisseur de ses vêtements de gros drap. Elle a peur de défaillir, s'évertue et chaque fois qu'elle abandonne la lutte, elle se repose de tout son poids sur la corde d'attache qui lui scie la poitrine et que Zian tient tendue à l'extrême. Ses espadrilles dérapent, ses jambes flottent dans le vide à la recherche de prises introuvables; la corde lui coupe la respiration; elle implore Zian du regard, cependant que, très calme, il lui jette des conseils.

— Doucement, reposez-vous... Là... Coincez le genou droit... Avancez votre main gauche... Oui, vous y êtes... Je vous assure, ne craignez rien.

Alors, réconfortée, elle détend son corps et Zian, qui la surveille, tire sur la corde. Elle se sent mieux maintenue que par des liens de fer.

Enfin, elle s'abat, épuisée, sur l'étroite corniche où se tient son guide. Celui-ci sourit, toujours aussi calme, toujours aussi maître de lui. Il lui trouve des excuses.

— Ça change avec nos acrobaties des Gaillands... Faire de l'escalade à trois mille sept cents mètres après six heures de marche...

— Zian, je suis à bout, je n'irai jamais jusqu'au sommet.

— Que si, mademoiselle, regardez ! Il est là, au-dessus de nos têtes. Encore deux longueurs de corde.

Ce que Zian ne dit pas, c'est que les deux autres passages sont encore plus difficiles; au contraire, il la rassure, se fait persuasif.

— Ça n'est plus rien, maintenant. Vous voyez cette fissure ? Il ne faudra pas vous coincer dedans, ce serait trop pénible. Mais sortez sur la plaque, tenez-vous en équilibre par opposition.

— Il y a le vide, Zian... Il me semble que la montagne tourne.

— Ce n'est rien, c'est la fatigue. Tenez, faites comme moi.

Et Zian part, s'élève on ne sait comment, le corps en équerre, les mains en biais sur une lame de granit, les jambes pesant sur la plaque. Il franchit rapidement quelques mètres, disparaît et se montre de nouveau, écartelé au-dessus du vide. Il a déjà forcé le passage.

— Allez-y, comme je vous ai dit, crie-t-il.

Brigitte attend que la corde soit tendue entre eux, puis, suggestionnée, s'élance à son tour dans la paroi. Zian hurle ses conseils.

— N'hésitez pas à vous projeter dans le vide. Vous tenez... Je vous dis que vous tenez, sacrebleu !

En effet, elle tient dans ces pierres infernales; elle tient par la volonté de son guide, elle adhère, elle monte, ou plutôt, ce n'est plus elle, Brigitte, qui escalade, c'est son double; son corps ne lui appartient plus, ne lui obéit plus, ses membres exécutent les mouvements que lui indique Zian, et son intelligence, son âme se dédoublent, enregistrent le fait, ne cherchent même pas à le discuter. La voici sur une plate-forme beaucoup plus large, plus confortable. Comment est-elle venue là, elle ne saurait le dire.

— Bravo, dit Zian, encore un effort.

Il repart, il force de nouveau la muraille. Cette fois, sa silhouette se détache sur le sommet, et Brigitte grimpe derrière lui, les yeux fixés sur ce regard dominateur qui plonge en elle, sur cet être irréel qui chante maintenant, debout sur le pinacle, la corde autour des épaules, les jambes bien campées dans une posture de défi. Comme une somnambule, elle gravit le dernier dièdre, largement ouvert, très lisse, sans prises, incliné à soixante-dix degrés; mais Zian lui a dit que ça tenait, et ça tient. Elle pose ses mains à plat sur les dalles, elle appuie sur la semelle de ses espadrilles, elle avance, elle progresse, attirée par le regard de l'homme, soutenue par ce regard, et lui, d'une traction un peu plus forte, l'arrache à la paroi, l'amène près de lui, toute chancelante, ivre d'action, d'émotion. Debout au milieu de ce vide immense qui fuit de tous côtés, il la serre dans ses bras, car un faux pas serait mortel et il lui dit simplement :

— Le sommet!

Et Brigitte éprouve tout à coup le poids des fatigues de la veille, de la nuit, de la matinée; ses nerfs lâchent, elle fond en larmes, blottissant sa tête dans le creux de l'épaule de son guide. Il l'assied confortablement sur un bloc, les pieds dans le vide, les reins calés par le rouleau de corde de rappel. Flegmatique, il laisse passer la crise. Brigitte surmonte très vite sa défaillance. Elle essuie les dernières larmes qui sourdent sous ses paupières et font étinceler ses yeux; elle ébauche un pitoyable sourire, et Zian qui la regarde la trouve bien jolie ainsi, échevelée, désemparée, si faible, redevenue si femme! Où est-elle la belle fille capricieuse du bal des Guides?

— C'est fini, Brigitte, fini! Nous n'irons pas plus

haut aujourd'hui, plaisante-t-il, sans même se rendre compte qu'il a dit « Brigitte » tout court.

Où iraient-ils, en effet? De toutes parts le vide entoure ce sommet exigu, et même en se penchant, ils n'arrivent pas à discerner leur voie d'ascension.

Brigitte a l'impression que cette belle plaine de neige, là, en dessous d'elle, n'est qu'à quelques dizaines de mètres. Cela lui donne presque envie d'y sauter à pieds joints, tant il est vrai que le vide absolu n'effraye point et que seuls les premiers plans servant de points de comparaison peuvent éveiller la sensation de vertige.

Soudain, Brigitte se sent heureuse, délivrée, détendue comme le paysage qui l'entoure, paisible comme ces vastes étendues de neige qui colmatent les gorges de pierres pour en faire des berceaux accueillants; elle se sent légère comme les rares nuées qui naissent aux flancs des pics, puis se dissolvent de façon mystérieuse, comme ces brumes translucides qui flottent au-dessus des vallées lointaines, s'étirent en longs écheveaux de laine blanche contournant les hauts sommets.

Pour la première fois de sa vie, Brigitte ne désire plus rien; il lui semble vivre un rêve qu'elle n'aurait jamais osé faire. Et cela, elle le doit à cet homme simple assis près d'elle. Elle comprend tout à coup pourquoi la montagne le transfigure et le hausse de cent coudées dans l'échelle des êtres : c'est qu'il connaît le chemin de ces paradis inconnus, qu'il juge à sa valeur réelle la vie plate des villes, leurs habitants mesquins et intéressés. Lui, le primaire, le rustre, a su découvrir et lui faire entrevoir ces trésors du cœur et de l'âme. Brigitte se sent désormais réunie à Zian par un lien plus solide que les douze millimètres de chanvre qui l'attachent à lui. Maintenant, initiée, elle sait qu'elle fait désormais partie de la grande famille des montagnards, que tous les dangers qu'elle a courus pour venir jusqu'ici sont négligeables, que pour la première fois de sa vie elle atteint aux difficiles sommets du bonheur.

Sa rêverie est troublée par un cri joyeux. Elle se retourne. Une main apparaît qui se crispe sur le rebord de la plate-forme sommitale, puis une autre, et enfin la bonne tête de Louis Dayot, le guide de la deuxième caravane qu'elle avait complètement oubliée. Derrière lui surgissent les deux « messieurs » silencieux qu'il conduit. Tous se tassent sur l'étroit espace. Le plus âgé des deux étrangers, un homme d'une cinquantaine d'années à la carrure sportive, se tourne vers son fils et déclare avec l'accent traînant et chantant des Vaudois :

– Une journée comme celle-ci de temps à autre, et l'on a plus grand-chose à demander à la vie...

Brigitte est toujours perdue dans ses pensées. Zian lui tend les deux brins de corde de rappel qu'il vient d'installer sur la cime.

– Faut songer à la descente, mademoiselle Brigitte.

Elle sursaute.

– Déjà ? Oh ! Zian, je voudrais ne plus jamais redescendre.

– Je me suis déjà dit cela bien souvent, murmure Zian, mais malheureusement c'est impossible. Que diraient vos parents si nous ne rentrions pas ce soir... et la route est encore longue. Allez-y. Vous faisiez très bien les rappels à l'école. Ça n'est pas plus difficile ici, il y a simplement plus de vide.

Courageusement, Brigitte saisit les deux brins de corde, s'assied dessus, les ramène sur son épaule comme son professeur le lui a enseigné. Attentif, Zian lui relève le col de sa veste pour atténuer le frottement de la corde, puis la regarde disparaître dans le vide. Bientôt, il ne la voit plus, mais le glissement régulier de la corde dans ses mains témoigne d'une descente normale.

– Elle marche bien, ta cliente, Zian, dit Dayot.

– Tu vois, répond fièrement Zian, et c'est sa première course au sortir de l'école. Passe-moi ton rappel, poursuit-il. Je te laisse ma corde, comme ça, on gagnera du temps.

Et il s'élance dans le vide avec une agilité d'acrobate.

En trois grands bonds, il atteint la brèche où il retrouve Brigitte, radieuse. Cette descente aérienne au bout d'un fil ravit la jeune fille et l'enchante; le vide est désormais un attrait de plus pour elle, et elle voudrait que la descente ne cesse jamais.

– Vous aurez bien le temps d'en faire! Il reste encore tous les rappels de la Ravanel, quatre grands de vingt mètres, pour arriver au Col des Cristaux. Aussi, ménagez-vous quand même.

Zian plie son rappel, le remet dans le sac et repart pour l'escalade facile de l'Aiguille Ravanel : un chaos de gros blocs à gravir. Dayot et ses clients les rejoignent sur le sommet de la deuxième aiguille.

– Je passe devant, dit Dayot. Comme nous sommes trois, il vaut mieux qu'il y ait un homme devant pour trouver le chemin.

– C'est juste, vas-y. Je fermerai la marche, répond Zian.

Brigitte a souvent pensé, depuis, que le destin de chacun est immuablement tracé par la Providence. Ainsi, parce que, sur cette inhospitalière paroi de l'Aiguille Ravanel, Zian a laissé passer devant eux la caravane Dayot, pour la simple raison qu'un homme saurait mieux qu'une débutante faire les habituelles manœuvres de corde, elle a cédé sa place dans l'éternité à l'alpiniste suisse, ce chevronné de la montagne qui n'avait plus grand-chose à demander à la vie. « C'est juste! » a dit Zian, et Dayot a pris la tête, tandis qu'elle, Brigitte, restait l'avant-dernière, bien assurée par Zian qui chante à tue-tête, là-haut sur la cime.

Il y a deux cordes de rappel qui se suivent continuellement sur la paroi. Aussi la descente est-elle assez rapide. Brigitte en a déjà fait les deux tiers et attend, au sommet du troisième rappel, sur une étroite vire, que

Dayot ait fini de faire descendre le « monsieur suisse », comme il dit.

Il a placé son rappel dans son anneau de corde blanchi par les intempéries, mais encore solide, passé autour d'une lame de granit détachée de la paroi. Elle est là depuis toujours, cette lame, depuis la première ascension de l'Aiguille, en tout cas, ainsi que l'attestent les vestiges de vieilles cordes qui l'entourent, car chaque caravane ajoute un anneau neuf, mais néglige d'enlever l'ancien. Tout en haut, Zian crie à Dayot :

– Alors, tu fais de la place ?

– Tout de suite, dit Dayot. Dans une minute, je dégage.

Mais au même moment, Dayot sent bouger la grosse dalle sur laquelle il s'appuie; d'instinct, il se rejette en arrière, pas assez vite toutefois pour n'être pas accroché par le bloc déséquilibré qui lui broie la main gauche. Il hurle :

– Attention ! Garez-vous, là-dessous !

Là-dessous, il y a le « monsieur suisse » en plein milieu du rappel. Brigitte terrifiée le voit, au bruit, lever la tête, ouvrir la bouche sans exhaler un son, les yeux exorbités, puis basculer à la renverse, cependant que le bloc, après avoir suivi le plan de clivage, se détache à son tour dans un grondement caractéristique comme un chariot roulant sur un quai de gare, l'arrache et l'emporte dans le vide. Une fraction de seconde s'écoule pendant laquelle le silence est plus oppressant, plus dramatique que tous les bruits; puis c'est le fracas du gros bloc qui éclate en touchant à nouveau la paroi, quelques centaines de mètres plus bas, et qui semble entraîner la montagne entière dans sa chute. Pendant plusieurs minutes, l'avalanche déferle dans des couloirs invisibles; un nuage de poussière dévale sur le glacier et dans ce nuage apparaissent et bondissent des blocs et des éboulis qui tracent de longs sillons dans la neige. Le bruit s'apaise, une pierre roule encore tout doucement sur le glacier, puis s'arrête. C'est fini. La montagne retrouve sa sérénité. Dayot s'est affalé sur la vire, et contemple, hébété, sa main broyée. Il n'y a plus de « monsieur suisse ».

Zian hurle :

– Louis, Louis ! T'es blessé ?... Réponds-moi... Et tes clients ?

Brigitte, le visage cireux, reprend vite son sang-froid. Elle pense au jeune homme, seul, en dessous; elle l'appelle :

– Êtes-vous vivant ? Répondez !

– Je n'ai rien ! répond une voix faible comme celle d'un enfant.

Déjà Zian dégringole le long du rappel, se laisse tomber sur la vire. Furieux, il invective la montagne, il crie :

– Ne bougez pas, Brigitte ! Surtout, ne bougez pas ! Attends-moi, Louis, j'arrive.

Brigitte s'empresse auprès du guide. Elle est pâle, mais extraordinairement lucide. Elle prend la main blessée, l'enveloppe avec des gestes maternels dans le foulard de soie qui lui serrait les cheveux. Dayot se laisse faire, sa main valide encore crispée sur le tronçon de la corde d'attache. Il répète sans arrêt :

– Le client, Zian, le client.

– Je m'en occupe.

Avec prudence, Zian tâte les rochers, mais rien n'est changé en apparence. A peine y a-t-il une tache plus claire sur le granit rouge. Toute la dalle est partie d'un seul bloc; dessous, c'est une nouvelle dalle toute lisse, toute propre. Il plante un piton, passe un anneau de corde, assujettit sa corde de rappel. Puis il sort de son sac une gourde d'eau-de-vie, en fait boire une gorgée à Dayot, en offre à Brigitte qui refuse. Il faut maintenant descendre le blessé.

– Comment vous sentez-vous ? demande-t-il à la jeune fille.

– Bien, Zian. Que faut-il faire ?

— Prenez le rappel, descendez jusque sous le surplomb où vous trouverez le jeune homme. Alors vous vous détacherez. Faites bien attention, n'est-ce pas ? Je ne devrais pas vous laisser faire cela, je devrais vous ramener jusqu'au col et remonter, mais ça prendrait du temps... Allez-y ! Je vous assure.

Brigitte se laisse glisser jusqu'au-dessous du surplomb, puis elle sent qu'elle tourne dans le vide au bout de la corde; enfin, elle prend pied sur une plate-forme. Le jeune homme est là, prostré, hagard. Il la regarde descendre vers lui sans faire un geste, les yeux vagues.

— Blessé ? interroge Brigitte.

Il ne répond pas; lui aussi est devenu exsangue; un tremblement convulsif agite son menton.

— Du courage, voyons ! dit doucement Brigitte.

Alors il murmure d'une voix entrecoupée :

— Pauvre père... Lui qui était si heureux... si joyeux tout à l'heure.

D'en haut, la voix de Zian leur parvient, impérieuse.

— Brigitte, je fais descendre Louis; quand il sera à votre hauteur, tirez-le sur la plate-forme, car il n'a qu'une main pour se guider.

Un instant plus tard apparaît le guide blessé qui, par un énorme effort de volonté, se laisse glisser tout doucement, le bras en écharpe. Puis, derrière lui, Zian.

Les rappels terminés, il leur faut encore descendre un mauvais petit couloir. Dayot s'offre à partir en tête, mais Zian s'y oppose : il désire le surveiller de plus près.

— Passez devant, Brigitte, car le jeune monsieur n'est pas en état de reconnaître la route. Je vous assurerai tous les deux en même temps. Toi, Dayot, reste près de moi.

Zian s'encorde au milieu de sa corde d'attache, en envoie un bout à Brigitte, lie le jeune alpiniste à l'autre bout, intercale Dayot à quelques mètres devant lui et ordonne :

— En route, et doucement, Mlle Brigitte.

La jeune fille va très lentement, tous ses nerfs bandés, attentive à ne pas déraper; parfois, elle attend le jeune homme qui trébuche à chaque pas; puis c'est le tour de Dayot qui gémit à chaque heurt un peu brutal contre le roc. Derrière, Zian surveille les trois autres, enraie les débuts de glissade, ne quitte pas une seconde des yeux ses camarades, les dirige, les guide, les encourage.

Plus tard, Zian dira à Brigitte qu'ils ont mis trois heures pour effectuer ce parcours qui prend vingt minutes en temps normal. Pour l'instant, Brigitte a perdu la notion du temps, elle est toute surprise de trouver le bivouac du Col des Cristaux, les sacs et les chaussures. Zian en profite pour faire un pansement plus sérieux à son camarade, puis il presse tout le monde. Chacun remet ses souliers ferrés. Zian glisse la paire du disparu dans son sac pour ne pas charger Dayot.

Ils descendent maintenant les éboulis du col. La chaleur est intense. La soif les dévore. Brigitte, sur ce terrain facile, sent soudain la fatigue. Il peut être 3 heures de l'après-midi, à en juger par le soleil. La caravane perd rapidement de l'altitude. Le jeune homme pleure tout en marchant; il voudrait interroger le guide, mais il y renonce tant il serait vain de nier l'évidence. De son père, il ne lui reste que l'ultime vision d'un corps bondissant dans le vide, derrière un roc énorme, puis plus rien! Cette traînée de blocs, là-bas, sur le glacier, pourrait peut-être rappeler l'accident aux initiés. Les Aiguilles flambent, dorées de soleil; les avalanches lointaines tonnent; un bruit d'eaux vives s'échappe parfois des cailloux. Ils arrivent à la rimaye qu'ils franchissent d'un bond; puis ils prennent pied sur le glacier ramolli par la chaleur. Enfonçant jusqu'à mi-jambe, ils avancent avec peine. Dayot a repris la tête, car son expérience est utile pour éviter les mauvais ponts de neige. Le malheureux serre les dents, marche comme dans un rêve. Ils sont sortis de la zone de neige fondante; maintenant le glacier est nu, couvert de pierres et de terre; de larges torrents burinent sa carcasse. Ils vont sans échanger une parole, sans se reposer. La montée de la moraine du Couvercle est un martyre pour le blessé. Les autres sont à bout. Bien qu'ils n'aient pas mangé depuis dix heures, ils ne sentent pas la faim, mais ils ont par contre une soif intense.

Ravanat, qui les voit pénétrer dans le refuge, n'a pas besoin d'explication.

— Et le client ? fait-il en s'adressant à Louis.

— Mort !

— Envoie ton porteur chercher du monde au Montenvers, dit Zian. Il a dû rester accroché quelque part dans le bas du couloir, car je ne l'ai pas vu débouler sur le glacier.

— Bon Dieu ! La demoiselle qui tourne de l'œil, s'écrie le Rouge. (Et il a juste le temps de recevoir Brigitte dans ses bras et de l'étendre sur un matelas du dortoir.) Pas blessée, au moins ?

— Non, c'est la fatigue et les nerfs. Elle a été très bien, déclare Zian. (Puis il se penche sur elle, lui caresse doucement les cheveux.) Vous avez été courageuse, Brigitte. C'est très bien. Reposez-vous, ça va passer : c'est les nerfs, je connais ça... Y avait de quoi révolutionner de plus durs que vous.

Puis il raconte l'histoire au Rouge.

Dayot est parti devant avec sa main bandée. Le porteur, qui chaque été ravitaille le refuge, l'accompagne jusqu'au Montenvers, car il y a encore tous les Égralets à descendre.

Zian et Brigitte, un peu reposés, partent à leur tour. Il est tard, mais Brigitte tient à arriver le plus tôt possible au Montenvers pour rassurer sa famille.

Après les heures terribles de cette journée, elle foule presque avec délices ce sentier de terre molle qui repose les jambes; elle voudrait s'étendre sur ces plaques de gazon ras et rêver jusqu'à la nuit, mais il faut marcher.

Les rampes des Égralets lui semblent aisées, après l'escalade qu'elle vient de faire. Ils dévalent maintenant à grands pas le glacier inférieur. Zian va devant, de sa démarche longue et souple, se dirigeant sans hésiter à travers les moraines, et elle suit, réglant son allure sur celle du guide. Aux Moulins, là où l'itinéraire du Couvercle se confond avec celui du Col du Géant, ils rejoignent d'autres caravanes qui rentrent, elles aussi. Un peu plus bas, ils croisent des alpinistes qui montent à pas lents, portant une lourde charge, suivant leurs guides qui vont en tête, leurs grosses vestes de drap jetées sur le sac et le piolet sous l'aisselle.

– Salut ! disent-ils en voyant Zian. Alors, t'as eu des ennuis ? On vient de rencontrer Dayot.

– Une sacrée dalle qui s'est détachée. Va-t'en prévoir ça !

– C'est la sécheresse de c't'été qui en est cause, bien sûr.

– Bien sûr.

– Enfin, on verra bien.

– On verra bien. Salut !

– Salut !

Et chacun repart.

Les voici au Montenvers. Brigitte se précipite au téléphone. Et Zian devine la longue conversation qu'elle a avec ses parents. A la fin, excédée, la jeune fille coupe.

– Ma mère veut que je descende ce soir...

– Ne lui avez-vous pas dit que vous étiez très fatiguée ?

– Mon pauvre Zian, elle ne s'en rend pas compte. Elle était très inquiète. Il paraît qu'ils sont tous allés m'attendre au dernier train. Heureusement, ils n'ont pas encore appris l'accident ! Enfin, ils organisent une soirée en notre honneur et il faut descendre tout de suite... Cela n'aurait servi à rien de discuter. Tant pis !

Rien ne me pressait d'arriver, conclut Brigitte en soupirant.

Zian allume sa lanterne, car la nuit est venue; puis il recharge le sac sur ses épaules et, pour couper au plus court, prend la piste qui longe la voie du chemin de fer, bien qu'elle soit raide et fatigante, mais on gagne du temps. Quand ils pénètrent dans la haute forêt de sapins, une chouette, effrayée par le halo de la lanterne, s'envole d'une basse branche. Au tournant de la voie, les mille lumières de Chamonix scintillent dans la vallée. L'air est lourd, chaud; ils traînent des jambes de plomb. Alors, comme Zian sent qu'ils risquent de s'endormir, il entonne à pleine voix une chanson de montagne.

4

Sur le sentier qui du Moëntieu des Moussoux rejoint la forêt par la Pierre à Ruskin, Brigitte et Zian marchent côte à côte. Ils échangent quelques banalités, puis se taisent et se plongent dans une rêverie que teinte la mélancolie de l'automne.

Depuis deux jours, on n'aperçoit plus les cimes enfouies dans une crasse épaisse qui parfois se déchire et laisse apparaître dans une courte éclaircie un pan de rochers noirâtres ou une courte aiguille de granit, invisible en temps normal, que les nuages isolent du massif de façon bizarre. De longs bancs de brume planent à mi-hauteur de la vallée, s'accrochant aux forêts de sapins, d'où naissent de nouvelles nuées plus légères, qui tourbillonnent comme une vapeur grise au gré des courants aériens, se rejoignent, se mêlent, masquent et découvrent tout à coup la montagne.

La brume s'étend au-dessus de Chamonix, mais une brume plus opaque, plus sale, car les fumées de la ville se mêlent aux nuées basses, les alourdissent, les brassent, les étendent comme un rideau épais à cinquante mètres au-dessus des toits. La seule touche lumineuse est donnée par les langues terminales des glaciers qui, délavés par la pluie, brillent faiblement. Sur ce paysage morose tombe une pluie fine, presque invisible qui accentue les belles tonalités de l'automne, les roux des mélèzes, les verts sombres des épicéas, les verts tendres des prairies couvertes d'un regain serré.

Dans le calme de la vallée, la voix du torrent règne en maître tantôt faible et insinuante comme un murmure, puis, sur un coup de vent, enflée et grondante, impérieuse, puissante, comme la masse impétueuse qui coule à pleins bords vers les plaines. Ainsi, au gré des courants aériens, s'établissent des zones de tumulte ou de silence, et lorsque le calme revient, les notes claires et gaies des clarines transforment en pastorale la nostalgique symphonie de la nature.

Ils s'enfoncent maintenant dans la forêt où les bruits extérieurs semblent ne point parvenir. Zian pénètre toujours avec émotion sous bois; il y trouve la paix et le recueillement d'un temple; il aime s'y promener seul, longuement, s'arrêter pour écouter le bruit très faible des gouttes qui suintent des branches, humer le parfum pénétrant des herbes mouillées, admirer l'ordonnance des sapins dressés comme des colonnes au milieu d'un parterre de myrtilles, de mousses et de fougères.

Aux branches des hauts épicéas qui s'élèvent d'un seul jet, s'accrochent des écheveaux de mousses et de lichens; leurs troncs frémissent sur toute leur hauteur au moindre souffle venu de la montagne. Lorsque la brise augmente, on entend parfois des craquements sourds, comme dans les cales des voiliers par brusques sautes de vent; alors un gémissement s'exhale de la forêt, un frissonnement sonore qui enfle et tout à coup s'arrête. On dirait alors que la nature épuisée reprend des forces.

Rien n'est plus capricieux qu'un sentier forestier : celui-ci épouse les contours du bois, se faufile au plus profond des futaies, puis s'échappe dans une trouée, traverse des pâturages, laisse apparaître un lambeau de paysage. C'est ainsi que Brigitte et Zian découvrent subitement le village des Praz, tout en longueur dans la « plaine », à l'endroit le plus large de la vallée de Chamonix. C'est un alignement de vieilles maisons basses et trapues, que domine, par places, la masse disproportionnée des hôtels neufs, hauts, étroits, banals.

Ils traversent des clairières où les herbes lourdes de pluie se penchent sur le sentier, puis se redressent, délestées, après leur passage. Un troupeau de vaches gardé par une jeune fille, immobile sous la pluie, emplit l'espace du carillon de ses clarines. Comme ils passent à la hauteur de la bergère, celle-ci, rejetant en arrière son capuchon mouillé, découvre son visage :

– Salut, Zian, lance Nanette Guichardaz, sans faire attention à Brigitte.

– Salut, Nanette ! répond le guide qui rougit imperceptiblement sous le hâle et poursuit son chemin.

Surprise, Brigitte marque un temps d'arrêt, très court, suffisant toutefois pour lui permettre de dévisager la jeune bergère, de remarquer un beau visage, un regard qui soutient le sien. Puis, elle rattrape Zian qui l'a dépassée de quelques pas.

Elle est tentée de se retourner, mais elle est trop fière. Elle entend la voix de Nanette qui apostrophe ses bêtes en patois : « Vira, Marmotte, vira, lau... » puis qui se perd dans le bruit des sonnailles.

Ils rentrent sous bois. Pourquoi cette gêne entre eux ? Il faudrait rompre le silence, parler. Quel besoin de dissimulation arrête les paroles sur leurs lèvres ?

Zian va devant sur l'étroit sentier. Il se reproche son attitude équivoque : « Te voilà bien avancé maintenant, songe-t-il. Tu n'avais qu'un mot à dire : « C'est Nanette, ma promise... » Et voilà, les choses étaient claires. Au lieu de cela, tu la salues comme une étrangère, tu passes sans t'arrêter, sans même t'excuser de l'avoir négligée ces temps derniers. » Il calcule mentalement qu'ils ne se sont pas revus depuis le bal des Guides, depuis cette danse avec Brigitte... Stupéfait de ce qu'il découvre, le montagnard n'ose conclure.

De son côté, Brigitte devine les pensées de son compagnon. Trop fine pour questionner le guide, elle revoit la scène rapide, analyse chaque geste, chaque regard, chaque attitude. « Cette jeune fille m'a dévisagée comme on toise une rivale, se dit-elle, servie par son intuition féminine. Il faut bien convenir que l'attitude de Zian était étrange. Pourquoi est-il passé si rapidement ? Pour ne pas me la présenter ? Par pudeur masculine ? D'abord, qui est cette petite ?... » Sa maîtresse ? Non, Zian n'est pas homme à avoir une maîtresse... Sa fiancée alors ?... » Elle repousse cette idée, sans raison, parce qu'elle lui déplaît. Zian fiancé ? Elle ne le connaît certes que depuis trois semaines; mais si cette bergère est sa fiancée, il aurait dû normalement la lui présenter. Or, il ne l'a pas fait... Elle respire plus librement. « Allons, pourquoi me mettre martel en tête ?... Serais-je prise au jeu ? Micheline aurait-elle raison ? Sans cela, que m'importeraient Zian et ses amours ?... » Cependant elle nie encore l'évidence et se dit de nouveau que c'est le guide seul qui l'intéresse.

Elle le regarde marcher devant elle, écartant par endroits les bruyères courbées sur le chemin. Elle ne voit que ses larges épaules, son feutre mouillé de pluie, sa silhouette massive qui se dandine légèrement au rythme lent de son pas montagnard. Elle se rassure. Il est trop ridicule de penser qu'elle pourrait aimer ce paysan !... La lourde silhouette s'estompe, fait place dans ses pensées à une autre vision : celle d'un homme d'une légèreté surprenante, qui escalade des parois à pic, triomphe des abîmes, joue avec les risques. Et les deux visions se superposent. Ah ! qu'il se retourne pour voir son regard, ses yeux profonds où brûle une flamme intérieure si puissante, si bouleversante parfois. Qu'il se retourne, et ce qui est massif dans sa carrure deviendra force, sa lourde démarche sera puissance, le paysan du Danube sera de nouveau le conquérant des cimes.

Flirt... Amitié... Amour ?... Brigitte se pose la question. Elle écarte le flirt, mais admet l'amitié : ils ont souffert et lutté ensemble, ils peuvent désormais marcher côte à côte, unis par la montagne. « L'amour aussi est union, lui souffle sa conscience. Tu appelles amitié cet amour commun de la montagne et tu as peur de reconnaître la vérité. Sans cela pourquoi serais-tu jalouse de cette petite vachère, car c'était bien de la jalousie ce désir de savoir, de deviner les pensées de Zian... »

Au moment où ils débouchent dans le grand couloir d'avalanche des Lanchers, au-dessus du Paradis des Praz, une éclaircie subite, comme il s'en produit parfois en montagne les jours où le temps est le plus bouché, découvre durant quelques secondes la pyramide régulière de l'Aiguille Verte. Sur la cime plaquée de neige, un mince plumet s'effiloche vers l'ouest.

— La Verte, s'écrie Zian. Bon signe ! Dans trois jours, il fera beau. Regardez, le vent d'est souffle la neige fraîche.

— Alors, le Mont-Blanc ? interroge Brigitte.

— On pourra le faire.

Déjà le nuage a capelé le sommet et après cette apparition soudaine, si rapide qu'on aurait pu la croire irréelle, le mauvais temps lance un nouvel assaut. La pluie tombe plus abondante et, chassée par un vent glacé, se plaque sur les promeneurs.

Un coin de ciel bleu, une comète de neige sur un pic isolé dans le ciel suffisent pour qu'ils oublient tout : Nanette, leurs réflexions silencieuses, la pluie. La Montagne, c'est bien la Montagne qu'ils aiment !

Une nouvelle ascension s'ouvre devant eux. Le Mont-Blanc! Cette cime garde encore tout l'attrait de ses quatre mille huit cents mètres et le prestige de son histoire dramatique.

– Oui, nous ferons le Mont-Blanc! dit Zian. Vous verrez, Mlle Brigitte, les gens qui sous-estiment ses difficultés n'y connaissent rien. Pour moi, c'est la plus belle course de neige. Pour sûr, en pleine saison, il y a trop de monde, trop de curieux. La route est si bien creusée dans la neige par le passage des caravanes qu'on ne risque pas de se perdre!... Mais laissez venir le mauvais temps. Un simple nuage sur la calotte, ça suffit. Il ne fait pas bon alors dans les parages! Si on se trouve pris sur le Dôme, on tourne et on tourne en rond. Et ça arrive avec une rapidité étonnante. Tout est beau, tout est bleu! On monte, la tête baissée, sans regarder autour de soi, et vlan! un coup de bise, la nuée s'abat, d'un seul coup on est en enfer. Le Mont-Blanc compte plus de morts que tous les autres sommets du massif réunis. Mais il faut l'avoir fait au moins une fois. Quand on est sur la dernière crête, avec toute la terre sous les pieds, je vous assure que ça paie des fatigues de l'ascension. D'ailleurs, vous verrez dans quelques jours.

Ils arrivent au village des Praz. C'était l'heure où les troupeaux rentrent dans les étables; un carillon assourdissant couvrait tous les autres bruits, même la voix impérieuse du torrent galopant entre les digues de granit, roulant les blocs, arrachant les vernes, charriant dans ses eaux grises le sable des moraines et les déchets de la montagne.

Le chalet des Mappaz s'élève à proximité du village. C'est l'un des plus pauvres de la vallée : bas, trapu, avec un rez-de-chaussée en maçonnerie, blanchi à la chaux, et un étage construit avec des planches à peine équarries, coiffé d'un lourd toit d'ardoises grossières d'où sort, en forme de pyramide tronquée, la haute cheminée de bois avec son volet d'orientation. La façade qui regarde la route nationale, l'unique rue du village, est nue et sans autre ouverture qu'une petite porte. La vraie façade donne sur le midi, sur les champs, sur la « plaine » des Praz, entre l'Arve et l'Arveyron, face à la chaîne du Mont-Blanc.

Zian vit là avec une vieille tante, la Marie à la Faiblesse, une sœur de sa mère, originaire d'Argentière, qui est venue s'installer au chalet à la mort de la maman – son neveu avait alors deux ans. Et lorsqu'en 1916, le maire de Chamonix a apporté un petit papier jaune, le télégramme officiel annonçant la mort à Verdun de Zian Mappaz, le père, elle a décidé de rester définitivement aux Praz.

Zian précéda Brigitte dans l'étroit couloir qui traverse dans sa largeur toute la maison. Des remugles d'étable filtraient à travers les vieilles cloisons; du plafond aux poutres apparentes, aux planches mal jointes, dépassaient des brindilles de paille; par la porte de la cave mal fermée, montaient des odeurs de lait aigre. Ils entrèrent dans la pièce principale, l'« outa », restée telle qu'il y a deux siècles, lorsque les aïeuls des Mappaz construisirent le chalet, grande salle carrée, faiblement éclairée par une petite ouverture ménagée dans les murs épais et défendue par deux solides barreaux de fer croisés. Une lumière blafarde y arrivait aussi par la cheminée, car il n'y avait pas de plafond dans ces vieilles demeures. A deux mètres de hauteur, les quatre murs de la cuisine s'inclinaient à quarante-cinq degrés pour former une pyramide régulière qui allait en s'amincissant jusqu'à l'étroite ouverture du sommet. Un auvent de bois, qu'une tringle permettait de manœuvrer et d'orienter selon la direction du vent, masquait à demi cette ouverture. Tout l'intérieur de la pyramide, fait de planches de mélèze soigneusement assemblées, était noir de suie et de fumée. Sur des barres de bois fixes finissaient de sécher et de fumer des jambons et des saucisses. Le foyer était formé de deux galets de granit et d'une plaque de fonte adossée à la paroi. Une grande table de chêne, deux bancs, un vaisselier aux tablettes garnies d'assiettes à fleurs et de bibelots baroques, en constituaient l'unique ameublement. Par terre, à même le sol fait de larges dalles de granit mal jointes, reposaient des ciselins de tôle, des seilles de bois, et, à côté, près de la crémaillère, le grand chaudron de cuivre à cuire la tomme.

Triste et enfumée, cette pièce semblable à un immense caveau ne reprenait vie que les jours où la Marie cuisait le lait sur un grand feu de vernes tout crépitant d'étincelles. Il y régnait un courant d'air perpétuel. En tout temps le vent sifflait dans la partie supérieure de la cheminée, et, l'hiver, la cuisine était abandonnée au profit du « pèle », la grande salle commune où le fourneau de maçonnerie entretenait une température constante.

Conscient de ce qu'une telle pièce pourrait désagréablement impressionner Brigitte, Zian la conduisit dans sa propre chambre. Là, par contraste, tout était lumière et gaieté. Souriant, heureux de la recevoir, il se tourna vers la jeune fille.

– Asseyez-vous. Ici, c'est moins triste. Dame ! La maison est vieille et on n'a jamais eu de quoi la faire réparer. J'ai tout aménagé moi-même, dit-il avec fierté.

Les murs étaient revêtus de fines lattes de mélèze qu'en bon menuisier il avait fait alterner – une latte claire, une latte sombre – et bien vernies. Dans un coin était le lit étroit aux boiseries claires, recouvert d'une courtepointe au crochet confectionnée les soirs d'hiver par la vieille tante. Sur les parois se voyaient, dans des sous-verre, de belles photos de montagne, souvenirs de courses, et sur une étagère, quelques livres, dédicacés pour la plupart. Dans un angle, des trophées de sport – coupes en argent, médailles, objets d'art – gagnés au cours des compétitions sportives de l'hiver, tant en ski qu'en hockey sur glace, ainsi que des diplômes de sauvetage, de guide, de moniteur de ski, de certificat d'études...

Brigitte dénoua son capuchon, ôta son imperméable, secoua sa chevelure encore tout emperlée de pluie, et, cédant à une curiosité de petite fille, alla d'un cadre à l'autre, d'une photo à un diplôme, écoutant les explications que lui donnait Zian pour qui chaque objet avait la valeur d'un souvenir.

— Il doit faire bon de se réunir chez vous, fit-elle.

— Ici ? fit Zian d'un air étonné. Mais il n'y vient jamais personne. Quand on donne par hasard des veillées, c'est au « pèle », autour du fourneau de pierre, que ça se tient.

— Alors, pourquoi m'y avoir amenée, Zian ? Il resta un moment sans répondre.

— Vous, c'est différent, Mlle Brigitte. (Et comme elle le regardait, l'air interrogateur, il ajouta :) La cuisine est trop triste sans feu. Et puis je voulais vous montrer mes souvenirs de montagne.

Ensuite, radieux, il bondit à la cuisine, en revint les bras chargés de bois sec dont il emplit le poêle de faïence, et alluma un feu clair et pétillant.

Une voix de femme l'appela.

— C'est la Marie, dit-il, en allant à la porte.

La vieille femme apporta le thé sur un plateau de bois découpé.

— Ma tante qui m'a élevé, dit Zian. (Puis, désignant Brigitte :) Mlle Collonges, ma cliente de la « Mummery » dont je t'ai parlé.

— Paraît comme ça que vous grimpez rudement bien, mademoiselle, fit la vieille. C'est Zian qui me l'a dit. Si c'est pas dommage d'aller en montagne quand on pourrait rester dans la vallée, murmura-t-elle. Vos parents sont jamais inquiets ? (Brigitte se contenta de sourire sans répondre.)

– Avec ce sale temps vous devez avoir faim, reprit la Marie. Le froid, ça excite l'appétit. Mangez. On n'a pas grand-chose à vous offrir, mais la crème est toute fraîche; et la confiture, c'est moi qui l'ai faite, ajouta-t-elle avec fierté. Maintenant, je m'en vais. Mes vaches me réclament.

Zian lui demanda sans chaleur :

– Faut-il t'aider, tante?

– Bast, je m'arrangerai bien. Trois vaches à traire, c'est pas une affaire.

Les jeunes gens restèrent seuls. Zian se leva gauchement, pour servir le thé. Brigitte le devança :

– C'est mon tour! Nous ne sommes plus au refuge. Vous vous souvenez? J'étais incapable de la moindre initiative, vous me faisiez boire, manger, vous délaciez mes souliers, vous me forciez à dormir... Quel tyran!

Elle rit, debout, adossée à la paroi, la tasse fumante à la main, puis elle se pencha vers un agrandissement :

– Oh! le magnifique rappel! Est-ce vous?

– C'est une photo du Doigt de Mesure avant l'éboulement. Je n'étais encore que porteur à l'époque, mais j'avais voulu passer en premier. L'oncle Armand, ajouta-t-il en se levant à son tour et en désignant des personnages – celui qui est là, debout sur la vire –, m'avait laissé faire. J'ai eu du mal, et j'ai même failli me dérocher, mais je ne l'ai pas avoué. J'étais si fier après. J'avais dix-huit ans!

– Et cet alpiniste traversant une pente de glace, qui est-ce? demanda Brigitte en arrêt devant une autre photo. Quelle figure énergique! Mais quelle expression de fatigue!

– C'est encore l'oncle, le Quinque, comme on dit du côté d'Argentière. J'étais avec lui. C'était en 28, dans la face nord de la Verte. Une sacrée course. Du cinquante-cinq degrés de moyenne.

– Brr... quel vide! Je ne me vois pas perchée en équilibre sur cette pente de glace.

— Que si. Vous avez le pied sûr.

Ils font ainsi le tour de la chambre.

Zian le taciturne parle sans contrainte et sans gêne. Le temps passe, la nuit vient rapidement. Brigitte écoute, fumant cigarette sur cigarette, tandis qu'il raconte sa jeunesse, évoque ses souvenirs. Comme elle se tait, il s'inquiète :

— Ça ne vous ennuie pas, toutes ces histoires ?

— Non, Zian. Racontez, je vous en prie...

Il va à un tiroir, sort un album de photographies.

— Mes souvenirs de compétitions, quand je courais à ski...

Il cite des noms, des dates :

— Briançon, 1925 le Revard; ici, les championnats suisses à Andermatt. Là, c'est au Trofeo Mezzalama, au Mont-Rose... Une épreuve terrible : haute montagne et ski, cinquante kilomètres par équipe à quatre mille mètres d'altitude. Un échec. On n'était pas suffisamment préparés.

Page après page, elle feuillette sa vie intime, découvre ses passions secrètes, la montagne, le ski; l'effort, toujours l'effort.

— Attendez, laissez-moi regarder, vous tournez trop vite.

Elle est attirée par une photo d'hiver : on distingue un coureur, le dossard sur la poitrine, arc-bouté sur ses cannes, les traits tirés, presque crispés de douleur, en train de franchir la ligne d'arrivée entre deux haies de spectateurs.

— Ce regard, ces yeux brillants de fièvre... Mais c'est vous !

— C'est bien moi, en effet. A l'arrivée de la course internationale de grand fond : cinquante kilomètres. Je n'avais jamais couru une telle distance, je manquais d'expérience. J'ai pris un départ trop rapide. Au trentième kilomètre, le coup de pompe ! C'était dans la forêt des Pellerins; je suis tombé dans la neige et tous les coureurs m'ont dépassé. Mais je ne voulais pas abandonner, je me suis péniblement redressé sur les genoux, remis debout et je suis reparti. Je ne voyais que les petits fanions rouges qui jalonnaient la piste. J'allais lentement; puis mes muscles se sont dénoués; peu à peu j'ai regagné du terrain et dépassé les autres. Plus question de style, ni de pas norvégien ou finlandais. Droite, gauche, droite, gauche. Je poussais comme un sourd sur les cannes. Il paraît qu'on applaudissait aux contrôles. Moi, je n'entendais rien. J'ai franchi la porte du stade. J'étais remonté pour l'éternité, je glissais entre les spectateurs. J'ai dépassé le contrôle d'arrivée sans le voir. On me criait : « Bravo, tu y es »... mais je me suis écroulé comme une masse. Je n'étais pas beau à voir, les docteurs ont mis quatre heures pour me ranimer. J'ai quand même fini quatrième. Quel souvenir !

Brigitte lui prend la photo des mains. Même s'il ne lui avait pas donné d'explications, elle aurait tout deviné, car ce regard fiévreux, presque surnaturel, elle le lui connaît. Il avait le même sur les dalles de la Mummery, quand l'accident est arrivé.

– Quelle belle chose que la compétition, mais il ne faut plus y songer, poursuit mélancoliquement le guide.

– Pourquoi, Zian ? Vous êtes en pleine forme !

– Je donne des leçons l'hiver. On ne peut pas être professeur et coureur. Seuls les amateurs peuvent devenir de grands champions...

L'obscurité s'épaissit dans la pièce, à peine rompue par la clarté tourmentée des flammes à travers les plaques de mica du poêle. Zian s'est tu. La jeune fille songe. L'album de photos tombe à leurs pieds sans qu'ils s'en aperçoivent. On peut entendre pétiller les bûches dans le poêle.

S'arrachant à son rêve, Brigitte se lève. Il lui faut brusquer le départ, ne pas laisser place aux pensées qui l'assiègent, ne pas ternir cette heure merveilleuse durant laquelle un homme lui a découvert très simplement son âme.

Elle lui tend la main :

– Il est tard, Zian. Je dois partir ! Cet après-midi a passé comme un éclair.

Il l'accompagne à travers le couloir sombre. Dans l'étable proche, une vache beugle sourdement. On entend la voix aiguë de la Marie.

– Paix, la Roussette... Paix...

Dehors, la pluie a cessé. Il fait froid. Les nuages s'élèvent en bancs cotonneux au-dessus des toits; leur masse grise éclaire faiblement la nuit. Zian regarde d'où vient le vent.

– C'est du nord, maintenant, et ça tient. Dans trois jours, le beau !

– On fera le Mont-Blanc, Zian ?

– Bien sûr ! Adieu, Mlle Brigitte.

– Adieu, Zian, à demain.

Elle s'en va sur la route luisante de pluie. Son manteau fait une tache claire, visible de loin. Zian la regarde franchir le pont de l'Arve, s'évanouir dans l'obscurité. Alors seulement, il rentre chez lui.

5

Le couloir fuyait sous eux, vertigineux, tourmenté, hérissé de minces crêtes rocheuses qui le divisaient, tranchant les lourdes coulées de neige fraîche qui le descendent sans arrêt, dévalant avec un froissement soyeux dans les profondes rigoles de glace. La neige fraîche colmatait la montagne appesantie sous le silence total de l'altitude, et lorsqu'il arrivait aux grimpeurs de détacher, au cours de l'escalade, quelques pierres branlantes, celles-ci, bondissant sans bruit et comme à regret sur la pente, s'arrêtaient rapidement après une lourde glissade de quelques mètres.

Zian se retourna pour surveiller Brigitte qui peinait à quelques mètres au-dessous de lui.

La jeune fille allait très lentement, veillant à poser ses souliers ferrés dans les traces du guide.

– Dans vingt minutes, nous serons au refuge, Brigitte ! dit-il, encourageant. Encore un effort !

Lui-même transpirait à grosses gouttes sous le poids du sac. La chaleur de ce milieu d'après-midi était particulièrement intense, sur cette face exposée en plein sud-ouest, pour les alpinistes qui grimpaient, le visage à moins d'un mètre des rochers couverts de neige fraîche qui réverbéraient toute la chaleur solaire. Leurs figures, malgré l'huile antisolaire, prenaient la teinte éclatante du cuivre et la buée brouillait les verres teintés des grosses lunettes à coque métallique qui protégeaient la vue.

Rude journée, depuis le départ matinal de Saint-Gervais-les-Bains, à environ deux mille cinq cents mètres de dénivellation en dessous d'eux ! Rude journée qui, sans transition, les avait fait passer brutalement de la douceur du Val Montjoie, avec ses romantiques forêts baignant dans l'eau claire des torrents, aux rochers délités, cimentés de verglas, de la haute chaîne, pressant leurs surplombs et leurs terrasses aériennes entre des couloirs de glace et de neige, tendus comme une ligne idéale de la terre jusqu'au ciel.

Interminable ascension qui avait débuté dans la nuit claire d'automne par une montée très raide à travers les forêts et les clairières dominant les gorges de la Gruvaz où grondait le nant de Miage, pour atteindre l'Alpe sauvage, retranchée du monde, pressant ses chalets l'un contre l'autre dans l'unique espace que n'atteignaient point les avalanches d'hiver, bordée de vernes arborescents et d'un épais maquis de rhododendrons et de genévriers. Au-dessus d'eux, la face nord du Dôme de Miage craquait de tous ses glaciers suspendus, étincelant de toutes ses parois de glace vive, dans un raccourci qui diminuait étrangement les distances. Vers l'est, les chaumes gelés et les éboulis rougeâtres des Aiguilles de Tricot où galopaient les chamois se prolongeaient en une ligne très pure de neige qui les reliait au sommet de l'Aiguille de Bionnassay, pyramide noirâtre tachetée de névés suspendus, crêtée de glace vive, trop lointaine et trop haute pour qu'on pût discerner sa véritable nature.

Il y avait eu ensuite une harassante montée à travers les éboulis et les moraines du petit glacier couvert de culots d'avalanche et enfin l'attaque de la grande paroi du Col de Miage, vertigineux escalier de débris, coincé en une inclinaison redoutable entre les couloirs brillants de vieille glace noire et que, depuis quatre heures, ils escaladaient très lentement, assommés de fatigue et de chaleur; marche exténuante et facile, où la corde était presque inutile, mais où chaque pas devait être fait avec précision, car rien ne tenait, tout bougeait, tout partait. A droite et à gauche de l'arête à peine marquée dans la large paroi, glissaient sans arrêt les silencieuses avalanches de l'après-midi. De courtes haltes les réunissaient sur une étroite plate-forme, avec tout le vide au-dessus d'eux et, au-delà des abîmes immédiats, l'horizon des Préalpes calcaires de Savoie, cette chaîne des Aravis sèche et rougeâtre comme un djebel africain et la trouée de l'Arve, large, verdoyante, soutachée en son milieu par le fil d'argent du grand torrent alpestre, laissant deviner très loin, dans la brume chaude, les prairies grasses du Genevois et les dernières crêtes bleutées du Jura.

Ils avaient de la sorte atteint la limite de la neige fraîche, et c'est presque avec joie qu'ils avaient vu l'empreinte de leurs pas se découper en noir sur la couche blanche qui duvetait les rochers. Tout aussitôt, sous la pression du pied, la neige fondait, laissant leurs traces marquées à l'emporte-pièce sur le roc du gigantesque escalier naturel.

– Encore un effort, Brigitte! dit Zian de nouveau.

Puis, il poussa un juron énergique. Profitant de l'inattention du guide, la jeune fille portait de temps à autre une poignée de neige fraîche à sa bouche. Elle suçait avec délices le glaçon et il lui semblait que cela calmait son palais enfiévré, sec comme un parchemin.

– Non, Brigitte, non. Ne mangez pas cette neige. Je vous ai déjà avertie : vous serez malade. Pourquoi ne pas me réclamer du thé? J'en ai plein la gourde.

Elle vit qu'il était réellement fâché.

– Pardon, Zian! J'avais tellement soif et je n'osais pas vous dire de vous arrêter.

Ils burent tous deux avec avidité.

– Tenez, regardez, nous y sommes.

Et du bout du piolet il lui montra la cabane.

Elle brillait comme un joyau inestimable à la crête même du col, et ses parois de cuivre renvoyaient les rayons du soleil avec des éclats de phare.

Ils l'atteignirent rapidement. Les rochers s'arrêtaient brusquement, cédant la place à une fine arête de neige à laquelle était adossé le refuge. Il surplombait le vide de près de huit cents mètres. Un violent courant d'air frais passait le col, venant d'Italie.

Comme Brigitte, très lasse, appuyait sa main sur la paroi métallique du refuge, elle dut la retirer vivement et poussa un cri de douleur : la plaque de cuivre était brûlante. Alors elle resta plantée là, debout, reprenant son souffle, regardant sans le voir l'immense escalier qu'elle venait de gravir. Elle ne tressaillit que lorsque Zian, s'approchant d'elle, défit le nœud de la corde. Il souriait, l'air heureux malgré la fatigue, et elle lui rendit son sourire.

– Le plus pénible est fait, Brigitte! Demain, nous chevaucherons les arêtes et nous aurons notre récompense. Si tout va bien, nous irons dans la journée jusqu'au sommet du Mont-Blanc.

Les fatigues présentes étaient oubliées; d'autres horizons les appelaient déjà.

Le vent avait amassé la neige contre la paroi de la cabane. Zian dégagea l'entrée à coups de piolet, puis fit jouer le gros verrou extérieur. La porte s'ouvrit en grinçant et une bouffée d'air vicié et moisi s'échappa de l'intérieur. Il y régnait une atmosphère étouffante, provenant de la chaleur accumulée par les tôles.

– Pourquoi ce revêtement métallique? interrogea Brigitte avec une curiosité de néophyte.

– Contre la foudre. Le refuge est entièrement plaqué de cuivre; les savants appellent ça une « cage de Faraday »; la foudre peut tomber, nous ne risquons rien. C'est le dispositif adopté un peu partout en très haute montagne. N'oubliez pas que nous sommes ici à trois mille quatre cents mètres d'altitude!

Brigitte pénétra dans le refuge. Il était minuscule. Un bat-flanc d'un côté, de l'autre une table étroite, sur laquelle traînaient quelques instruments de cuisine, l'encombraient presque entièrement. Quelques planches clouées sur les parois couvertes de graffiti servaient d'étagères; deux ou trois escabeaux complétaient l'ameublement sommaire de ce petit cube de bois et de métal, conçu pour abriter au maximum deux cordées.

Le Col de Miage est un endroit désert et bien qu'il constitue, avec le Col du Géant, l'unique passage relativement facile entre la France et l'Italie à travers la chaîne du Mont-Blanc, il y a beau temps que les contrebandiers ont trouvé des moyens plus modernes pour passer leurs charges d'un versant à l'autre. Actuellement, le refuge n'est utilisé que par les alpinistes qui font l'ascension de l'Aiguille de Bionnassay. Toutefois, ils empruntent rarement cet itinéraire en raison de la longueur de la marche d'approche et préfèrent en général les grandes traversées d'arêtes commencées par le Dôme de Miage, poursuivies à travers la Bionnassay jusqu'au Dôme du Goûter et au Mont-Blanc.

Brigitte, assise sur le bat-flanc, regardait Zian organiser leur nuitée, ranger le refuge. Elle était très lasse. Plusieurs fois, au cours de l'interminable montée, elle eût préféré s'arrêter et même redescendre. Une force impérieuse la poussait à continuer. Elle se sentait entraînée par une volonté plus forte que la sienne, et elle continuait malgré sa fatigue, épousant les gestes et les pas de son guide. Mais depuis l'arrivée au refuge, toute cette lassitude avait pris corps tout à coup. Une saine fatigue l'avait envahie à l'instant où elle avait fait glisser des épaules les bretelles de son sac; un sac déjà lourd pour elle – sept ou huit kilos – car Zian était trop chargé pour pouvoir tout porter, et ils avaient préféré une peine supplémentaire à la présence d'un tiers.

Brigitte ne pouvait détacher son regard de la haute silhouette familière allant et venant dans l'étroit espace, y mettant de l'ordre, dépliant les couvertures de laine grise, les étalant sur le toit de la cabane pour que le soleil pompât les dernières traces d'humidité, vidant le contenu des sacs, préparant sur la petite table les réchauds et les conserves nécessaires au repas du soir.

La longue ascension sous le soleil avait plaqué sur sa rude figure bronzée de montagnard comme un vernis de terre de Sienne, un peu plus pâle autour des yeux, là où les lunettes avaient protégé la peau des rayons ultraviolets. Ses traits étaient tirés, mais il semblait à Brigitte que chaque minute de repos et d'ombre les détendait davantage. Elle songea qu'elle aussi n'avait pas été épargnée par le soleil; passant machinalement ses mains sur son visage, elle le sentit tendu, brûlant de fièvre. Puis elle reprit sa contemplation muette.

Ils ne s'étaient pas adressé dix paroles au cours de la journée. Mais malgré ce laconisme, jamais les pensées de deux êtres n'avaient sans doute été plus proches de l'union totale. Il avait suffi d'un regard, d'un geste. Ou bien tout simplement que Zian s'arrêtât droit, debout sur une roche, pour lui désigner un piolet, sans mots inutiles, un sérac prêt à crouler dans la face nord du Miage ou une montée de brume rapide et légère, sortant des vallées, s'effilochant en tous sens, et disparaissant comme une vision trop brève, aspirée, bue par les radiations solaires. En ces instants, elle avait compris la beauté du silence et l'harmonie de l'âme et du paysage, cette harmonie qui semblait si naturelle à Zian, enfant de la montagne et façonné par elle.

Brigitte, sentant un léger trouble l'envahir, s'arracha à ses pensées, sortit sur le seuil de la cabane et s'assit, les jambes pendantes, sur une dalle de schiste surplombant l'abîme. Les pierres étaient chaudes au toucher et des filets d'eau suintaient entre les cailloux, rutilaient comme de chatoyants joyaux en chantant dans leur lit de glace. A l'approche du soir, les lointains s'assombrissaient. Au-dessus des vallées, les mers de nuages se formaient moutonnantes, agitées, dominées parfois par un gigantesque cumulus flottant comme un iceberg.

Elle rêva longtemps, ayant tout oublié, se laissant bercer par le paysage comme on le serait par la plus poignante des musiques, ayant l'impression d'être si loin, si haut, qu'elle se demandait si elle était encore sur terre. Il lui fallait, pour s'en apercevoir, s'amuser à rechercher en dessous d'elle, dans la haute paroi enneigée, le pointillé de leurs traces semblable à la piste d'une sauvagine par les journées d'hiver. Alors, à force de regarder fixement ce vide infini, il lui semblait voir les couloirs s'élargir et la cuvette noirâtre du glacier ouvrir et refermer ses crevasses. Elle percevait en ces instants la vie secrète de la montagne dont jusqu'alors ne lui parvenaient que des bruits connus : chutes de pierres, éclatements de séracs, tintements métalliques de l'eau de fusion dans sa vasque cristalline.

Un nuage passa soudain devant le soleil, déjà bas sur l'horizon.

La nature devint alors froide et hostile; les séracs aux éclatants reflets d'émeraude lui parurent livides, blêmes, et les roches ensoleillées grisaillèrent uniformément, tout à coup sans relief et menaçantes. Brigitte frissonna.

Une voix chaude et amicale la fit sursauter :

— Faut rentrer, Brigitte ! Vous allez prendre froid; vous oubliez l'altitude. Dans une heure, on va geler ici. Un joli saut à faire, hein ! ajouta Zian, en désignant le vide d'un air mi-sérieux, mi-moqueur. (Comme elle restait silencieuse, il continua :) Je ne vous entendais plus remuer, alors je suis venu voir si vous n'aviez pas fait le coup de l'Anglais !

— Une histoire ? Racontez, s'écria Brigitte, heureuse de la diversion.

— C'est arrivé à un vieux de chez nous, il y a une vingtaine d'années, peut-être vingt-cinq. Du reste, ça n'a pas d'importance. Il était venu coucher dans la cabane avec son client, un grand alpiniste anglais. Ils se préparaient à faire la traversée du Mont-Blanc depuis ici. Le guide mettait aussi la cabane en ordre. L'Anglais était sorti comme vous pour admirer la nature. Au bout d'une heure, voyant qu'il ne revenait pas, le guide sort à son tour. Pas d'Anglais ! Il appelle, rien ne répond; il monte sur la petite crête de neige, là, derrière nous. Personne ! Il commence à s'inquiéter et examine les traces des pas dans la neige; elles le conduisent à vingt mètres derrière la cabane, juste au bord du vide. Il se penche et regarde. Il y avait bien une trace de coulée dans le grand couloir, ce qui n'avait rien d'étonnant ! Mais il lui semble que tout au fond, passé la rimaye, il y a un point noir qui n'existait pas avant. Il regarde plus attentivement et pousse un juron. Le point noir remuait faiblement. Son client distrait avait fait le saut dans le vide. Huit cents mètres de chute et il vivait encore. Il le trouva assez mal en point avec le bas du dos raboté. Il s'en est tiré avec un an d'hôpital et de chaise longue... sur le ventre ! Un verni ! Je ne vous conseille pas de l'imiter, conclut le guide en riant de toutes ses dents rendues plus éclatantes par la patine bronzée du visage.

– Qu'auriez-vous dit si vous ne m'aviez pas retrouvée, Zian ?

– Taisez-vous, on ne parle pas de ces choses-là en montagne.

Zian avait bien travaillé. Le repas du soir mijotait sur deux réchauds à alcool, les bat-flanc étaient en ordre, les sacs de couchage prêts pour la nuit.

– A table ! Mangeons. Nous aurons besoin de nos forces demain.

– C'est très difficile ? s'inquiète tout à coup Brigitte.

– C'est surtout assez long, mais vous êtes résistante, je l'ai bien vu à la Ravanel et à la Mummery.

– Zian ?

– Oui.

– Ne riez pas ! Vous allez me prendre pour une sotte. Mais j'ai presque peur. Cette solitude est tellement effrayante. L'autre jour, au Couvercle, il y avait avec nous le Rouge, les autres cordées... Je veux dire que vous n'étiez pas seul avec ma faiblesse devant cette menace. Pourtant, je sais que je ne risque rien, puisque vous êtes là. Mais si vous étiez en danger ?... Nous aurions dû prendre un porteur.

Elle s'arrête et son joli regard, jadis provocant, puis si fier, si heureux, devient humble, teinté d'inquiétude.

Mappaz éclate de rire... Il avale à grandes cuillerées sa soupe fumante. Il est chez lui. Bien sûr, Brigitte ne peut pas savoir qu'il ignore l'oppression de la solitude, qu'il est fils du silence et qu'au contraire des gens des plaines son cœur bat plus calmement sur ces hauteurs.

Brigitte reprend confiance. La pénombre emplit la cabane. Zian ferme la porte pour conserver la chaleur.

Un peu de lumière arrive encore par la minuscule fenêtre, une lumière dorée de fin de journée. Et lorsque Brigitte regarde à travers ce hublot, elle découvre un panorama aérien de nuages, aux gigantesques ombres portées, aux horizons enflammés barrés par de sombres traînées inquiétantes, plaquées de phophorescences troubles. La nuit tombe des vallées, mais ici, à trois mille quatre cents mètres d'altitude, le soleil frappe directement la cabane et sa gloire déclinante apporte encore la vie dans ce désert.

Ils sortent une dernière fois pour recueillir cette ultime impression de vie. Zian pose une couverture sur les épaules de Brigitte. Déjà la neige crisse sous leurs pieds. Enlacés, ils escaladent en silence la petite crête de neige qui les sépare du versant italien. Là, sur l'Italie, la pente de neige fuit doucement, puis disparaît dans une large crevasse qui masque les premiers précipices. En face d'eux, majestueux, altier, le Mont-Blanc reçoit les derniers rayons du soleil. D'énormes avalanches en provenance de l'arête du Brouillard coulent sans cesse sur le glacier et le bruit assourdi de leur chute parvient jusqu'à eux malgré la distance.

Lorsque, lassés de voir tant de glace, tant de rocs, ils se retournent face à l'ouest, c'est pour découvrir l'infinie mer de nuages recouvrant tout ce qui ne dépasse pas deux mille cinq cents mètres; çà et là surgissent quelques sommets principaux, sombres îlots flottants sur les volutes mordorées des brumes. Le disque solaire descend lentement, puis disparaît, mais longtemps encore l'horizon, à l'ouest, reste phosphorescent, bouillonnant de lumière et lançant par moments de fugaces éclairs de chaleur. Et la bise du soir descend les arêtes de la Bionnassay, contourne les corniches, prend le col en enfilade.

— Rentrons, Brigitte! Nous avons fait le tour du propriétaire. (Il la prend par le bras et sent qu'elle tremble légèrement.) ... Froid? interroge-t-il.

Elle fait de la tête un signe affirmatif, sachant bien qu'elle ment. Ils redescendent en courant la pente de neige. Maintenant la face nord du Dôme du Goûter revêt sa dalmatique violet cendré et semble si proche que ses contours prennent des formes menaçantes, presque humaines.

A leurs pieds, le vide s'enfonce directement dans les nuages et la nuit, à trois mille pieds en dessous. Quelques rares feux s'allument dans les hauts alpages, les troupeaux ont déjà regagné les vallées et seuls restent des retardataires et des bûcherons.

Et Brigitte sourit à ces lumières d'hommes. Elle sourit aussi au petit carré lumineux — leur feu — qui s'échappe du refuge par la lucarne et découpe un petit rectangle blond sur la neige déjà bleuie par la nuit.

Tout de suite, Brigitte se glisse dans le sac de couchage et elle a très chaud, trop chaud même pour dormir. La cabane n'est plus éclairée que par la flamme d'une bougie. Zian achève les derniers préparatifs. Leurs sacs respectifs sont bouclés, l'eau pour le thé du matin est prête sur la table, les gourdes pleines. Le guide vérifie les lanières des crampons, prépare les boucles de la corde, enclenche d'un geste automatique la lanterne pliante en métal léger dans laquelle il glisse une bougie neuve.

Brigitte somnole déjà lorsqu'une détonation violente, très proche d'eux, la fait sursauter. Effrayée, elle se dresse sur son séant.

— Qu'y a-t-il, Zian ? Une avalanche ?

Il rit franchement.

— N'ayez pas peur, dormez ! Ce sont les tôles surchauffées de la cabane qui se contractent sous l'action du froid. Ça va durer à peu près jusqu'à minuit.

Il ôte ses lourdes chaussures ferrées, s'allonge sur le bat-flanc à côté de Brigitte. A travers l'épaisseur du duvet, elle le sent tout proche, cherchant sur la planche dure une bonne position de sommeil, se retournant jusqu'à ce qu'il l'ait trouvée. Sur la tablette de bois blanc, la bougie achève de se consumer, et comme Zian a entrouvert le vasistas, un petit souffle d'air courbe la flamme en tous sens, projetant sur le plafond des ombres fantastiques.

De temps à autre, les tôles détonent brutalement et Brigitte maîtrise ses nerfs. A ses côtés, Zian dort maintenant tout son soûl, sa respiration paisible emplit le refuge d'un bruit rassurant.

Vers 1 heure du matin, l'écroulement d'un sérac sur la face nord du Dôme de Miage les réveille en sursaut. Longtemps, ils écoutent le bruit de l'avalanche renvoyé par l'écho de Tricot.

Craintive sans raison, Brigitte cherche machinalement la main de Zian.

— Vous ne dormez pas ? interroge-t-il.

— Non ! Je vous envie de dormir.

— Il faut vous reposer, Brigitte, dans trois heures nous partons.

— Oui, Zian, je vais essayer, dit-elle sans conviction.

Elle est docile, mais il la devine apeurée par tous ces bruits de la nuit, par ces craquements de la montagne, par ces chutes de pierres qui tintinnabulent dans le couloir, sous la cabane, par le souffle même du vent qui a pris possession de la nuit et parfois secoue violemment le refuge. Un instant, la pensée que le vent pourrait être désagréable au matin, sur les arêtes, le rend soucieux, mais il chasse cette idée. Il veut reprendre son somme interrompu, lorsqu'il s'aperçoit que Brigitte dort maintenant, apaisée, un sourire d'enfant sur les lèvres. Elle serre inconsciemment, de toutes ses forces, la grosse main du montagnard. Et comme il n'ose la retirer de crainte qu'elle ne s'éveille, il renonce à dormir. Et à son tour, il écoute le chant du vent dans l'orgue des couloirs de glace.

6

Brigitte se réveilla en sursaut. Une main familière s'appuyait sur son épaule. Elle ouvrit des yeux étonnés, reconnut la bonne figure de Zian penchée sur elle, sourit, se dressa, le buste hors du sac de couchage, et se frotta les paupières d'un air ennuyé :

– Oh ! Zian, j'ai l'impression d'avoir dormi un siècle.

Une nouvelle bougie brûlait sur la tablette; les réchauds ronronnaient.

– Allez, ouste, la demoiselle. Debout, la paresseuse ! Il est 3 heures et demie du matin. Nous partons dans une demi-heure. (Elle se leva d'un bond.) Habillez-vous très chaudement, Brigitte, conseilla-t-il. Nous allons être toute la journée au-dessus des quatre mille sur une arête, et la Bionnassay n'a pas précisément la réputation d'être une pointe où il fait chaud. Voyons ! Qu'avez-vous mis ? Deux chandails de corps, un anorak, un foulard de soie sur vos cheveux. Bien ! Mettez des gants de laine, enfilez les moufles par-dessus et prenez une paire de mitaines de rechange dans la poche de votre veste. Maintenant les chaussures. Attendez, ça me regarde. C'est trop important.

Il s'assura que les doubles chaussettes de laine ne faisaient pas de plis dans les chaussures, entoura les souliers ferrés de deux épaisseurs de solide papier et, finalement, ajusta les crampons à dix pointes, de manière que les lanières fussent serrées à point, et qu'il n'y eût pas de risques de gelures.

– On ne fait jamais assez attention à tous ces détails, dit-il. Nous allons trouver de la poudreuse au

Dôme du Goûter et, dame, il n'y a rien de tel pour vous geler les extrémités.

Enfin, ils furent « fin prêts », comme disent les Chamoniards. Le quart de thé brûlant avalé, le capuchon de l'anorak rabattu sur la tête, les lunettes serrées sur le haut du front, ils s'encordèrent à l'intérieur du refuge avec une corde de dix millimètres mise à double, les deux brins étant de longueur légèrement différente pour atténuer les effets du coup de fouet en cas de chute.

Brigitte se laissait équiper. Zian la tournait et la retournait en tous sens, comme un mannequin. Satisfait, il alluma la lanterne, jeta un dernier coup d'œil circulaire pour voir si tout était en ordre dans la cabane, signa le livre de refuge et fit émarger Brigitte dans la colonne réservée aux voyageurs. Elle lut : « 10 septembre 1932, Brigitte Collonges, guide Zian Mappaz de Chamonix, partis à 4 heures du matin, en direction du Mont-Blanc par les arêtes de Bionnassay. »

Partis en direction !... Brigitte médita sur cette phrase classique, qui faciliterait les recherches si jamais ils ne redescendaient pas.

Était-ce l'effet de l'altitude, l'extraordinaire solitude de cette cabane de Miage, Brigitte eut l'impression fugace qu'elle allait vivre des moments inoubliables. Elle se souvint de la nuit du Couvercle, se trouva en progrès. Déjà elle découvrait à ces départs pour l'inconnu une âpre saveur qui était bien proche du plaisir.

Une fois dehors, Zian verrouilla la porte de la cabane, puis, sans hâte, la corde d'attache roulée en anneaux dans sa main gauche, il gravit la première pente de neige. Elle était dure, mais les pointes des crampons mordaient bien, et tout de suite Brigitte se sentit en confiance. Zian lui donna un dernier conseil.

— Attention ! On a vite fait de s'accrocher avec des

crampons. Marchez lentement, évitez surtout de piétiner la corde, car ça ne pardonnerait pas!

La nuit était claire, calme, coupée parfois de grands coups de vent venant d'Italie qui les cinglaient violemment. Zian attaqua la première côte très raide qui domine le Col de Miage. La neige fraîche, un peu durcie par la chaleur de la veille, adhérait aux roches brisées; des pierres délitées, rougeâtres, qui ne chantaient pas sous la pointe du piolet comme le bon vieux granit des Aiguilles, mais rendaient un son fêlé de cruche cassée, se détachaient parfois et glissaient sans bruit sur la pente.

La nuit masquait encore les précipices qui, tant du versant italien que du côté français, fuyaient brutalement. Vers l'est, la masse du Mont-Blanc, au-delà des abîmes du Miage, se détachait très sombre sur le ciel où se discernaient, à peine perceptibles, les signes avant-coureurs de l'aube : cette pâleur de jade qui se dilue peu à peu jusqu'à l'opale.

Zian montait, le dos un peu voûté, appuyé sur la pointe de son piolet, « cramponnant » avec aisance. De temps à autre, sans se retourner, il donnait des conseils à Brigitte :

— Inclinez la cheville! Faites mordre les dix pointes... Gardez votre équilibre avec le piolet! Évitez de buter du bout des chaussures, comme on le fait avec les clous...

Et elle s'appliquait à cette marche acrobatique, sentant parfois la glace vive sous la faible épaisseur de neige fraîche.

Zian avançait lentement, avec précision, habile à ne pas rompre le rythme de la marche. Il savait par expérience qu'un départ trop rapide est neuf fois sur dix la cause d'un échec au Mont-Blanc, que l'allure à quatre mille et au-dessus n'est pas la même que dans les moyennes altitudes. Toutefois il ne le disait pas, car parler épuise; et Brigitte le suivait comme une ombre, se laissant bercer par le rythme de l'ascension nocturne, plongée dans un rêve indéfinissable qui lui faisait oublier la fatigue et la monotonie de cette ascension en pleine nuit.

Il faisait encore très sombre lorsqu'ils atteignirent l'épaule de neige qui précède la dernière falaise rocheuse de l'Aiguille de Bionnassay. Sur cinquante mètres environ, il faut franchir une arête aiguë plongeant à cinquante-cinq degrés sur les deux versants, un peu moins raide toutefois du côté français. Zian attendit que Brigitte fût tout près pour lui passer sans mot dire les anneaux de corde et se mit en devoir de tailler. A larges coups de piolet, il creusait des marches, avec facilité dans la neige durcie, avec peine dans la glace noire. Les éclats se détachaient avec un bruit de vitres brisées et cascadaient en bruissant sur la pente. Lorsqu'il eut atteint une longueur de corde, il s'arrêta, se retourna, distinguant à peine dans l'obscurité la fine silhouette de la jeune fille.

— Avancez, cria-t-il. Doucement, très doucement ! Ne vous empêtrez pas dans vos crampons... Vous ne risquez rien, ça mord !

Sa voix résonnait de façon étrange dans le silence. Surveillant Brigitte, il la vit franchir sans nervosité le court espace dangereux, faisant attention à bien faire mordre les dix pointes des crampons dans les marches. Il sourit : « Allons, ça ira ! pensa-t-il. Elle a le pied aussi ferme sur la glace que dans le rocher. Seulement, faudra voir ça au jour, quand on distingue le vide ! »

Deux fois, il renouvela la manœuvre de corde et ils prirent pied dans une petite combe où le vent avait accumulé la neige poudreuse.

— Saleté ! jura-t-il. Ça va nous refroidir.

Brigitte sentit en effet pour la première fois depuis le départ l'insidieuse morsure du froid à travers le cuir épais des chaussures de montagne.

Zian attaqua alors le passage rocheux de l'Aiguille, la

seule escalade dans toute cette longue course de glace. Les rochers, très raides, étaient verglacés, mais à Brigitte, qui gardait encore le souvenir des dalles verticales de l'Aiguille Mummery, et qui trouvait les prises bien déblayées par le guide, le jeu parut facile.

Zian, le piolet passé dans la ceinture, grimpait lentement, dégageant, avec ses mains protégées par de lourdes mitaines de toile, les aspérités du roc. L'exercice le réchauffait, ses muscles jouaient maintenant plus librement sous l'épaisseur des vêtements. De temps à autre il conseillait :

– Attention ! A droite, le bloc ne tient pas... Gare à ne pas coincer vos pointes de crampons... Dégagez la corde.

Ils furent rapidement sur la crête. Une sorte de terrasse abritée du vent s'offrait à eux. Le jour se levait tout à fait. Tout le Miage italien se couvrait de brumes; elles stagnaient dans les hautes vallées, denses, inquiétantes. Sur le versant français, la vue, que rien n'arrêtait jusqu'aux confins du Rhône, dévoilait des formations nuageuses irrégulières : non pas les brumes matinales des combes alpestres, mais de lourds nuages accrochés aux sommets secondaires, les coiffant, les épousant, naissant de l'ouest et s'effilochant vers l'est.

Zian, silencieux, observait tous ces symptômes. Le Mont-Blanc, qui barrait l'horizon vers l'ouest, masquait le lever du soleil. Enfin une frange de platine auréola la crête entre le Mont-Blanc et son satellite, le Mont-Blanc de Courmayeur. Ce n'était pas la lueur rosée des matins triomphants, mais une teinte irisée, blond pâle avec des reflets glauques qui s'attarda sur l'arête de neige, découpa la corniche en dentelle de lumière, puis d'un seul coup passa au rouge brutal. Sur l'Italie, le ciel prit aussi des tons de sanguine, barré horizontalement, très haut au-dessus de l'horizon, par des « ravoures » en forme de fuseaux phosphorescents. Puis, le ciel s'éteignit et quelques cimes secondaires : les Aiguilles de

Trélatête, l'Aiguille des Glaciers, le Mont Brouillard se dorèrent sur leur face orientale d'une chaude lumière.

Zian, gardant pour lui ses impressions, attendit la venue du « signe ».

A quoi bon tourmenter Brigitte par l'annonce du mauvais temps ? Mentalement, il calcule le délai qu'il leur faudra pour atteindre le Col du Dôme et le refuge Vallot, avant la tempête. Ils ont bien marché. Il peut être 7 heures du matin. Zian songe qu'il aura toujours une voie de retraite assurée sur le refuge de l'Aiguille du Goûter, et il décide de continuer. Son regard pourtant ne quitte pas le sommet du Mont-Blanc, il attend le signe qui se montre plus tôt qu'il ne l'aurait pensé, alors qu'ils sont encore assis sur la terrasse, Brigitte à ses côtés, pelotonnée dans un creux de rocher, le capuchon rabattu sur la tête, somnolente. Il la regarde avec tendresse : « Le coup de pompe classique du débutant qui n'a pas dormi », songe-t-il.

Il reporte son regard sur le Mont-Blanc. Le « signe » précurseur des grands drames atmosphériques, c'est d'abord comme une légère couronne de nuages, très fine, transparente, qui se forme à quelques mètres au-dessus du sommet. Elle y oscille longtemps au gré des courants aériens, s'augmente sans cesse de nouveaux apports laineux qu'un prestidigitateur invisible fait surgir du néant. Puis la couronne devient quenouille et s'effiloche, épousant les formes de l'arête des Bosses. On distingue encore par transparence la calotte sommitale, et le soleil levant, se jouant à travers cette voilette ténue, lui prête une robe de fée. Débouchant au sud de l'Arête du Brouillard, le premier rayon vient frapper Brigitte et Zian en plein front. Ils le saluent avec la joie qu'éprouvent tous les peuples des régions froides lorsque le soleil paraît. Mais, chose bizarre, cet attouchement de lumière ne leur donne aucune impression de chaleur. Le soleil est froid, et le ciel reste glauque, d'une pâleur indéfinissable, inquiétante. Zian brusque le départ : « L'Ane » se forme, songe-t-il. Gare à nous dans quelques heures ! »

— En route, Brigitte, dit-il ensuite à voix haute. Bien reposée ?... Allons, ne tardons plus.

Et comme elle acquiesce, il se met en devoir de tailler la pente terminale de l'Aiguille : une jolie muraille redressée à soixante degrés, très courte heureusement, à peine une longueur de corde. Il ménage à la fois des encoches pour les pieds et les mains. Lorsqu'il arrive sur la crête, un furieux coup de vent d'ouest manque de lui faire perdre son équilibre. Il marmonne un juron.

Brigitte le rejoint. Il l'empoigne à pleins bras, l'attire sur la fine arête de neige qui constitue le sommet. Il est content de son élève. Solidement campé sur ses crampons, il défie la tourmente.

— Votre premier quatre mille, Brigitte !

Il hurle pour se faire entendre. Parfois, ils oscillent tous deux sous la poussée des éléments, mais Brigitte, serrée dans les bras musclés du guide, ne redoute ni le vide qu'elle découvre tout à coup devant elle ni le froid qui lui tenaille le visage. Elle est heureuse et fière. Elle entend encore Zian qui lui crie à l'oreille en riant :

— Maintenant, on se tutoie, Brigitte, c'est de tradition au-dessus des quatre mille !

Elle le regarde gravement. Lui, pour la mieux voir, relève ses lunettes de neige, et il lit tant de choses dans les yeux verts qu'il est saisi d'une émotion comme il n'en a encore jamais éprouvé en montagne.

— Si tu veux, Zian, répond-elle doucement.

Une rafale plus brutale les couche presque sur la crête.

— Un peu plus, blague Mappaz, et nous nous envolions sur l'Italie.

« Ce serait dommage maintenant ! » songe Brigitte.

— Si vous me croyez, Brigitte... reprend Zian.

— Si tu me crois, corrige-t-elle.

Ils rient tous deux et Zian poursuit :

– L'endroit n'est pas fameux pour les discours... Plutôt inconfortable par grand vent! Nous allons maintenant traverser les « arêtes » jusqu'au Col de Bionnassay. Ce n'est pas très facile, mais j'ai confiance en toi. Marche comme tu as marché cette nuit, quand on a passé l'épaule! Doucement, le piolet bien assuré, et tâche de ne pas t'emberlificoter dans les crampons ou la corde. Pour plus de sûreté, tu n'avanceras que lorsque je serai arrêté. Bien compris ?

Elle devine l'importance de ses conseils.

Après l'avoir vue enfoncer son piolet dans la neige dure, passer une boucle de corde autour du manche, Zian s'en va confiant.

Pour un bon « cramponneur », la besogne au début eût été relativement facile, mais le guide pensait à sa compagne, une débutante sur la glace, et il taillait à larges coups de piolet des marches régulières. Ils commencèrent sur le versant français, mais bientôt la monstrueuse corniche de Bionnassay se forma, surplombant parfois de plus de dix mètres la face nord. Et Zian, se fiant à son expérience, chercha son chemin en contrebas de la crête, sur le versant italien. Là, au moins, il était un peu à l'abri des rafales qui parfois le déséquilibraient dangereusement. Mais lorsque la bourrasque arrivait, brutale comme une baffagne méditerranéenne, une comète de neige soufflée et pulvérulente la précédait, s'abattait sur lui. Ainsi prévenu, il s'arc-boutait contre la paroi de neige, crispé sur le fer de son piolet enfoncé à hauteur du visage, le corps bien d'aplomb, et il attendait un moment de calme. Plusieurs fois déjà, Brigitte l'avait rejoint à longueur de corde. Durant les longs intervalles pendant lesquels Zian taillait son chemin dans la glace, elle restait immobile sur les marches, fidèle à la consigne, grelottant de froid, obsédée par la vision de la pente qui fuyait, rectiligne, en dessous. Comme elle eût alors préféré une bonne paroi de rocher, avec d'excellentes prises qui lui auraient permis de s'intégrer à la montagne, de faire corps avec elle. Ici, elle le sentait, son équilibre reposait sur la plus ou moins bonne adhérence des pointes des crampons sur la surface parfois déclive des marches. Rien n'est plus vertigineux qu'une pente de neige, droite, uniforme, sans relief, trouée simplement par-ci par-là de rochers qui affleurent, menaçants comme des récifs, coupants comme des lames. Et tout ce glacis se noyait, sans solution de continuité, dans les brumes en ébullition.

Vaguement étourdie, Brigitte se tournait vers la neige et gardait les yeux fermés jusqu'à ce qu'une obsédante envie la forçât à regarder encore le vide qui se creusait entre ses jambes : l'affreux vide blanc auquel il faut des années de montagne pour s'habituer.

Après avoir contourné la grosse corniche, Zian rejoignit le fil de l'arête, tranchant comme une lame de couteau. La tourmente l'avait dégarni de neige et sur près de trente mètres il était de glace vive. Avec précaution, le guide installa Brigitte à califourchon.

— Prends garde aux rafales, hurla-t-il. Puis il chevaucha la crête, s'efforçant de faire adhérer ses crampons à la paroi de glace. Lorsqu'il fut à bout de corde, il s'arrêta, se retourna comme il put et fit signe à Brigitte de venir le rejoindre. L'arête était déclive. A son tour, elle entreprit l'invraisemblable chevauchée entre la France et l'Italie. Sur le versant nord, rien ne bornait la vue jusqu'au plateau du glacier de Bionnassay, à plus de mille mètres en dessous. La chute libre! songeait-elle, lorsque le vent, la prenant à partie, s'efforçait de la faire basculer dans le vide.

Un peu crispé, Zian, conscient de son équilibre précaire, tournait le buste autant qu'il le pouvait pour surveiller les mouvements de la jeune fille ramenant à lui, centimètre par centimètre, la corde qui n'était plus guère qu'un soutien moral. « Bien sûr, il aurait fallu être trois pour ce passage, se disait-il. Quelle sotte idée de partir seul ! »

Brigitte se laissait glisser très lentement, opérant comme elle l'avait vu faire par son guide, ne quittant pas ce dernier du regard, cherchant dans ses yeux la force de vaincre l'angoisse terrible qui l'oppressait, une angoisse telle qu'elle n'en avait jamais éprouvé, même au cours des passages d'escalade les plus périlleux de leur précédente ascension.

Elle étreignait l'arête à deux mains à travers les moufles raidies par le gel. Le vent rageur s'acharnait sur elle, mais il y avait la corde, cette belle corde neuve, toujours tendue entre eux deux, symbole de la surveillance incessante de son guide, par laquelle il lui transmettait le courage et la confiance !

Enfin elle arriva près de son compagnon et le saisit à bras-le-corps, s'accrochant à lui comme à une bouée. Il sentit qu'elle tremblait de froid, mais aussi d'émotion, comme le prouvaient les battements désordonnés de son cœur qu'il percevait à travers la double épaisseur de leurs vêtements. Zian dressait la tête, humant la tourmente, rassemblant la corde dans ses mains engourdies par le froid, semblable à un cavalier d'apocalypse. Et de fait, dans la bourrasque qui ne cessait de peser sur eux de tout son poids, on eût dit que l'arête prenait vie, ployait sous la charge des nuées, faisait de monstrueux écarts pour les désarçonner.

Mais lui, calme et sûr, la rassurait.

— Bravo, Brigitte ! Tout va bien ! Encore une longueur de corde et nous aurons gagné !

Il repartit et parcourut l'arête pendant une dizaine de mètres. Puis il se mit à tailler des marches sur le versant italien, plus doux, plus accueillant que le versant nord; de belles marches pour les pieds, de profondes encoches pour les mains. Malgré le froid des quatre mille, malgré l'âpre bise mordante qui le cinglait, il transpirait à grosses gouttes sous son anorak hermetiquement clos. Il taillait avec acharnement, pas assez vite cependant pour gagner de vitesse les lourds nuages menaçants qui montaient de partout.

Enfin la pente s'adoucit, l'arête se transforma en une belle croupe, puis en une vaste conque de neige. Comme on rend la main à un cheval, Zian laissa filer quelques anneaux de corde et marcha à grands pas sur cette surface unie.

Ils étaient au Col de Bionnassay.

7

Il leur sembla accoster dans une crique paisible. Ils pouvaient se mouvoir librement, sans danger, dans une merveilleuse détente de tout leur être. Posant leurs sacs à terre, ils s'apprêtèrent à prendre quelque repos. Zian était harassé par le dur labeur de la taille. C'est alors que le ululement du vent montant des abîmes de Bionnassay lui rappelant soudain qu'une autre partie allait se jouer, encore plus dangereuse, pleine de périls cachés, il se mit à examiner plus attentivement le temps.

La menace était sérieuse ! L'« Ane », ce fin chapeau de nuées qui auréolait la calotte du Mont-Blanc au lever du jour, avait fait place à un lourd nuage compact qui masquait déjà la haute cime jusqu'au Col du Dôme, s'effilochait sur le Dôme lui-même, hargneux et rageur, secoué par des bourrasques qui, si l'on en jugeait par les remous des nuées, devaient atteindre une grande force en altitude.

Chose plus grave, à cinq mille, le ciel s'était couvert uniformément d'une longue traînée laiteuse et le soleil avait disparu; à peine si dans les lointains, à l'ouest, on l'apercevait qui tentait de crever la couche supérieure des nuages et lançait quelques flèches ardentes irisées comme l'arc-en-ciel. Le temps était bouché et la menace montait également des vallées.

Vers le sud et l'ouest, les gros remous de brumes avaient définitivement effacé les grands sillons terrestres. Seuls subsistaient les sommets les plus élevés; leur pied baignait dans la grisaille du brouillard et leur tête accrochait les écheveaux laineux qui plafonnaient à quatre mille. Entre ces deux couches de nuages, une accalmie s'était provisoirement établie, parcourue d'un souffle puissant que rien n'arrêtait, venu d'au-delà les Préalpes de Savoie et la vallée du Rhône, absorbées par la masse mobile des nuées, d'au-delà le Massif Central avalé par la brume, un souffle atlantique, chargé d'embruns, qui se heurtait au bastion du Mont-Blanc et le remontait en hurlant, chassant devant lui des comètes de neige.

Sur le plateau du col, Brigitte et Zian se reposent, accroupis sur leurs sacs. Zian sait qu'il devrait repartir sans tarder, accélérer l'allure et gagner le refuge de l'Aiguille du Goûter; mais il sait aussi que l'effort sera long, plus pénible encore à cette altitude, et que dans quelques heures, ils auront besoin de toutes leurs forces. Aussi, sans souci des rafales de grésil et de neige qui les frappent en plein visage, fait-il hâtivement prendre à sa compagne un peu de nourriture riche en calories : sucre, chocolat, confiture, fruits secs, et Brigitte, déjà ankylosée par le froid qui devient pénétrant, mâche sans leur trouver aucun goût les aliments que lui tend le guide.

Zian, maintenant, cherche à déterminer sa route; il devine que dans quelques instants il sera trop tard. Un difficile travail s'opère dans son esprit; il inscrit dans sa tête, mieux que sur un calepin, l'itinéraire que lui suggèrent ses réflexions. « Jusqu'à la naissance des belles pentes du Dôme du Goûter, tout ira bien, songe-t-il. C'est une arête et la direction est facile à suivre. Mais après ? » Il scrute les défauts de l'immense pente blanche, il compte les crevasses, vérifie leur direction, mesure du regard leur hauteur et leur largeur; il sort sa petite boussole et l'accroche au revers de sa veste. Nul besoin de cartes! Il connaît l'endroit comme sa poche. Il est grave, car il sait quelle lutte l'attend, mais, comme à l'accoutumée, calme et décidé.

De l'Italie, des nuages moutonneux s'élèvent sans arrêt, mangeant à chaque minute un nouveau glacier, une nouvelle pointe. Tout à l'heure, il distinguait encore, précieux repères, les gendarmes caractéristiques des Aiguilles Grises. A présent, plus rien : un bouillonnement de volcan d'où s'élèvent parfois, droit dans l'air, des filaments de brume aspirés par les courants ascendants et qui s'efforcent de se joindre, de se souder aux lourdes formes de l'« Ane ». Cette fois, c'est le sommet même du Dôme du Goûter qui voit déferler sur lui, en raz de marée, la vague moutonnante des nuages. Déjà, on ne distingue plus rien sur la France, pas même, comme il y a un instant, très bas dans une trouée, les crevasses glauques du glacier de Bionnassay, et sur son rocher rougeâtre, le toit brillant du refuge de Tête Rousse. Une dernière bourrasque a réuni les nuées de l'ouest et celles d'Italie, juste au-dessus de leurs têtes.

Ils se retournent encore une fois pour voir la ligne de leurs pas sur l'arête de Bionnassay, lien ténu qui les rattachait à la terre. Trop tard. L'arête est dans les nuages, le vent recouvre d'une fine poussière glacée les profondes traces creusées il y a quelques minutes dans la neige poudreuse du col. Le blizzard les cingle maintenant, les saupoudre de cristaux mortels. Il faut partir.

Zian repère très haut sur l'arête, à la limite du brouillard, le gendarme rocheux qui constituera leur première étape. Ils marchent assez près l'un de l'autre sur cette crête facile où la violence du vent dégage la neige au fur et à mesure. Zian va devant, à pas lents. Pourtant Brigitte sent tout à coup une grande lassitude se répandre, sans raison, dans tous ses membres. Elle peine derrière son compagnon, et parfois s'arrête brusquement pour retrouver son souffle. Mais lui, sans rien dire, imprime une légère traction à la corde; elle comprend et repart, comme une automate. Elle bénit les rafales soudaines qui lui donnent un coup de fouet; elle ouvre alors toute grande la bouche aux bouffées d'air glacé, croyant atténuer ainsi l'impression d'étouffement qui ne la quitte pas depuis leur halte au Col de Bionnassay. Un grésil très fin lui frappe le visage, il lui semble que mille aiguilles lui perforent la peau. Ils ont gardé les lunettes pour préserver leurs yeux des morsures de la tourmente, et à travers les verres fumés le paysage apparaît laiteux, trouble, avec des teintes d'aquarium.

Pour elle, le monde se limite à la massive silhouette qui peine devant elle, et à laquelle la relient ces pas bien marqués dans la neige. Il se produit parfois des accalmies subites. Un silence pesant, astral, succède alors au bruit du vent dans les couloirs, un silence hors nature, plus pénible à supporter que les hurlements de la tempête.

Ils vont, toujours très lentement, êtres minuscules perdus dans ce désert de glace. Quelle est cette immense tour qui se dresse soudain devant eux, si haute que son sommet se perd dans les brumes ? Zian avance à la toucher du doigt, et, par sa seule présence, la réduit aux simples proportions d'un rocher de quelques mètres. Les voici arrivés au point de jonction de l'arête des Aiguilles Grises et de la crête principale. Encore une courte selle enneigée à franchir, et ils vont affronter les pentes démesurées du Dôme du Goûter.

Zian s'arrête, secoue les bourrelets de glace qui se sont formés à la jonction des moufles et de l'anorak. Il arrache une moufle avec les dents, fouille dans les poches, trouve enfin sa montre. Comme tous ces gestes simples sont difficiles à exécuter dans la tourmente! Midi! Zian calcule qu'ils n'ont plus que six heures de jour. Six heures! C'est plus qu'il n'en faut pour gagner le refuge du Goûter. En temps normal, il mettrait une heure. Mais il ne faut pas se perdre, il faut choisir sa route dans le glacis uniforme où n'apparaît aucune trace, aucun relief défini. Zian vérifie son cap à la boussole, passe la montre à Brigitte :

— Quand j'aurai marché une heure, vous me préviendrez, dit-il.

Il oublie de la tutoyer bien qu'ils soient à nouveau au-dessus des quatre mille. Il n'y a plus de Brigitte maintenant, plus de fille troublante dont le regard vous émeut jusqu'au plus profond de vous-même. Il n'y a plus que Mlle Collonges et son guide Zian Mappaz qui a promis de la conduire au Mont-Blanc et de la ramener dans la vallée, saine et sauve. Et il commande, sans faiblesse :

— En route!

Brigitte suit machinalement, sans réaction devant cette énergie, trop angoissée pour confier son anxiété, trop lasse pour vouloir s'arrêter. Oh! ce cercle de fer autour du front, ces battements de cœur qui lui font mal, ces nausées que seule peut apaiser la gifle bienfaisante de la tourmente...

Zian va devant, toujours du même pas régulier, impassible. De temps en temps, il se retourne, non pas pour sourire à Brigitte — ses lèvres se crisperaient sur son visage damasquiné de givre — mais pour vérifier qu'il ne dévie pas de sa route, car chacun sait que tout le monde tourne à gauche dans le brouillard. Alors il prend sa ligne de mire : Brigitte et le petit roc noir, en dessous, à la jonction des arêtes...

Mais il n'y a plus de roc noir. Plus rien qu'une blancheur terne, mouvante, hurlante! Il n'y a même plus de traces. Le vent chasse en fins nuages le grésil et la neige poudreuse au ras du sol; cela fait comme si l'on marchait dans un incendie sans flammes, un incendie de fumées qui couvriraient la terre et fuiraient sans cesse. Parfois, sous la poudreuse, il tâte la glace vive de ses crampons et songe qu'il aurait dû les ôter à la dernière halte. Ils en ont fini avec les pentes raides. Il n'y a plus que le Dôme, l'immense Dôme où tant de caravanes ont tourné en rond jusqu'à la mort. Mais la pensée du bivouac n'effleure pas encore Zian. Jusqu'ici, tout va bien; il avance, sûr de lui, tout droit sur la pente. Depuis combien de temps marche-t-il?

— Une heure trente, répond Brigitte à son interrogation.

Diable! Elle a laissé passer l'heure. Qu'importe! Ils vont très lentement, trop lentement même. A chaque instant une traction de la corde l'avertit que Brigitte peine derrière lui. Eh oui, bien sûr, l'altitude! Il faudra aller encore plus doucement et surtout ne plus s'arrêter, marcher jusqu'au moment où le refuge apparaîtra quelque part, droit devant eux, alors qu'on s'y attend le moins.

Un bruit sourd derrière lui, un « plouf » étouffé comme ferait une bille de bois glissant dans l'eau depuis la berge. Un « plouf » suivi d'un « pfuit » soyeux... et en même temps un grand choc qui le prend un peu au dépourvu. Il a juste le temps de se jeter en avant, de se crisper sur le piolet enfoncé jusqu'à la garde, de passer avec virtuosité un tour mort autour du manche. Alors seulement il songe à se retourner. La belle et morne pente s'est cassée derrière lui et cette cassure détermine un relief, découvre un vide profond où la corde disparaît, tendue à l'extrême. Au bout est suspendue Brigitte, bloquée par bonheur sur la pente; la chute a été si rapide qu'elle n'a pas eu le temps de crier. Zian comprend son erreur : il a tiré trop à droite, il se trouve maintenant juste au-dessus des abîmes italiens. Brigitte a brisé une corniche toute fraîche, soufflée par la tourmente et qui n'existait peut-être pas une heure avant. L'accident n'est pas grave; elle gît au bout de la corde, étendue tout de son long sur une pente à soixante-dix degrés.

– Pas de mal ? interroge Zian.

Il n'y a même pas d'anxiété dans sa voix. Il considère l'incident comme banal, courant, un des risques habituels du mauvais temps en haute montagne.

– Pas de mal? Non? Eh bien, remettez-vous sur pied... Vous avez conservé votre piolet? Alors tout va bien. Faites mordre vos crampons, hissez-vous à l'aide de la corde.

Brigitte débouche de l'abîme, toute blanche sous sa gangue de glace. Des cheveux fous couverts de givre s'échappent du capuchon de l'anorak; elle tremble de froid.

Zian prend une poignée de neige, lui frotte énergiquement le visage, la bourre de coups, la rudoie. Elle se laisse faire, mi-endormie, mi-abattue, sans réflexes. Elle s'assied dans la neige, pelotonnée sur elle-même. Zian, songeur, jette un regard de tous côtés, concentre sa volonté. Il lui faut situer sa position, sans repères, uniquement au jugé. Leur vie dépend de la décision qu'il va prendre. Il réfléchit : « D'ici, il faut tirer plein nord pour commencer, puis plein est. La difficulté, c'est que ce sacré Dôme est sphérique et qu'il faut le contourner en partie pour rejoindre l'Aiguille du Goûter. » S'il poursuit son chemin, s'il monte trop haut, il se perdra inévitablement sur le plateau du sommet. Alors il prend une décision, va jusqu'à la cassure de la corniche, sonde avec précaution la neige molle, se penche... La vue s'étend à peine à une vingtaine de mètres au-dessous de lui, puis la pente se fond dans les brumes, et tout s'efface. Mais la trace de la coulée est encore visible, elle a balayé l'ancienne neige et Zian aperçoit la glace, la glace vive du Dôme. Non pas la cassure d'émeraude d'une crevasse coupée au couteau, mais une belle pente inclinée à soixante-dix degrés, celle même qu'il a vu briller dans le dernier reflet du jour, avant qu'ils ne sombrent dans la nuit blanche.

Il revient lentement vers Brigitte. Un long travail se fait dans son cerveau; il calcule son atltitude : quatre mille cent mètres environ, fait un terrible effort de mémoire pour situer son prochain parcours, tire sa boussole – par chance l'aiguille n'est pas affolée. Il est évident que c'est du mauvais temps qui s'installe; heureusement, il n'y a pas encore d'indices de foudre dans l'air. « Ce serait complet ! » pense-t-il.

Sa décision est prise.

– Partons, Brigitte, j'ai retrouvé ma route.

Elle ne répond pas. Il jure et se penche sur le tas blanc qui gît immobile dans la fine poussière de neige. Elle dort ! Il ne manquait plus que ça ! Il la secoue violemment, la prend à bras-le-corps, la remet sur pied.

– Brigitte, un effort... Nous y serons bientôt... Debout ! Secouez-vous, nom de nom !

Elle le regarde, les yeux vagues.

– Laissez-moi, Zian, laissez-moi dormir... dormir...

– Dormir ! (Il fulmine.) Dormir ! Ouste, debout ! Allons !

Il réussit à faire bouger cette masse sans volonté; elle le suit maintenant, les yeux grands ouverts, titubant comme si elle était ivre.

« Raison de plus pour gagner rapidement le refuge, songe-t-il. C'est le mal des montagnes... Ça lui passera une fois au-dessous des quatre mille. Surtout à l'Aiguille, il y a toujours de l'air là-bas. »

Le démarrage a été long, mais à présent Brigitte marche à peu près convenablement; il la conduit à la corde comme une pauvre épave. Il traverse en biais l'immense étendue glaciaire, regrettant de n'avoir pas d'altimètre; il va tout droit, sans repère, car les traces s'effacent derrière eux au fur et à mesure. Il avance avec précaution, soucieux de ne pas descendre trop tôt, car ils aboutiraient sur les précipices de glace qui dominent la cuvette supérieure du glacier de Bionnassay, et jamais Brigitte n'aurait la force de remonter.

Il marche prudemment, sondant la neige devant lui avec son piolet, cherchant à deviner l'invisible crevasse qui peut s'ouvrir à chaque instant sous leur poids. Brigitte ne lui est plus d'aucun secours; il lui faut éviter seul toutes ces embûches. Il chemine d'instinct sur cette surface en apparence unie et qui cache sous une frêle carapace des gouffres sans fond. Il va, cherchant à ne pas perdre d'altitude. Ils ont maintenant le vent dans la figure et marchent courbés en deux, se retournant tous les deux ou trois mètres pour reprendre leur respiration. La tourmente hurle à leurs oreilles, les secoue parfois si durement qu'ils sont obligés de s'arrêter et de laisser passer la rafale. Puis ils entrent dans la zone de silence et de calme qui succède à chaque assaut des éléments.

Tout est blanc! De plus en plus laiteux, de plus en plus trouble!

Devant eux surgit le fil menu d'une crevasse horizontale. C'est tout d'abord une simple fissure noire, qui s'élargit peu à peu. Faut-il passer dessus ou dessous? Va pour en bas!... Zian fait un large détour sans quitter des yeux le repère que constitue la crevasse, puis, quand il se juge en dehors du pont de neige dangereux, il suit parallèlement la faille. Sur leurs têtes, la lèvre supérieure augmente de hauteur et se transforme en une falaise de séracs. En avant, ils butent contre un mur de glace. Trop bas! C'était au-dessus qu'il fallait passer. Zian ne perd pas son temps à jurer. Vite, il fait demi-tour sur ses traces avant que celles-ci ne disparaissent et Brigitte le suit sans comprendre, sans demander d'explication. Le voici à nouveau à l'origine de la crevasse. Il faut donc monter, parcourir avec peine quelques mètres dans une neige molle qui ne tient pas, qui botte sous les crampons, ces sacrés crampons qu'il a oublié d'enlever! Quand il se juge assez haut, il tire à lui

Brigitte, la hisse sur la pente, puis repart à angle droit, longeant avec précaution la lèvre supérieure de la falaise. Maintenant il n'y a plus rien : une nouvelle plaine blanche. Où sont-ils ? Il avance le pied, et roule cinq mètres plus bas. Erreur de distance, erreur d'appréciation ! Tout est blanc et uni.

Il craint d'être sur un pont de neige. Pourvu qu'il tienne ! En septembre, les glaciers sont tellement ouverts, songe-t-il. Avant de faire avancer Brigitte, il sonde autour de lui la surface molle et inconsistante; le manche du piolet enfonce trop facilement ! Alors, à plat ventre, il essaie de voir à travers le petit ovale laissé dans la neige par le manche du piolet, de deviner la lueur bleutée d'une crevasse. Non, il n'y a pas de trou ! Brigitte peut venir.

– Descendez seulement, crie-t-il.

Elle ne semble pas comprendre. Il fait de grands signes avec son piolet; puis, comme cela ne suffit pas, il donne une grande secousse à la corde, et Brigitte boule jusqu'à lui.

Le grésil et la neige les cinglent en plein visage. Leurs moufles sont devenues dures comme de la glace, la toile des anoraks est raide et cassante, mais l'exercice maintient en eux une chaleur suffisante. Ils ne sentent pas le froid... et cela est inquiétant.

Zian interroge brièvement :

– Froid ? Non... Le nez ? Le nez est brillant, tout va bien. Les mains ? Elle n'a pas quitté ses moufles, donc rien à craindre ? Ah ! les pieds ! Sentez-vous vos pieds, Brigitte ? C'est important. A peine ?... Faites aller vos orteils dans vos chaussures... Ça y est ? Ils bougent tous ? Vous me l'affirmez ? Bon.

Rassuré, il reprend sa route.

Cette grande crevasse, il doit la situer quelque part sur la haute coupole de glace. Fait-elle partie des séracs qui dominent directement la face nord du Dôme du Goûter ? Non ! Il y a trop longtemps qu'ils marchent du sud vers le nord. Alors ?... Alors pourvu qu'ils n'aient pas dépassé la trace qui monte de l'Aiguille vers le Dôme ! Pourvu qu'ils ne se soient pas fourvoyés vers les précipices qui dominent le glacier de Taconnaz, sur le versant de Chamonix...

Il faut aller voir. Il faut encore marcher, avancer sans perdre d'altitude, avancer jusqu'à la prochaine crevasse. C'est ça, jusqu'à la prochaine crevasse...

– Brigitte, encore un effort, nous y sommes. (Elle est affalée dans la neige, pauvre petite chose épuisée. Il se penche vers elle, se fait suppliant :) Brigitte, il faut venir. Du courage, mon petit. Encore un effort, le dernier... Nous serons bientôt arrivés... Ne reste pas là dans la neige. Tiens, mange du sucre... ça te redonnera des forces. Nous allons perdre de l'altitude maintenant. Ça va aller mieux !

Elle gémit tout doucement, et sa plainte s'effeuille dans le vent.

– Ma tête, Zian, oh ! ma tête... comme un cercle... et j'ai sommeil ! J'ai sommeil, laisse-moi dans la neige... Cours jusqu'à la cabane, tu reviendras me chercher demain... oui, demain...

– Tu es folle. Lève-toi, je vais me fâcher. Tiens, prends mon bras, appuie-toi sur mon épaule... Marchons lentement...

Il la remet sur pied, il repart. Oh ! avoir un repère, un seul repère ! Mais non ! Encore une fois, il n'y a plus rien que l'uniforme blancheur parcourue au ras du sol par une bourrasque échevelée de grésil et un gluant brouillard. Partout, la nuit, la nuit en plein jour, la nuit blanche, comme disent les livres. Comme il s'en fiche, lui, Zian, des romans et des romanciers ! Ce qu'il lui faut, c'est un repère sur sa route sans fin; sans ça, Brigitte est perdue. Ils continueront comme ça jusqu'à l'épuisement total, et puis, une fois, il sentira une traction plus forte, il se retournera... et il n'y aura plus de Brigitte ! Plus rien qu'un pauvre corps recroquevillé de froid, qui dormira dans son linceul de brume et de givre. Lui-même se sent par instants étrangement las; ça le prend comme ça chaque fois qu'il pense à autre chose qu'à sa route. Allons, Zian, pas de faiblesse! Continue ta trace! En montagne, tant qu'on marche, il y a de l'espoir. Ou alors, il faudrait trouver une crevasse et s'y abriter jusqu'à ce que la tourmente cesse... L'an passé, Jean Babotche et ses clients se sont sauvés comme ça au Col du Géant; quatre jours dans leur trou! Et quand le brouillard s'est levé, ils étaient à dix minutes de la cabane. Oui, mais eux, c'était en juillet! Et à mille mètres de moins. Tout cela compte... Non, ça serait fou de bivouaquer. On est en septembre, et, parfois, le mauvais temps s'installe pour quinze ou vingt jours...

Un choc l'arrache à sa méditation. Il se retourne. Brigitte s'est couchée dans la neige.

— Brigitte...

Brigitte ne répond plus. Elle le regarde fixement, stupidement et, dirait-on, sans le voir. Il pousse un juron. Il écarte les mèches gelées des cheveux, caresse le fin visage de ses grosses moufles durcies par le gel, glisse sa main sous l'anorak et là, sous la ferme poitrine, il sent battre un cœur déréglé. Allons! Il n'y a pas encore péril... perdre de l'altitude d'abord et avant tout pour que le cœur reprenne son tic-tac régulier. Mais où se diriger? On trouvera bien une autre crevasse, alors on saura où l'on est.

Il la relève de force et l'emmène comme on fait d'un blessé, la soutenant contre lui, un bras autour de la taille, ses bras à elle accrochés au cou du guide.

Ils vont, giflés par le vent, courbés par la tourmente, oscillant parfois comme si le sol se dérobait sous eux. Tous les vingt mètres, ou presque, Brigitte s'affale dans la neige. Pour la relever, c'est chaque fois un effort plus grand. Pourtant, ils ont, en quelque sorte, de la chance : le froid pourrait être plus vif; c'est plutôt du gros mauvais temps qu'une tempête; Zian n'a pas encore senti les signes précurseurs de la foudre! Il devine ce qu'il adviendrait si le froid tombait tout à coup, terrible, polaire, à plus de cinquante degrés au-dessous de zéro, comme cela arrive quelquefois, si le vent devenait violent au point d'interdire tout mouvement... Ils peuvent encore s'en tirer. Les bourrasques de vent sont supportables. Tout juste! Le pire est le mal des montagnes qui terrasse Brigitte...

Tiens, un point noir, là-bas, devant eux. Qu'est-ce que ça peut bien être?

L'espoir se glisse à nouveau dans le cœur de Zian.

— Debout, Brigitte! Allons voir ce point noir, ce n'est peut-être rien du tout, mais si c'était le salut, la piste retrouvée, une crevasse identifiée, une vieille trace, un coup de piolet, un noyau de pruneau, une boîte à sardines vide... Allons voir!

Soutenue par l'espoir, cette fois, Brigitte s'est relevée un peu hagarde. Elle suit Zian qui s'en va, brassant la neige comme un fantôme. Le point noir s'agrandit, devient une petite cavité bleue dans la surface de la neige. Une crevasse? Non... C'est une illusion d'optique! Zian s'agenouille au bord de la petite excavation, soulève minutieusement du doigt l'écorce bleue qui la recouvre en partie, fine pellicule de neige soufflée amenée par le vent. Une trace! Une trace humaine! Un pas marqué dans la couche neigeuse sous-jacente... Avec précaution, Zian oriente la trace, en dégage les contours avec la main... Puis il se redresse à demi, pousse un juron... Il a reconnu dans l'alvéole les dix pointes bien marquées des crampons... Ses propres traces... Mais alors? Ils sont revenus sur leurs pas? Pourtant, ils ont toujours la pente à main droite?

Zian, découragé, pose son sac, s'assied dessus. Brigitte, hébétée, le regarde faire, n'ayant même plus la force de tomber, et elle oscille lamentablement, les mains appuyées sur le fer du piolet. Le vent rageur cisèle leurs formes sans répit, les vêt de blanc, hurle plus fort son chant vainqueur à leurs oreilles. Encore une fois Zian réfléchit. La situation est plus grave que jamais; ils sont revenus sur leurs pas... Comment cela a-t-il pu se faire, puisqu'ils ont toujours la pente à main droite ? Il fait un effort considérable pour comprendre... Il fouille sa mémoire pour reconstituer les plus secrets contours de cet immense Dôme du Goûter. Voyons ! Ils marchaient sud-nord à travers le Dôme. Il y a eu la grande crevasse. Ils l'ont longée, sur la lèvre supérieure. Alors il a continué son cap, à l'estime, dans la brume, toujours à flanc de montagne, toujours avec la pente à sa droite. C'était cela qui importait... Ensuite ? Ensuite la neige a manqué sous ses pas et il a roulé de quelques mètres dans ce qu'il croyait être une crevasse bouchée. Puis ils sont repartis... avec toujours la montagne à leur droite. Mais dans quelle direction cette fois ? Il lui faut se rappeler... Une lueur se précise dans le cerveau engourdi du guide. Il arrache ses moufles sèches et dures comme des blocs de bois, il décroche sa boussole dont le cadran est couvert de fine neige grenue, gelée par le vent, en nettoie le verre, et consultant la petite aiguille tremblotante comme une flamme de cierge, il oriente leurs nouvelles traces. Un juron d'étonnement lui échappe... Ils marchent maintenant nord-sud, à l'opposé de leur direction initiale. Alors ? Par quel miracle ont-ils toujours la montagne à leur droite ?... Soudain un cri, un vrai cri de joie, sort de la gorge de Zian... Un cri rauque, un cri de victoire, vibrant à la fois de colère et d'espoir.

– Brigitte, Brigitte ! Ça y est, je sais où nous sommes ! (Et il éclate d'un rire qui résonne étrangement dans la nuit jaune, puis s'évanouit, happé par une rafale de vent...) Brigitte, nous sommes dans la combe entre l'Aiguille et le Dôme du Goûter... Où exactement ? Je ne peux pas encore le dire. Mais bientôt... (Il refait de mémoire le chemin parcouru :) Quand nous avons atteint la grande crevasse, nous avions déjà dépassé la piste des caravanes allant de l'Aiguille au Dôme; nous allions trop au nord. Si nous revenions sur nos pas en suivant exactement nos traces, je saurais l'endroit exact où il faudrait piquer droit en bas, sur la pente. Mais pas la peine d'y songer, le vent a dû balayer tout et c'est miraculeux d'avoir retrouvé cette simple petite trace... oui, miraculeux !

L'espoir transfigure Brigitte; elle se serre contre Zian : il distingue à peine, sous les lunettes chargées de neige, un regard souriant qui a perdu sa fixité inquiétante. Allons, cette fois encore, le guide pourra revenir dans la vallée, ayant accompli sa mission... Sacré métier quand même !

– Te sens-tu capable de marcher pendant une heure encore ?

– Des heures entières, maintenant, dit-elle. Mon malaise est passé, mais j'ai encore les jambes lourdes... Ça ne fait rien, je te suivrai !

– On a perdu de l'altitude sans s'en douter, conclut Zian. C'est pour cela que tu te sens mieux. Encore une preuve qu'on est près du but...

Il y aurait bien une solution; ce serait pour Zian de se détacher, de piquer droit vers l'ouest, jusqu'au point où il rencontrerait l'arête rocheuse de l'Aiguille du Goûter, mais il ne peut laisser Brigitte seule dans ces brouillards... Non. Tant pis ! Ils vont continuer nord-nord-ouest, et dans une heure ils doivent être arrivés, même en marchant lentement. D'ailleurs, Zian sent désormais comme un grand courant d'air qui traverse le rideau de brumes. Pas un de ces coups de vent qui les secouent d'habitude ni une de ces rafales bouleversantes suivies d'une zone de silence plus angoissante encore. Non. Une masse d'air en mouvement, comme on en rencontre très haut au-dessus des vallées. Le vide doit être proche, tout proche, et ce vide, Zian le sait, c'est le grand abîme de la vallée de Chamonix, le précipice de trois mille mètres au fond duquel serpentent les torrents, les trains et les routes...

Zian avance avec rage maintenant car le vent a accumulé de grosses quantités de neige dans la combe, mais il ne sent plus la fatigue. Il lui semble qu'il marcherait pendant des jours et des jours, depuis qu'il sait où il va. Il s'enfonce avec décision dans l'obscure clarté blanchâtre, la corde gelée se tend entre lui et un autre fantôme blanc, Brigitte !

Tout à coup il pousse un cri, lève son piolet à bout de bras, et en signe de joie lance un jodel...

— Les vieilles traces, Brigitte, les vieilles traces...

Elle accourt et tous deux regardent avec ferveur la ligne de l'ancienne piste du Mont-Blanc; c'est une sorte de sentier piétiné par de nombreuses caravanes, un sentier de neige durcie, sculpté en relief comme une digue par le vent, qui a creusé de part et d'autre la neige légère des tourmentes et continue à polir les traces, leur donnant ce brillant qui précède la transformation en glace. C'est la route habituelle du Mont-Blanc, visible ici, sur cette arête, et partout ailleurs ensevelie, effacée...

Ils suivent maintenant la piste, et les pointes de leurs crampons font de multiples petits trous qui s'ajoutent à d'autres petits trous pyramidaux. Ils se laissent porter par le vent sur cette chaussée des dieux ! Ils aspirent la tourmente avec volupté, et tout à coup ils recueillent, venant du plus profond des abîmes, le souffle vertical de la terre, un souffle dru, moins froid que celui qui courait sur les hauts plateaux glaciaires, portant encore la senteur des forêts de sapins... Et dans la nuit blanche, devenue tout à coup translucide, un cri aigrelet, faible, mais étonnamment détaché, un bruit vivant répond à leurs hurlements de joie : un oiseau noir au bec jaune aspiré par les courants aériens s'élève tout droit, sans battement d'ailes, rémiges écartées, jette encore un cri, vire sur l'aile et se laisse choir comme une pierre dans les précipices voilés de brume.

– Un choucas, Brigitte... La cabane n'est pas loin.

Et la voici tout à coup ! Sous eux, à quelques mètres, adossée à la corniche de neige, arc-boutée de toutes ses poutres de mélèze sur la grande paroi rocheuse, arrimée comme une cargaison précieuse à la proue d'un immense navire. Une pauvre cabane, guère plus grande que celle du Miage, et, comme elle, toute sertie de cuivre, vibrante sous les furieux coups de boutoir du vent d'ouest.

Ils titubent de fatigue lorsqu'ils tirent à eux la porte, l'ouvrent sur le vide, et Zian tient étroitement serrée Brigitte, car les dalles de schiste sont luisantes de verglas. Rien ne les protégerait d'une chute effroyable dans les couloirs qu'ils devinent sous eux, hérissés de fines arêtes rocheuses, barrés de vires rougeâtres.

... Comme il fait bon tout à coup, la porte refermée, dans le calme absolu, extraordinaire, des pensées et des choses, un calme seulement troublé par les coups de bélier du vent secouant la cabane. Craque, refuge, geins de toute ta solide charpente, claque de toutes tes tôles rivées comme une carène de navire. Tu seras ce soir encore le sauveur des caravanes !

8

La porte fermée, le premier moment de stupeur passé, ils ont tous les deux le même réflexe : se regarder ! Ils se sont si peu vus durant ces interminables heures de tourmente ! Toujours l'un suivant l'autre, l'esprit tendu, tout au souci du moment. Il fallait vivre, alors. Ils se regardent et leur jeunesse reprenant le dessus, rient aux éclats, sans contrainte. Une carapace de neige glacée les recouvre entièrement. Ils sont blancs des pieds à la tête. C'est tout juste si l'on distingue les trous sombres des yeux et de la bouche, comme s'ils portaient une cagoule de pénitent blanc.

Zian s'ébroue comme un jeune chien, arrache ses moufles, enlève avec peine son anorak cassant et craquant comme du carton; il dégage son buste athlétique moulé dans un gros chandail de laine bleue, tout fumant de buée. Puis il s'approche de Brigitte qui reste debout, toute gauche dans ses vêtements gelés. Il dénoue maladroitement – en soufflant par moments sur ses doigts – le cordonnet qui retient le capuchon, fait glisser celui-ci en arrière, libère la belle chevelure trop longtemps comprimée et à laquelle les glaçons font comme un diadème de brillants. Il a des gestes très doux qu'on n'attendrait pas de ces mains pataudes, de ces poings de terrien, pour caresser délicatement le visage tourmenté et passionné tendu vers lui, pour enlever avec précaution les paillettes de neige qui s'accrochent aux sourcils; et elle le laisse faire, frémissante, toute vibrante encore des émotions et des souffrances passées.

Ils sont sauvés, ils sont vivants, et ils sont seuls dans cette cabane à plus de trois mille huit cents mètres d'altitude, seuls avec leur amour trop longtemps contenu qu'ils ne cherchent plus à retenir maintenant.

Leurs lèvres se joignent pour un premier baiser, long et sauvage. Leurs lèvres sont glacées, et de leurs mèches emmêlées et givrées des gouttes froides coulent doucement sur leurs visages. Peut-être s'y mélange-t-il chez Brigitte quelques larmes de bonheur échappées de ses yeux brillants de fièvre.

Dehors, le vent prélude à leurs accordailles par un long ululement qui ronfle dans les couloirs comme la basse profonde d'un orgue. Mais eux, debout dans la cabane, épaule contre épaule, écoutent leur chant d'amour couvrir le chant de mort de la tempête; immobiles, perdus dans leurs pensées, ils regardent sans voir à travers la lucarne, par-delà les brumes qui couvrent le monde, leur avenir qui se dessine.

Tout contre Zian, Brigitte s'est mise à trembler, d'abord imperceptiblement, et elle s'est étonnée que son corps ne soit pas en unisson avec son âme; mais la souffrance physique est la plus forte et le frisson augmente au point qu'elle se met à claquer des dents. Et comme tout à l'heure dans la tourmente, le froid paralyse à nouveau leur amour, fait choir brutalement Zian des hauteurs où il planait.

— Tu as froid, Brigitte ?

Sotte question, phrase banale ! Le charme est rompu; brisé aussi le maléfice qui les enchaînait dans une immobilité mortelle. Bien sûr qu'elle est gelée, Brigitte ! Et il reste là, planté, sans rien faire. En hâte, il la prend dans ses bras comme un petit enfant, l'étend sur le bat-flanc, l'enveloppe d'une couverture. Puis il enfile de nouveau son anorak, ses mitaines, rabat ses lunettes, prend une brande sur ses épaules, saisit son piolet et sort rapidement de la cabane, pas assez vite cependant pour empêcher l'intrusion d'un paquet d'air glacial.

Il n'entend même pas Brigitte qui, dressée sur son coude, crie, suppliante :

— Ne reste pas longtemps.

Elle a très peur d'être seule maintenant. Si elle venait à le perdre !

Elle l'entend qui, dehors, sans souci des rafales, détache à grands coups de piolet des blocs de neige vierge, en emplit la brande. Bientôt il revient, tape ses chaussures sur le seuil de la cabane pour en détacher les sabots de glace. Puis il rentre, apportant avec lui toute l'âpreté du froid polaire.

Il secoue la neige qui adhère à ses vêtements.

— Voilà de quoi faire de l'eau. Brr... Quelle température ! Ça se découvre là-haut. Nous irons au Mont-Blanc demain. Et maintenant, au travail.

Il est de nouveau plein de vie et d'entrain. Il frotte une allumette. Le petit réchaud à alcool ronfle doucement, et son bruit familier semble déjà, à lui seul, répandre de la chaleur.

Faire de l'eau! Ce n'est pas si commode que cela quand on ne dispose que d'un minuscule foyer. Il faut procéder avec méthode, selon un véritable rite.

Dans la gamelle d'aluminium, Mappaz jette une poignée de neige dure qui grésille au contact du métal brûlant. Le petit tas fond lentement. Il surveille le cercle grisâtre qui se forme autour de la masse blanche qui semble se décomposer jusqu'au cœur. Un novice mettrait trop de neige à la fois. Mais Zian sait qu'il ne faut rien brusquer. Il attend les premiers signes d'ébullition puis, poignée par poignée, il ajoute de la neige.

Bientôt le récipient est plein de liquide. Vite une pincée de thé, du sucre, un quart.

Il se penche sur Brigitte qui grelotte sous ses couvertures et, comme on donne à boire à un malade, il lui fait avaler quelques gorgées de liquide bouillant. Tout de suite, elle sent un grand bien-être l'envahir, une chaleur de fièvre recolore ses joues et ses lèvres. Elle sourit :

– Comme tu es bon, Zian!

Réchauffée, elle le regarde accomplir son lent et patient travail. Faire fondre suffisamment de neige pour remplir les gourdes, préparer la soupe du soir et le thé du matin.

Il va et vient, joyeux, chantant parfois un refrain de montagne.

La nuit descend peu à peu, emplissant d'ombre la cabane.

Il s'assied aux côtés de Brigitte et tous deux laissent voguer leurs pensées, bercés par le ronronnement familier du réchaud.

– Brigitte?

– Zian?

— Je t'aime, murmure-t-il dans un souffle.

Elle incline la tête sur son épaule, il l'entoure de ses bras.

— Je le savais. Pourquoi ne disais-tu rien ?

Il réfléchit. Il ne s'était jamais posé cette question.

Dehors, les éléments font rage, le long gémissement de la tourmente s'exhale, puis un coup de vent brutal fait craquer le refuge. Le calme s'établit enfin. Zian parle, cherchant ses mots.

— Je n'osais pas. En bas, tu n'aurais peut-être pas cru, tandis qu'ici... Ici, on ne peut pas mentir !... On ne ment jamais en haute montagne. C'est comme si nous étions bien plus proches l'un de l'autre, tu ne trouves pas ? (Il redresse la tête :) Écoute le vent...

Il a dit : « Écoute le vent », comme s'il voulait lui rendre sensible ce qu'elle ne perçoit peut-être pas encore, ou moins profondément que lui : l'étrangeté du lieu, leur solitude, leur retranchement du monde, tout ce qui concourt à cette sincérité qu'il évoque.

— Moi aussi, je t'aime, fait Brigitte gravement.

Il la serre contre sa poitrine, très fort, sans répondre.

Des minutes passent. Le froid se glisse à travers les joints des planches, apporté par le courant d'air qui miaule dans tous les coins. Tout à coup, elle s'inquiète :

— Il faut me croire, Zian, je t'aime. Je t'aime, et si tu ne m'avais rien dit, j'aurais parlé quand même... Mon amour est parfois si violent qu'il m'effraie; il est bien à la mesure de cette montagne dans laquelle il s'est épanoui...

Un fracas effrayant couvre ses paroles; la cabane tremble sous un coup de boutoir plus brutal que les autres; dehors, un véritable cyclone se déchaîne.

Dans son affolement, elle crie :

— Zian !

— N'aie pas peur, répond-il, les câbles sont solides... Je suis là... rien ne peut nous arriver maintenant, rien...

D'ailleurs, la tempête va diminuer... Il y aura encore quelques coups de vent, puis tout s'arrêtera.

Brigitte, calmée, continue :

– Tu te souviens de notre promenade aux Praz, chez toi ?... M'aimais-tu déjà ?

Il fait oui de la tête.

L'obscurité grandit, ils ne sont plus que deux ombres. Les hurlements du vent diminuent, s'éloignent, et dans le silence qui suit, on entend grésiller la flamme de la bougie.

Brigitte reprend :

– J'ai appris ce soir-là que je t'aimais vraiment. Mais toi ? Tu ne disais rien... Tu ne lisais donc pas dans mes yeux ?

Elle s'écarte légèrement pour mieux voir ce visage que la nuit efface. Lui, ordonne ses phrases lentement, avec effort :

– Si, mais je croyais à de la coquetterie. Ça me semblait trop extraordinaire que tu puisses aimer un guide... Je me disais : « Si tu parles, on te rira au nez. » Alors j'ai failli chercher un engagement à l'étranger, mais c'était trop tard. J'avais besoin de te voir... J'ai eu l'idée de faire le Mont-Blanc pour passer encore des jours près de toi, sans personne, sans porteur... rien que nous. (Ils ont oublié la tourmente, le vent, le froid.) J'ai peut-être eu tort de parler, reprend Zian. Demain il faudra redescendre.

– Tu as bien fait. Ici, tu l'as dit, on ne peut pas mentir.

La nuit est tout à fait venue.

Ils se taisent, écoutent les coups de bélier du vent sur le refuge.

Zian a dit vrai. La tourmente diminue d'intensité. Les bourrasques sont toujours aussi fortes, mais les accalmies plus longues. Le guide se lève pour terminer les préparatifs du lendemain.

Brigitte est maintenant familiarisée avec cette

deuxième nuit en montagne. Plus rien ne la distrait ni ne l'inquiète; elle rêve, absorbée en apparence par la flamme de la bougie que font osciller les vents coulis qui se glissent dans le refuge. L'ombre massive de Zian se découpe, énorme, hallucinante, sur le plafond suintant. Tout est étrange maintenant.

Plus irréels que tout sont les moments de calme, ces zones de silence spéciales à la haute montagne, pendant lesquelles la vie paraît s'être retirée des choses. Il semble à Brigitte, en ces instants très courts, que le battement de son propre cœur résonne très fort dans le refuge, seule manifestation de vie devant ce silence d'avant la vie, ce silence minéral des premiers âges de la terre. Et tout à coup, brutal, d'une violence inouïe, c'est le coup de boutoir du vent sur la cabane qui craque et gémit comme la coque d'un voilier par gros temps. Et le choc est aussitôt suivi d'un hurlement satanique à faire trembler des novices. A croire que la cabane, emportée sur les flots déchaînés des nuées, va sombrer dans les fonds verdâtres des vallées.

Alors, s'ils pouvaient sortir, ils apercevraient très haut sur la coupole invisible du vent, immobile et balancé comme une mouette sur la crête d'une lame, le choucas, le bec grand ouvert, jetant son piaulement strident, le choucas, oiseau de la tourmente.

Et tandis que dehors les éléments déchaînés luttent et balaient la terre, tandis que le vent des quatre mille souffle des comètes de neige qui chevauchent les crêtes, tandis que les premières étoiles clignent dans un lambeau de ciel asséché, comme des phares sauveurs sur l'univers endormi, commence, pour Brigitte et Zian, la nuit la plus merveilleuse.

Oh ! ne jamais redescendre !

9

D'un commun accord, à 4 heures du matin, ayant aperçu par la lucarne du refuge un ciel étoilé, présage de beau temps, ils s'équipent pour le Mont-Blanc. Ainsi vont-ils encore s'élever! Ainsi ne redescendront-ils pas trop vite de ces hauteurs où l'être se dépouille! Il n'est pas trop de quelques heures de solitude pour les persuader de leur félicité!

Ils vont depuis deux heures, d'une lente et belle allure qui les a menés sans effort de l'Aiguille jusqu'au Dôme du Goûter. Bercés par le rythme de la marche et la monotonie de l'ascension nocturne, tout à leur rêve intérieur, ils n'ont pas fait attention à l'éblouissant lever du jour. Qu'importe! C'est un de ces lumineux lendemains de tourmente, lorsqu'un souffle d'air a balayé toutes les impuretés du ciel. Le froid est vif : les pointes des crampons, le fer des piolets, le cuir gelé des brodequins crissent dans la neige dure, de ce crissement particulier qui ne s'entend que par très grand froid. On croirait alors marcher avec des chaussures neuves.

La matinée est radieuse, comme leurs pensées!

Ils croient avancer dans un univers polaire, sur une banquise accrochée en plein ciel, sur un fragment du grand hiver quaternaire resté tel depuis des millénaires. Autour d'eux, la glace fuit en lignes convexes vers des dessous grisâtres, vers des vallées encore endormies, bordées de nuit, abritées sous leurs pâles couvertures de nuées. Le jour levant leur a permis de distinguer leurs traces de la veille; tout le drame de la tourmente ciselé par le vent furieux des hauteurs.

« Est-il possible, songe Brigitte, que nous ayons erré si longtemps sur ces débonnaires pentes de neige ? »

C'est comme un fil ténu qui serpente sur le glacier, va, vient, s'entrelace, monte, descend, témoin implacable de leurs errements. Zian fait le point :

– Regarde, Brigitte, nous n'étions pas assez haut; nous avons tiré trop tôt vers le nord; alors on a longé sans la voir la haute barrière des séracs qui craque sur le glacier de Bionnassay. Une chance !... Il aurait fallu si peu de chose pour faire le grand saut !

« Oui, c'est une chance », songe Brigitte, car il n'y aurait pas eu alors la longue et merveilleuse nuit de l'Aiguille, l'aveu de leur mutuel amour et cet apaisement qui a succédé.

Ils parviennent sur le sommet du Dôme, et c'est pour Brigitte la révélation tant attendue. D'un seul coup se dresse devant eux, les dominant encore de cinq cents mètres, la cime du Mont-Blanc, harmonieuse, élégante, et qui semble toute proche. Le vent du nord, la « couce », souffle sur les crêtes de fins écheveaux de neige poudreuse et la majestueuse arête des Bosses rabat sa crinière sur l'Italie.

Qu'on l'admire de Genève, tache d'ivoire amenuisée par la distance, détachée au-dessus des collines vertes du Chablais, qu'il apparaisse brusquement au tournant écumeux de la Doire, vers Arvie, barrant le Val d'Aoste de son imposante face sud, qu'on le contemple du Brévent, du haut du Mont-Joly, écrasant de sa masse les sommets les plus élevés, de toutes parts le Mont-Blanc domine les horizons.

Mais jamais le Mont-Blanc ne s'offre avec plus de majesté au regard des hommes qu'au sortir de la nuit, vu du Dôme du Goûter, à l'heure où sa cime reçoit la première clarté. A l'entour, des cimes qui, vues des vallées, semblaient immenses, se réduisent à de simples épaulements, tandis qu'il se dévoile et dans un élan prodigieux domine l'Europe.

L'aérienne crête des Bosses se découpe sur un ciel intense, et le vent qui la parcourt et la baigne n'a jamais été arrêté par d'autres cimes, souillé par d'autres contacts.

Brigitte s'arrache enfin à cette contemplation. Poursuivant leur route, ils marchent maintenant à grands pas sur l'énorme coupole. De toutes parts, les montagnes se sont enfoncées, et seule la calotte immaculée les domine. Un vent glacial souffle de la vallée de Chamonix, sculptant la neige comme il le ferait du sable sur une plage déserte. Le soleil matinal est pâle et sans chaleur, l'atmosphère plus pure que du cristal. Les deux alpinistes abordent la côte de l'Observatoire, qui paraît anodine, et cependant Zian doit s'arrêter à plusieurs reprises pour permettre à Brigitte de reprendre son souffle.

Délaissant l'Observatoire aux parois givrées, ils se haussent jusqu'au rocher du refuge Vallot. Malgré le froid, Zian empêche sa compagne de pénétrer à l'intérieur de la cabane. Il choisit pour elle, contre les parois de bois, un coin abrité du vent. Il sort du sac la gourde de thé encore bouillant. Brigitte est très lasse, tout à coup, sans raison; un cercle de fer lui broie les tempes. Elle bâille et se sent somnolente. Le guide est trop habitué à ces symptômes pour s'y tromper. Il aura de la volonté pour deux. C'est d'ailleurs en prévision du mal des montagnes qu'il a évité de pénétrer dans le refuge. Cette halte à quatre mille quatre cents mètres est généralement décisive pour les grimpeurs peu entraînés. Une fois à l'intérieur, dans l'air lourd et vicié de la cabane, ils se laissent aller au sommeil et ne peuvent plus repartir.

Zian boucle à nouveau les sacs.

— Allez, Brigitte, en route pour la dernière étape!

Elle obéit, se lève et le suit comme une somnambule, les yeux grands ouverts et dormant debout.

Zian ralentit le pas; on dirait qu'il s'arrête à chaque

enjambée. « Comme il va vite », se dit pourtant Brigitte. Ils font du trois cents mètres à l'heure.

Ils abordent la rude paroi de la Grande Bosse. Les traces des caravanes anciennes sont encore visibles, mais remplies de neige poudreuse. Zian dégage les pas au fur et à mesure de l'ascension. Il sent ses crampons mordre la glace vive et surveille sa compagne. Il monte collé à la paroi de glace, secoué par les rafales de vent qui deviennent de plus en plus violentes. Mais il se rit de la tourmente. C'est le vent du nord qui crache ses embruns glacés, le vent du beau temps, et le seul risque qu'ils courent est que sa violence même les arrête, plus haut, vers la Mauvaise Arête.

Le froid et le vent réveillent Brigitte; ses nausées disparaissent, mais son cœur bat toujours la chamade et elle est obligée de reprendre haleine à chaque pas. Il s'en aperçoit et lui dit :

– Augmente le rythme de ta respiration, Brigitte. Force-toi à respirer deux fois plus vite qu'en plaine et ça ira mieux.

Elle l'écoute, discipline son souffle et tout de suite sent un bien-être réel l'envahir.

Elle prend alors conscience du paysage. Sous ses pieds, en une ligne très pure, la pente de neige fuit vers le Grand Plateau. Bientôt, ils grimpent sur le fil même de la Grande Bosse. Au sud, se dévoile le prodigieux abîme du versant italien. Encore un effort! Ils débouchent sur le replat, au pied de la Petite Bosse. Zian accorde à sa compagne quelques minutes de repos. Brigitte, stupéfaite, s'aperçoit que plus rien n'arrête le regard.

Ils dominent tous les sommets du massif du Mont-Blanc. Seuls quelques géants suisses, là-bas, vers l'est, les dépassent, et encore, faiblement. A partir de cette altitude, le Mont-Blanc est bien le roi de l'Europe. Sa calotte semble très proche, mais il leur faudra encore un rude effort pour l'atteindre. Contournant la Petite

Bosse par le versant italien, plus abrité, ils franchissent une selle neigeuse où les rafales précipitent la neige en tornades glacées. Parfois ils chancellent sous la violence des coups d'air. La « couce » augmente de violence, les mord au visage, car plus rien ne peut en atténuer la rigueur : ils reçoivent directement sur eux le souffle vierge du vent.

Zian s'engage maintenant sur la Mauvaise Arête. Elle est très aiguë en cette fin de saison et mérite bien son nom. Précipices au nord, précipices au sud. Surtout au sud, vers l'Italie où s'amorcent de terrifiants couloirs de glace qui vont se perdre dans des gouffres sans fond, entre des arêtes rocheuses déchiquetées. Et au fond de ces abîmes se tortillent et sinuent, comme des reptiles, des glaciers écaillés de crevasses transversales, ocellés d'éboulis fauves.

Le guide se retourne et du geste fait signe à Brigitte de s'arrêter. Il leur faut reprendre la progression de sécurité : un seul à la fois, car le vent est trop violent. Il ne s'agit pas de renouveler l'expérience de la cordée qui, il y a deux ou trois ans, dévala toute la pente de glace du versant nord, franchit la rimaye et se retrouva par miracle indemne sur le Grand Plateau. On ne recommence pas impunément semblable chute libre de huit cents mètres. Courbé sous les rafales, Zian taille dans la glace recouverte de neige poudreuse des degrés que le vent comble sur-le-champ. Il avance très lentement jusqu'à ce qu'il soit à bout de corde, là, il s'arc-boute sur son piolet, et tendant le filin, fait venir Brigitte. Parfois, celle-ci s'arrête, laisse passer une bourrasque, pelotonnée sur son piolet; puis elle sent une traction douce mais ferme qui lui enjoint de continuer. En deux manœuvres de corde, ils franchissent ainsi le mauvais passage.

L'arête cesse d'être effilée. Ils se trouvent au pied d'une haute muraille de neige et de glace limitée au sud par quelques blocs foudroyés. C'est, à quatre mille sept cents mètres d'altitude, l'ultime socle du Mont-Blanc : les Rochers de la Tournette. Cette paroi est parcourue par le blizzard qui leur souffle au visage des tourbillons de neige sèche et fine. De plus en plus lentement, Zian s'élève, et Brigitte suit, à quelques mètres derrière, épousant le rythme de sa marche, disciplinant sa respiration. A chaque pas, les horizons s'abaissent autour d'elle et, quand elle se retourne, elle aperçoit le grand cône d'ombre du Mont-Blanc couvrant une partie de la plaine de l'Arve et des Préalpes.

Encore un ressaut. Ils dominent désormais les rocs mystérieux, torturés par la foudre. Il ne reste au-dessus d'eux qu'une ligne idéale de neige, une crête où le vent a balayé les traces anciennes, une arête vierge, et cette ligne pure et belle s'enfonce dans un ciel qui paraît noir.

Comme deux danseurs aériens, ils équilibrent leurs pas à l'aide du piolet, debout entre la France et l'Italie. L'arête leur semble interminable. Tout à coup le guide disparaît en plein ciel. Sont-ils arrivés ? se demande Brigitte. Non ! Car au-delà, il y a encore une nouvelle crête fumante, panachée de neige soufflée, et, chose curieuse, le vent est silencieux, la voix de la tourmente s'est tue. Ce n'est plus le cri rageur de l'Aiguille, mais un susurrement très doux; le blizzard continue son œuvre sans bruit, avec méthode, affûtant la crête, balayant le surplus de poudreuse du versant nord pour le rabattre sur les abîmes du sud où luisent de grandes plaques de glace.

Zian grimpe toujours sur cette échelle d'ivoire et disparaît de nouveau à la vue de Brigitte. « Non, pense-t-elle, découragée, il est inutile d'aller plus haut. Derrière ce sommet, il y en a un autre et un autre encore ! Jamais nous n'arriverons, jamais ! » Pourtant elle avance, elle monte, et tout à coup sa tête dépasse la crête, puis son corps, et elle débouche sur un long toit de neige au pignon aplati. A droite, à gauche, en avant, en arrière, il n'y a plus rien; plus rien non plus sur sa tête, si ce n'est un air raréfié; elle ne touche plus à la terre que par le faible support de ses jambes. C'est le sommet, le sommet idéal! Le ciel en haut, la terre dessous, encore endormie, barbouillée de brumes. Comme le monde des hommes est loin, et bas, et irréel, songe-t-elle.

Sur le faîte, Zian se tient debout, lui aussi. Il la regarde venir, calme et placide; mais elle devine le regard joyeux sous les lunettes sombres. Elle va vers lui à pas très lents, sans dire un mot. Il la prend doucement par les épaules, et d'un large geste circulaire lui désigne l'univers couché à leurs pieds :

– Mon royaume... Pour toi, Brigitte!

Sans souci du froid pourtant vif, ils restent un long moment enlacés. Point n'est besoin de parler. Leurs cœurs battent à l'unisson. Pour Zian, cette heure restera marquée dans sa vie comme une double réussite; il a conquis un cœur, l'a rendu à la vérité. Il a voulu faire aimer la montagne et, à travers la montagne, c'est lui qu'on aime, et il aime aussi. En cette cristalline matinée, il se sent plus riche que nul être au monde. C'est bien un royaume qu'il offre à Brigitte. Tous ses sujets, il les reconnaît à l'entour : ainsi qu'il vient de le faire pour le Mont-Blanc, le plus grand de tous, il les a tous foulés du pied.

Que ce soient l'irascible Aiguille Verte et toutes ses compagnes aux noms curieux : les Droites, les Drus, le Grépon, le Fou, le Caïman, les Aiguilles du Diable, le Géant, les coupoles de neige finement ourlées de Miage, de Trélatête ou d'Argentière, ou, dans les lointains bleutés, les géants valaisans : le Cervin, le Weisshorn, le Mont-Rose; que ce soient les falaises oberlandaises de l'Eiger ou de la Jungfrau, ou, vers le sud, le Grand Paradis, la Grivola, la Sassière, le Mont-Pourri, les Écrins, la Meije, toutes sont pour lui cimes familières.

Il a été de l'une à l'autre comme on se promène dans un jardin particulier. Sur chacune, il aurait cent histoires à raconter, transmises par trois générations de guides.

Mais il se tait, il regarde, et avec lui Brigitte admire le panorama trop vaste, démesuré, presque géographique. De temps à autre, il sent qu'elle se pelotonne contre son grossier anorak de toile, cherchant une place déjà familière pour reposer sa tête sur l'épaule amie; alors les mèches folles de la jeune fille, givrées d'écume de neige, lui font comme une caresse froide sur la joue.

Le soleil inonde rapidement la terre; seules les vallées creusées au pied du Mont-Blanc restent encore dans l'ombre et celle-ci a des reflets métalliques qui sont les toits d'ardoise, les fils d'argent des torrents, la blancheur des éboulis.

Brigitte contemple la terre où ils vont à nouveau s'enfoncer. Les gorges sombres lui semblent pleines d'embûches, mais la présence de Zian, sa force tranquille, sa sérénité calment l'inquiétude qui naît au plus profond d'elle-même. « Que ne peut-on planer ainsi toute sa vie au-dessus des nuages, pense-t-elle. Hélas! il faut retourner dans la vallée mesquine. Du courage, Brigitte! Tu as choisi ton compagnon... et tu l'aimes! »

Ils quittèrent la cime alors que le soleil était déjà très haut sur l'horizon. Jusqu'au refuge, tout le long de l'arête vertigineuse, Zian resta le dernier à la corde, assurant minutieusement les pas de Brigitte. Une fois sur le large plateau du Col du Dôme, il prit la tête et avança à grandes enjambées à travers la neige lourde des côtes et des plateaux.

Ils descendaient rapidement et à chaque pas qui les rapprochait de la vallée, Brigitte sentait s'accroître son malaise. Sa démarche se faisait plus lourde, elle trébuchait et, de temps à autre, se retournait pour contempler, déjà très haute dans le ciel, la coupole du Mont-Blanc voilée d'un fin grésil.

Mal des montagnes? Non, car son cœur qui aurait dû, avec l'altitude plus faible, reprendre ses pulsations normales, battait à coups sourds.

Brigitte comprit alors qu'ils avaient touché de bien près la félicité suprême et que maintenant la grande aventure, la plus difficile, allait commencer pour eux. Elle pensait à ce que Micheline lui avait dit : un jour conserverait-elle cette pureté de sentiments qu'elle avait découverte sur les hauteurs? Une chape de plomb pesait sur ses épaules, comme si le poids du ciel l'écrasait tout à coup.

Le soleil se couchait quand ils pénétrèrent, par le sentier escarpé de la Montagne de la Côte, dans la belle forêt de mélèzes qui baigne ses racines dans la coulée de glace des Bossons.

Les arbres d'or bruissaient doucement sous la bise et, tels les fragments d'une symphonie pastorale, le vent chassait des alpages les arpèges en mineur des clarines.

Parfois un lourd sérac craquait et s'effondrait sur le glacier voisin. Zian chantonnait, heureux et fier, et Brigitte, à le voir aller si confiant vers l'avenir, sentit s'évanouir ses craintes irraisonnées. Lorsqu'elle foula les gazons ras de la vallée, à l'heure où la lumière fuyait vers les hauteurs, son âme était aussi paisible que le paysage vespéral.

Zian ralentit l'allure, passa le manche du piolet sous son aisselle, et c'est côte à côte que, par les raccourcis, ils se dirigèrent vers Chamonix.

DEUXIÈME PARTIE

1

Le vent se leva pendant la nuit. D'un bloc, il s'abattit sur le village endormi, faisant gémir les poutres plusieurs fois centenaires des chalets. Il pénétrait partout : par les encoignures des portes, à travers les parois mal jointes des granges, mais surtout par les larges ouvertures des cheminées. On avait beau orienter le volet dans le bon sens, le souffle chaud descendait en pleurant dans les grandes cuisines sombres où, obstiné, il tournait en rond, sans violence, cherchant à s'échapper.

C'était comme une grande plainte obsédante, un gémissement de bête blessée à mort, qui se glissait dans les maisons, furetait dans les coins, et qui, dehors, balayait la vallée avec une régularité énervante. Dans le ciel, de lourds nuages noirs couraient, moutonnaient sur les Aiguilles, s'éraillaient et, à travers les déchirures, laissaient voir les étoiles. Ce n'était pas un souffle de tourmente, comparable au typhon qui s'abat d'un coup, sans crier gare, arrache les arbres, puis disparaît, mais un courant d'air continu, sans faiblesse, sans pauses, qui semblait venir de très loin. Il était accompagné d'un grondement sourd et persistant, comme un ronflement de forge, comme le ronronnement d'un fauve; dans les étables, les vaches meuglaient sourdement en raclant la litière d'un sabot rageur, et leurs clochettes d'hivernage tintinnabulaient, amorties par les parois de mélèze.

Brigitte s'éveilla en sursaut. Haletante, elle écouta chanter la plainte sournoise à travers le vieux chalet. Une angoisse indéfinissable lui serra la poitrine et ne cessa que lorsqu'elle eut senti auprès d'elle la chaude présence de Zian qui dormait, paisible. Elle se pelotonna contre lui, cacha sa tête sous les draps, mais la plainte s'y glissa en même temps qu'elle, siffla à ses oreilles, emplit la nuit de maléfices. Elle chercha à se raisonner, à triompher de ses frayeurs. En vain ! C'était comme il lui arrivait quelquefois lorsqu'elle était bien petite et que son imagination d'enfant peuplait l'obscurité de périls cachés, de djinns moqueurs. Elle aurait voulu faire de la lumière; elle n'osa, de crainte de réveiller son mari. Son mari ! Elle le contempla avec tendresse, se pencha sur lui, le devinant sans le voir, écoutant le rythme régulier de sa respiration. Comme elle enviait son équilibre, sa placidité de montagnard, son calme sommeil.

La complainte lancinante ne cessait pas. Il semblait à Brigitte qu'elle résonnait au plus profond d'elle-même. Jamais elle n'avait ressenti pareille impression. Pas même lorsque la tourmente faisait craquer les refuges, en très haute montagne; alors tout paraissait devoir finir brutalement dans un écrasement total, mais il y avait ensuite des accalmies, des périodes de silence qui détendaient les nerfs. Cette fois, rien de semblable. Pas de coups de bélier sur le chalet trapu, mais une poussée régulière, accompagnée de ce ululement sinistre, modulé comme le cri d'un grand-duc dans une clairière. Pas de pauses, pas de répit. La nature entière était possédée, et avec elle la maison qui soupirait par toutes ses fibres et pleurait avec le vent. Brigitte, elle aussi, aurait voulu pleurer son angoisse, mais ses yeux restaient secs, comme laqués.

Elle se mordit les poings, se retourna nerveusement.

Zian ouvrit les yeux, passant sans transition du plus profond sommeil à l'éveil total. Il était habitué, de tout temps, à dormir comme un animal et ne connaissait pas ces somnolences pénibles qui précèdent parfois le réveil. Il s'étonna de trouver Brigitte assise sur le lit et fit de la lumière. En la voyant toute crispée, il eut peur qu'elle ne fût souffrante. Il s'inquiéta :

– Pourquoi ne dors-tu pas ?

– Oh ! Zian, ce vent, ces plaintes ! Sans arrêt, constants... Ça va durer longtemps ?

Elle paraissait réellement effrayée. Il l'embrassa à la dérobade, sauta du lit, alla vers la fenêtre. Il n'eut pas besoin de l'ouvrir pour deviner. Par les joints, il reçut le souffle chaud et s'étira voluptueusement.

– Le fœhn, Brigitte, le grand vent du printemps. Dans deux jours, il n'y aura plus un pouce de neige dans la « plaine ». C'est la fin de l'hiver.

Entêtée, elle renouvela sa question :

– Ça va durer longtemps, Zian ?

– Ça dépend, fit-il. Trois, six, neuf jours... A cette époque, je parierais pour la période complète. (Découragée, elle s'enfouit sous les couvertures. Il revint vers le lit, la regarda, renfrognée, boudeuse, lui caressa les cheveux, puis se mit à rire.) C'est le printemps, Brigitte. Il énerve tout : les bêtes et les gens, et aussi les choses. Belle période pour aller au coq de bruyère. Dommage, c'est défendu. (Il regarda son réveil.) 3 heures du matin, fit-il. Rendors-toi, Brigitte. Je vais soigner le bétail, puis je partirai au bois.

Il passa dans l'« outa » et Brigitte l'entendit qui s'ébrouait sous le jet glacé de l'évier. Puis le bruit de ses gros souliers martela les dalles de granit à travers la grande pièce sombre, et ces bruits familiers couvrirent un instant la nostalgique clameur du vent.

Brigitte éteignit la lumière et fixa son regard sur le carré de la fenêtre par où pénétrait un peu de l'univers, car la nuit était plus claire que la maison.

On entendait toujours le lointain ronflement, quelque part dans le ciel. Au bout d'un moment, Zian rentra dans la chambre. Il s'arrêta un instant sur le seuil et sa large silhouette, se profilant à contre-jour, s'encadrait dans la porte. Il portait d'amples pantalons de velours, serrés sur les lourds brodequins cloutés, une veste de Bonneval ornée de boutons ciselés et munie dans le dos d'une large poche gibecière; le foulard rouge autour du cou accentuait le caractère énergique et un peu sauvage de ses traits qu'abritait un béret alpin, cassé en pointe sur le devant; les manches des outils légers sortaient du sac. Son allure générale était plus lourde, moins affinée, plus puissante que celle du guide ou du professeur de ski : « Un bon géant pas commode », pensa Brigitte, qui ne l'avait jamais vu encore sous ce rude aspect de bûcheron alpin.

– Tu pars déjà ? soupira la jeune femme.

– Ça tombe mal, bien sûr. La « requête » est à jour fixe, et ceux des villages savaient que je rentrais hier soir. Alors, ils ont convoqué pour aujourd'hui, parce que ça ne pouvait pas attendre. Dans une semaine, avec le vent, il ne resterait plus assez de neige dans les couloirs pour descendre le bois. Moi, j'aurais préféré être là pour te montrer la maison. Enfin ! Tâche de ne pas trop t'ennuyer. Je reviendrai à la tombée de la nuit. Promène-toi, visite le village. Ne t'inquiète de rien. J'ai engagé une femme de charge, la Jeanne à la Barlette, pour le ménage et les bêtes. Elle viendra dans l'après-midi.

– Comment as-tu fait ? Nous sommes arrivés très tard hier.

– J'avais téléphoné du Revard. C'est le guide-chef qui lui a parlé. Dame ! Faut bien remplacer la tante !

Comme le ululement du vent devenait plus aigu, Zian remarqua l'attitude toujours peureuse de sa femme pelotonnée dans les couvertures. Il lui sourit avec douceur.

– Tu n'aimes pas le vent, mon petit. Je sais. C'est énervant. Mais ici, aux Praz, on y est habitué. Tu verras, tu t'y feras. C'est le printemps qui vient.

Il se pencha sur elle et l'embrassa avec tendresse. Elle s'aperçut qu'il n'était pas rasé, mais se sentit réconfortée par l'étreinte des bras musclés. Elle lui rendit son sourire.

– Reviens vite.

– Dors. J'éteins. Adieu donc, dit-il, à ce soir.

Puis il quitta la chambre.

Brigitte regarda l'heure : 4 heures. Elle n'avait plus sommeil. Elle prit un livre au hasard sur les rayonnages de mélèze; il était soigneusement recouvert de papier bleu; en le feuilletant, elle vit qu'il avait été lu et relu. Sans doute avait-il passé de main en main pendant les longues veillées d'hiver. Machinalement, elle lut le titre : *Le maître de forges!* Elle rit. Elle avait cru prendre un livre de montagne. Elle le referma, rêva. Elle imagina les filles du pays s'attendrissant sur les malheurs de l'infortunée châtelaine. Châtelaine!... Elle en était une également, naguère. Elle éteignit l'électricité et s'efforça de dormir encore.

Autour de la maison, le vent gémissait comme un enfant malade.

Une fois dehors, Zian respira avec satisfaction le souffle chaud. C'était son premier retour à la vie paysanne depuis son mariage, et il avait toujours aimé ces départs nocturnes à travers le village endormi.

Il prit le chemin des Gaudenays. De-ci, de-là, des plaques de neige tassée signalaient l'emplacement des grosses congères de l'hiver. La neige était « pourrie » par le fœhn et l'on y enfonçait jusqu'aux genoux. Zian évita les plaques, chercha les emplacements de terrain nu, couverts de chaumes roussis par le gel. Le vent lui venait droit dans la figure, et le guide, levant la tête, suivait très haut dans la nuit la course des nuages sur l'Aiguille du Dru. Une pâle clarté en dessinait les profils fantastiques. Au pont d'Arveyron, le ronflement du vent dans les Aiguilles fut étouffé par le grondement furieux du torrent qui charriait des eaux blanches et sablonneuses, et roulait des blocs de granit.

A la lisière de la forêt, Zian retrouva ses camarades des villages des Bois, des Tines et des Praz, avec qui il allait passer cette rude journée de travail.

Il y avait là Simon Cupelaz, Charles Duvernet, Roland Dechosallet, Georges à la Clarisse.

— Salut, vous autres, fit-il.

— Te voilà, Zian ! répondit Cupelaz, le plus ancien. Le mariage t'a pas fait perdre l'habitude du « sapi » au moins !

— Pas encore, tiens !

Et d'un geste herculéen, Zian leva au-dessus de sa tête le lourd et massif pic de bûcheron et le planta solidement dans le tronc d'un mélèze.

Les hommes rirent pesamment, puis prirent en file indienne le chemin de la forêt. La violence du vent courbait les mélèzes sur leurs têtes et le bruissement devenait un chant puissant et mélodieux. Quand ils traversaient les couloirs d'avalanche, des gelinottes s'envolaient de dessous les buissons d'aulnes verts. Eux montaient sans échanger une parole, les lourds outils de bûcheron sur l'épaule. Et Zian, tout à son rêve intérieur, sentait couler la joie dans ses veines, sans qu'il pût dire s'il la devait à son amour ou à ce retour à la vie rustique.

Il se sentait pleinement heureux : cela lui suffisait.

Puis, comme ils quittaient le large sentier de la Filiaz, pour monter directement à travers la forêt escarpée, il lui fallut faire attention à ses pas et il n'eut plus le temps de penser.

Le jour se levait et l'on commençait à mieux distinguer les nuages qui roulaient et tanguaient dans le ciel, se déchiraient aux aiguilles dans un flamboiement de pourpre tandis que le grondement du vent couvrait la voix de la montagne, comme si un gigantesque incendie avait éclaté quelque part, là-haut.

Ce fut le jour, cette fois, qui, en pénétrant à flots dans la pièce, réveilla Brigitte. Le soleil arrivait déjà jusque dans la vallée, et elle présuma qu'il devait être tard. Elle avait la tête lourde comme ceux qui, après être restés éveillés une grande partie de la nuit, sombrent le matin dans un sommeil de plomb.

Le vieux chalet gémissait toujours, mais à la lumière du soleil, leur petite chambre, qui avait été celle de Zian, lui parut chaude et hospitalière. Elle n'avait pas voulu s'installer avec lui dans le « pèle » où, d'habitude, en hiver, on réunit tous les lits. La famille entière y vit, y mange, y dort, bien chauffée par la chaleur régulière du fourneau de pierre encastré dans le mur, à la manière des grands poêles de faïence des pays scandinaves. La pièce était trop grande, trop nue! Et leur intimité eût été troublée par la présence constante de la Marie à la Faiblesse, la vieille tante, et, ce soir, par celle de la nouvelle servante. Ils avaient préféré se serrer un peu et occuper la chambre de Zian. Les boiseries de mélèze verni, les photos de montagne, les livres rangés sur les rayonnages lui donnaient un aspect accueillant et, pour Brigitte, évoquaient le souvenir d'un pluvieux après-midi d'été.

Elle se leva, passa dans l'outa. Très sombre, la grande cuisine lui parut plus inhospitalière encore; le vent y jouait à pleines orgues, renvoyant ses pleurs d'une paroi à l'autre de la haute et large cheminée noire de suie.

Sur la table, Zian avait préparé le déjeuner matinal. Elle n'eut qu'à frotter une allumette pour faire réchauffer son café. A côté, elle trouva le pain et le beurre, le sucre, la confiture et un petit pot de crème. Elle fut sensible à cette attention de son mari. Elle mangea debout, considérant les murs hostiles où suintait le salpêtre, car la pièce n'avait pas été habitée de tout l'hiver.

Elle se répéta à plusieurs reprises, comme pour s'en convaincre : « Je suis chez moi... c'est notre maison, notre foyer! » Elle s'étonna de ne se découvrir aucune occupation. Et pourtant, il devait y avoir fort à faire.

Leurs bagages n'étaient pas défaits. Elle ouvrit une valise, sortit ses robes, les étala sur le lit, puis, comme elle cherchait une penderie, elle s'aperçut que la maison lui était étrangère.

Elle décida de profiter de sa solitude pour explorer à fond le chalet avant l'arrivée de la nouvelle bonne. Elle poussa une porte basse; un escalier s'ouvrait derrière, et descendait au « sarto », la cave à lait; la traite du matin reposait dans un grand chaudron de cuivre baignant dans l'eau courante d'une petite fontaine. L'endroit était silencieux, le bruit du vent n'y parvenait pas. Brigitte y serait volontiers restée, mais au bout de quelques minutes, elle eut froid. Elle remonta, et traversa rapidement l'outa où la voix du vent résonnait avec une ampleur inaccoutumée. Par-delà le couloir étroit qui traversait la maison de part en part, se trouvait l'étable. Elle y pénétra. Une chaude odeur de bétail la réconforta. Brigitte aimait les bêtes, et, dans le domaine de son père, se plaisait à suivre le travail des palefreniers dans les stalles des chevaux de sang, pataugeant dans la paille fraîche. Il régnait dans l'étable une demi-obscurité, car le jour n'y parvenait que par une étroite lucarne percée à travers les murs épais. En revanche, là non plus on n'entendait pas le vent et ce calme détendit les nerfs de Brigitte. Elle écouta ruminer les vaches qui tournaient vers elle leurs gros yeux exorbités; l'une d'elles tendit son mufle et lança un bref meuglement. A ce signal, les deux autres secouèrent leurs cornes et le bruit des chaînes de fer et des sonnettes emplit l'étable. Brigitte aurait voulu les caresser, mais elle n'osa pas se faufiler entre leurs vastes panses que ne séparait aucun bat-flanc.

Ces puissantes bêtes à la robe foncée, presque noire,

si différentes des races de plaine, l'effrayaient un peu. Travaillées par le souffle chaud du fœhn, sentant la venue du printemps, elles s'agitaient, raclaient le sol du sabot, soufflaient des naseaux. A regret, Brigitte s'éloigna; la présence vivante des bêtes la réconfortait et elle craignait de se retrouver seule dans le grand chalet désert.

Elle se répéta qu'elle était la femme de Zian et qu'elle était chez elle. La vieille maison semblait la repousser comme une étrangère. Elle grimpa lestement quelques marches de l'échelle de bois grossier qui conduisait au fenil. Le vent y régnait en maître, s'infiltrait entre les troncs mal équarris et les planches à peine rabotées des parois. Pendus à des chevilles de mélèze, les faux et les râteaux attendaient leur utilisation prochaine. Brigitte ne pénétra pas dans la grange, où un violent courant d'air l'accueillit. Elle revint dans la grande cuisine où elle se mit à aller et venir, à tourner, cherchant à s'occuper, prenant un balai, le laissant, mal à l'aise. Oui, vraiment, elle était une étrangère dans cette maison! Rien n'y était fait pour elle. Elle regretta le départ de la Marie à la Faiblesse; elle aurait aimé la bonne vieille, compréhensive et discrète. Elle redoutait l'arrivée de la servante et comprit tout à coup que cette dernière venait faire la besogne à sa place. Un ménage de guide sans enfants n'a pas besoin de servante. C'est elle qui, ce matin, aurait dû se lever, faire chauffer le café de Zian, préparer son bissac de bûcheron; c'est elle encore qui aurait dû soigner les bêtes, allumer le feu, balayer, ranger. Mais elle s'en avouait incapable... Elle comprit que Zian l'avait deviné quand, sans l'avertir, il avait engagé la Jeanne. Elle eut un élan de reconnaissance pour cette attention; les larmes lui vinrent aux yeux. Et comme la pensée de son incapacité l'assombrissait de plus en plus, comme le vent rageur ricanait de plus belle, elle posa un foulard sur ses cheveux et sortit.

Elle s'échappa de la maison par la porte qui donnait sur les champs, face à l'étendue neigeuse déjà rongée par de larges taches rougeâtres. Elle s'arrêta sur le seuil et respira avec soulagement le souffle tiède venu du Piémont, à peine rafraîchi par son passage au-dessus de la chaîne. Elle reçut le soleil en pleine figure, et cela lui fit du bien. Le vent n'avait plus cette voix gémissante, sanglotante, irritante qu'il prend pour s'infiltrer au plus secret des maisons. Il grondait librement, d'une façon uniforme. Brigitte retrouvait la nature dans toute sa sauvagerie et elle décida de marcher longtemps.

Évitant le village, elle voulut couper au plus court à travers champs, mais la neige à demi fondue l'arrêta bien vite, malgré ses bottes de caoutchouc.

Elle atteignit par les sentiers les laisses de l'Arveyron, regarda longtemps couler les flots déchaînés du torrent, écouta sa voix puissante couvrir celle du fœhn, longea la moraine des Bois, et se faufila à travers les gros blocs de granit, saupoudrés du cuivre vert des jeunes pousses de mélèze. Elle avait en face d'elle la langue extrême de la Mer de Glace, et sa cassure d'un vert profond encastrée au milieu de la gorge étroite de rochers polis. Elle monta encore puis se blottit entre deux blocs, en plein soleil, bien à l'abri du vent.

La longue marche l'avait apaisée; elle savourait pleinement la joie du printemps alpestre; très haut, l'Aiguille du Dru se coiffait de brumes grisâtres qui s'échevelaient rapidement, se déchiraient en lambeaux et couraient dans le ciel à une vitesse vertigineuse. Parfois le vent faiblissait et le ronflement de forge était couvert par l'âpre chant des eaux furieuses, s'échappant de leur longue réclusion sous le glacier. Les Aiguilles de Chamonix vibraient comme des cordes sous l'action constante du fœhn; une nuée s'accrochait parfois à leurs cimes dentelées, puis s'en allait à la dérive dans l'azur. Le sommet du Mont-Blanc était calme, le vent ne l'atteignait pas, et Brigitte, détendue, suivait du regard la longue arête des Bosses, revivant en pensée son ascension de l'automne.

Ses souvenirs alors affluèrent. Elle se rappela la nuit de leur mutuel aveu, leur retour dans la vallée, leur décision de s'épouser, la lutte qu'elle avait dû soutenir contre toute sa famille liguée. A la fin, ses parents avaient dû céder – car elle était majeure – mais non sans rancœur. Sans hésiter, elle avait rompu les ponts; son amour avait été plus fort que tous les obstacles.

Ils s'étaient mariés sans faste, dans la petite chapelle du village de Camargue où Brigitte, enfant, allait quelquefois passer l'automne. Micheline Faret et son mari lui servaient de témoins. Sylvain Kipp, le client de Zian, accompagnait le guide. Ils avaient vécu leurs premiers jours de jeunes mariés dans ces solitudes, très différentes des Alpes mais aussi prenantes. Montés sur les petits chevaux camarguais, ils avaient fait de longues chevauchées, franchissant les roubines, découvrant, au cœur secret des marécages, la vie mystérieuse des oiseaux aquatiques, s'attardant le soir au bord du Vaccarès. Qu'ils étaient heureux!

Brigitte s'étira dans son creux de rocher et, les yeux perdus dans les nuages, poursuivit sa rêverie. N'étaient-ils donc plus heureux? Elle fut effrayée de s'être posé la question. Non! Son amour pour Zian était toujours aussi fort, peut-être plus profond encore. Cependant lui fallait-il déjà vivre de ses souvenirs?

L'hiver avait passé comme un enchantement.

Zian avait obtenu un poste de moniteur de ski au Mont Revard. Ils étaient logés dans un coquet chalet, très confortable, un peu à l'écart du palace. Leur chambre donnait directement sur la forêt enfouie sous la neige. Chaque matin, le soleil venait réveiller la jeune femme; elle bondissait alors à la fenêtre, et pouvait apercevoir son mari qui, depuis longtemps dehors, enseignait les mystères du stemmbogen ou du chasse-neige aux élèves de sa classe.

Elle flânait un peu dans sa chambre, puis descendait, chaussait à son tour les skis et faisait quelques descentes sur la pente de l'Observatoire. A midi, les cours de ski terminés, Zian la rejoignait; ils allaient bavarder avec des élèves dans le hall du palace ou prenaient l'apéritif au bar. Brigitte retrouvait là beaucoup de figures connues, car rien n'était plus parisien que cet hôtel de luxe. Elle aimait cette vie où se mêlaient les joies de la montagne et les distractions mondaines. Bien qu'elle s'en défendît à l'occasion devant son mari, elle n'avait pas complètement oublié sa condition première, et au Revard elle ne se sentait pas dépaysée.

C'est bien ainsi qu'elle avait envisagé son avenir, et leur jeune amour, que rien ne contraignait, s'épanouissait chaque jour avec plus de violence.

Tous les après-midi, Zian conduisait son cours à travers le plateau; Brigitte l'accompagnait. Ils faisaient ainsi de longues randonnées à travers la forêt et ses mystérieuses clairières, s'attardant parfois en haut de la falaise, entre le Revard et la Dent du Nivolet, à contempler, loin en dessous d'eux, les coteaux de Chambéry et d'Aix-les-Bains, couverts de vignobles et de vieux châteaux à tourelles.

Certains jours, le plateau du Revard pouvait devenir menaçant, dangereux même, car rien n'y arrêtait les vents d'ouest. Une fois la tourmente les avait rejoints alors que, revenant de Chez Bal, ils montaient le ravin de la Gornaz en direction des Fermes. Très rapidement, le paysage s'était estompé dans un clair-obscur laiteux, cependant que des rafales de vent chassaient la neige avec violence. Le froid mordait les yeux. Sur la dizaine de skieurs, presque tous débutants, qui composaient la caravane, naissaient des défections; certains même, démoralisés, se couchaient dans la neige, refusant de suivre leur professeur. Zian avait repris son ton autoritaire des grands jours :

— Debout, clamait-il, debout! (Puis, en désespoir de

cause, il s'était tourné vers sa femme :) Il faut que je fasse la trace, lui avait-il dit. Toi qui es entraînée, marche en serre-file et stimule les traînards.

Et elle, toute fière, encourageait du geste et de la voix, ramenait sur la piste ceux qui s'en écartaient, jouant à merveille son rôle. Sa conduite avait ranimé les faibles, encouragé les hésitants. Ils étaient rentrés à l'hôtel sans une engelure et avaient décidé de se réunir le soir même en un petit dîner pour fêter l'événement. Brigitte présidait, Zian, très fier, heureux, parlait haut...

— Ma femme en a vu bien d'autres au Mont-Blanc !

Et il s'était mis à conter en détail leur odyssée au Dôme du Goûter, ainsi que l'accident de la Mummery... Elle était l'héroïne du jour...

Un tourbillon descendant fait ployer les mélèzes, voltiger les boucles de Brigitte, secoue sa méditation... Elle est encore toute rose du plaisir que lui a causé cette évocation. La voix frémissante du vent ne l'effraie plus : ici, c'est le chant familier du vent d'ouest sur le Mont-Blanc, du blizzard du Revard; ce n'est pas la complainte sournoise et obsédante de la grande maison vide où il va falloir rentrer.

Elle se redresse, soupire :

— Rentrer... déjà !

Elle revoit en esprit la journée précédente. Ils avaient quitté le Revard par la crémaillère du matin, pour prendre en gare d'Aix-les-Bains le train venant de Lyon qui arrive dans la soirée à Chamonix. Là, Zian l'avait conduite directement aux Praz. Il avait allumé un bon feu dans le poêle, et ils s'étaient couchés tout de suite, car il y avait, le lendemain, cette histoire de coupe de bois qu'elle n'avait pas très bien comprise.

C'est seulement alors qu'elle se met à réfléchir sur ce que sera désormais sa vie, et elle sent renaître ses inquiétudes.

De toute façon, elle a rompu définitivement avec sa famille et n'a voulu accepter aucune rente de son père, de crainte de blesser l'amour-propre de son mari :

– Nous vivrons de ce que tu gagneras, Zian, lui avait-elle dit. Je t'aiderai de mon mieux.

Maintenant, elle doit tenir parole, et tout d'abord étouffer ses angoisses absurdes, rentrer, s'occuper de son nouveau foyer. Elle se sent pleine de courage pour aborder à nouveau l'hostile chalet des Praz. Il lui semble que le vent des cimes vient de balayer tout son passé de jeune fille choyée. Entre deux routes, avait-elle lu un jour, il faut toujours choisir la plus difficile. Elle avait choisi d'être femme de guide; elle le deviendrait entièrement. Cette résolution lui redonna des forces, la transfigura.

Elle revint à pas lents vers le village et, au lieu d'éviter les rencontres, décida de le traverser. Au lavoir, les commères battaient leur linge. Brigitte ne les connaissait ni de nom ni de visage, mais elle les salua. Les femmes répondirent d'un coup sec du menton sur leur fichu croisé. Elle ne comprit pas les exclamations qui s'échangeaient en patois derrière son dos, mais devina qu'elle aurait à lutter et que, tout comme le vieux chalet, les gens la repoussaient comme une étrangère. Son courage et ses bonnes intentions fléchirent, l'angoisse s'insinua à nouveau dans son cœur. Devant les maisons, les hommes sciaient du bois, le mettaient en tas, aidés par des marmots resplendissants de santé. Elle n'eut pas à leur dire bonjour la première. Très polis, ils enlevaient leur béret à son passage, la saluant d'un amical : « Bonjour, Mme Zian. » Elle reconnut plusieurs compagnons de son mari et se sentit beaucoup plus proche d'eux que des femmes. Elle aurait voulu dire quelques mots aimables, remercier, mais une gêne subite l'empêcha de parler; elle inclina timidement la tête et passa. Mais elle comprit cette fois la phrase en patois que disait l'un des vieux :

– Un peu fière la petite... (Elle rougit et continua sa route.)

Devant l'hôtel des Aiguilles, le vieux Jean Guerre prenait le soleil. C'était le doyen du village; il avait beaucoup voyagé comme guide autrefois et avait construit le grand hôtel qui dépassait de quatre étages les basses maisons du village. Il avait conservé la rudesse d'allure des montagnards, mais son visage ouvert, la noblesse de toute son attitude plaisaient à Brigitte. Il se leva et vint à la jeune femme.

– Bonjour, madame. Permettez au doyen de vous souhaiter la bienvenue au village. Zian a bien choisi, ajouta-t-il d'un ton malicieux. Et je sais qu'en montagne, vous avez fait vos preuves... Un peu dépaysée, hein? Votre retour est mal tombé, juste pour la « requête ». En tant que doyen, j'y avais bien pensé; je m'étais dit : « Ça va ennuyer Zian, juste pour son arrivée. » Mais le garde n'a pas voulu changer. Enfin, c'est l'affaire d'un jour, faut patienter, attendre. C'est un peu le destin de nos femmes : attendre à la maison tandis que l'homme est occupé au-dehors. Il y a toujours quelque chose à faire pour un montagnard. Durant la saison, c'est les courses; l'hiver, le ski; l'automne et le printemps, le bois, les réparations aux chalets... Mais vous êtes courageuse, et vous avez un mari sérieux. Je crois que vous avez choisi la bonne part. Venez me voir de temps à autre; nous ne sommes pas aussi sauvages que nous en avons l'air.

Elle remercia d'une phrase courte et serra avec reconnaissance la main du vieux guide. Dans ce village hostile, elle venait de découvrir une amitié sincère. Elle se dit que sa journée n'avait pas été perdue.

Le vent augmentait, balayait la vallée avec une rage accrue, courbait les cimes des arbres dans la forêt toute proche. Brigitte marchait pliée en deux. Quand elle se retrouva chez elle, toutes ses bonnes résolutions fléchirent d'un coup. Les démons hurlaient aux quatre coins de l'outa avec plus d'animosité encore qu'à son départ. En son absence, le vent avait refermé les volets sur l'unique fenêtre et la pièce était plongée dans une pénombre de caveau. Un peu de lumière arrivait du haut par l'énorme cheminée de bois et tombait tout droit sur l'âtre.

Allait-elle de nouveau céder à ses terreurs irraisonnées ? Il lui fallait triompher de cette maison, de *sa* maison. Il lui fallait dissiper l'obscurité, redonner la vie à la grande cuisine ancestrale. Ce foyer mort, elle allait l'animer. Du petit bois, des branches mortes étaient amoncelés dans un coin du foyer, sur le sol dallé, et, bien rangées contre le mur crépi, des bûches bien sèches s'étageaient à bonne hauteur.

Prenant des brindilles de sapin qui cassaient comme du verre, elle les entassa dans l'âtre. Elle frotta une allumette et une haute flamme claire jaillit, illuminant la pièce. Avec un cri de joie enfantine, elle ajouta des branches. Un joyeux flamboiement emplissait la cuisine, les murs perdaient leur austérité, leurs tons de deuil s'empourpraient de lueurs vives. Brigitte jeta encore du bois, de plus en plus, empila des bûches. Elle voulait un feu immense, un vrai bûcher pour exorciser les démons, pour faire refluer le suintement malsain du salpêtre, et, lorsque du brasier les flammes s'élevèrent très haut, avivées par le courant d'air qui les aspirait vers les poutres enfumées du toit, elle éclata d'un grand rire heureux. Alors, elle étendit une couverture à même les dalles de granit et s'agenouilla devant la flamme. Sa chevelure, ébouriffée par le vent, se teintait de chauds reflets. Le vent pouvait hurler, les poutres craquer, tout rayonnait autour d'elle maintenant, tout n'était que vie et lumière. La vieille maison revivait dans la joie. Heureuse et rassérénée, Brigitte laissa voguer ses pensées, suivant le jeu des flammes, attisant les bûches, à demi allongée dans une pose hiératique, belle et énigmatique vestale de l'outa désormais domptée.

Ce fut la mère de Nanette, la Stéphanie Guichardaz, qui, la première, vit la haute flamme s'élever d'un coup au-dessus du village derrière chez elle. Elle lâcha son linge et hurla :

— Le feu, vous autres, le feu !

Empoignant leurs seaux, les femmes quittèrent le bachal et coururent dans la direction de l'incendie. C'était un petit hangar, une sorte de remise appartenant au père Guichardaz et éloigné des habitations d'une vingtaine de mètres, qui venait de flamber, sec comme un bûcher. Par bonheur, le vent rabattait les flammes dans le sens opposé aux maisons du village, toutes accotées les unes aux autres en une file ininterrompue. Déjà les hommes étaient sur place, organisant une chaîne, faisant la part du feu, noyant les débris de planches en partie consumées qui s'écroulaient. On avait toutefois mis en batterie la pompe du village, car un tourbillon de vent aurait pu chasser les étincelles et les flammèches sur les toits environnants. Peu après, la moto-pompe de Chamonix arriva sur les lieux. Le rassemblement prit de l'importance. Des groupes se formaient, on se rappelait les vieux incendies qui, brusquement, sans raison apparente, avaient, un jour de vent, raflé tout un village. L'année d'avant ç'avait encore été le tour du Lavanchez, et il y avait quatre ans, la moitié du hameau du Tour y avait passé. De sacrés sinistres qui arrivaient sans prévenir, déjouant les plus sages précautions.

Les gens des Praz craignaient le feu plus que tout le monde de la vallée et, par grand vent, une servitude tacite interdisait aux habitants d'allumer des feux à l'intérieur des maisons. On se contentait alors des réchauds ou des petits poêles.

Le hangar n'était plus maintenant qu'un tas de bois mouillé et chuintant, à demi-brûlé, d'où s'élevait une fumée lourde, qui retombait sur la plaine en une longue traînée moutonnante. Parfois, un coup de vent plus violent faisait crépiter le foyer mal éteint et les hommes, activant la chaîne, arrosaient en hâte les décombres.

C'est alors qu'une traînée d'étincelles passa dans le ciel au-dessus de leurs têtes.

– Nom d'un chien! C'est chez Zian! dit l'un d'eux. Regardez! Ça sort de la cheminée.

En effet, par la large ouverture du toit des flammes courtes s'élevaient, des flammèches s'arrachaient et partaient à la dérive, chassées par le fœhn vers la plaine.

– C'est la Parisienne qui a dû faire du feu, lança la Stéphanie, le visage hargneux. (Puis elle ajouta d'un ton de défi :) Venez, vous autres, on va lui faire la leçon!

La troupe des femmes bondit vers la ferme des Mappaz, avant que les hommes eussent rien décidé, s'engouffra dans le corridor d'entrée, ouvrit brutalement la porte de l'outa. La Stéphanie qui marchait en tête lâcha une bordée d'injures, fit quelques pas dans la grande pièce, suivie des autres mégères, et s'arrêta comme médusée par le spectacle qu'elle découvrit : Brigitte, assise par terre devant l'âtre, le regard lointain, le visage souriant, baigné par les reflets, jetait à brassées du bois sec dans le foyer, activant la flamme.

– Garce! Saleté! Regardez-la, vous autres, regardez-la! cria la mégère.

Brutalement réveillée d'un songe, Brigitte se leva, l'air absent, ne comprenant ni cette irruption chez elle ni l'indignation et la haine qu'elle lisait dans le regard des femmes. Instinctivement, elle recula et alla s'adosser contre le mur, dans le coin le plus éloigné. Et la Stéphanie lui lançait des imprécations en plein visage, déchaînée, un rictus lui tordait la bouche :

– Propre à rien! Sale femme! Non seulement ça vient nous prendre nos hommes, mais encore ça veut nous faire tous griller. Ah! il est bien tombé, le Zian!

Elle avançait, menaçante, et Brigitte, la gorge serrée, acculée contre le mur, la regardait venir. C'est alors qu'une forte voix d'homme, une voix courroucée, couvrit le vacarme. Le vieux Jean Guerre venait d'entrer :

– Allez-vous-en, vous autres, ordonna-t-il d'un ton impérieux. Depuis quand entre-t-on comme ça chez les gens ? (Et comme elles ne partaient pas, le vieillard se tourna et du doigt leur montra la porte.) Allez-vous-en ! Allez-vous-en, bon sang ! répéta-t-il. Faut-il vous le faire comprendre à coups de bâton ?

Alors les femmes, une à une, se retirèrent. Sans faire attention à Brigitte, Jean Guerre se dirigea vers le foyer, dispersa les grosses bûches, alla à l'évier et emplit un ciselin d'eau dont il aspergea méthodiquement les flammes. Une âcre fumée emplit la pièce et la belle lumière dansante s'éteignit. Il y eut encore quelques crépitements, puis comme un bouillonnement qui mourut. Jean Guerre leva la tête, s'assura que des flammèches ne restaient pas accrochées aux parois de la cheminée, puis, satisfait, se retourna vers Brigitte. Elle n'avait pas changé de place. Collée contre la muraille, elle paraissait anéantie, brisée.

– Sacrées mégères ! Pas plus de tête que des linottes, fit-il. Elles songeaient bien à vous insulter, mais pas une n'aurait eu l'idée d'éteindre le feu. Faut leur pardonner. Ça risque tant, le feu, par chez nous. Vous, vous ne pouviez pas savoir. Zian aurait dû vous prévenir... Ce n'est pas de votre faute, pas du tout, Mme Zian, et je me charge de leur expliquer. Allons, oubliez ça, je vous quitte !

Elle n'eut pas la force de le remercier et le regarda sortir.

Elle se retrouva seule dans l'outa humide, pleine de fumée, plongée dans une obscurité grandissante. Un grand ricanement du vent la fit se dresser, hagarde, les yeux exorbités. Alors, elle s'élança comme une folle dans sa chambre, se jeta sur le lit et se mit à sangloter si fort que ses gémissements entrecoupés couvrirent ceux du fœhn.

La Jeanne vint sur le tard commencer son travail. C'était une forte paysanne, un peu rustaude, mais pleine de cœur et courageuse à l'ouvrage. En passant par le village, le remue-ménage de l'incendie l'avait attirée et on l'avait tout de suite renseignée. Elle ne s'étonna donc pas de trouver la cuisine vide et encore enfumée, avec de grandes flaques d'eau noirâtres sur le dallage de granit. A travers la porte de la chambre, elle entendit sangloter sa nouvelle maîtresse qu'elle ne connaissait pas encore. Prise de pitié, elle fit le geste d'entrer pour la consoler. Puis elle réfléchit qu'elle ne saurait que lui dire. « C'est bien bête de se mettre dans des états pareils, pensait-elle. Des histoires de dame ! »

Et comme les vaches meuglaient dans l'étable, elle commença sa besogne. Lorsqu'elle eut distribué le foin, nettoyé les litières, abreuvé les bêtes, elle revint à la cuisine, alluma le réchaud, éplucha les légumes et prépara le repas du soir. Elle se mouvait à son aise dans ce milieu qui était le sien. Bientôt tout fut prêt pour le retour de Zian. Elle donnait un dernier coup de balai lorsqu'elle entendit le pas lourd du guide dans le corridor. Elle continua son travail et ne se retourna même pas. Ce fut lui qui l'interrogea :

– Où est Brigitte ?

– T'es au courant, Zian ? biaisa-t-elle.

– Oui ! Jean Guerre m'a tout raconté. C'est pourtant pas de sa faute.

– Tu devrais aller la consoler.

Zian entrouvrit doucement la porte de la chambre. Harassée de fatigue et d'émotion, Brigitte, à plat ventre sur le lit, dormait tout habillée, la tête reposant sur son coude replié. Zian alla auprès d'elle, tendit sa grosse main terreuse comme pour lui caresser les cheveux, mais il eut peur de la réveiller. Il revint furtivement sur ses pas, attentif à ne pas faire craquer le plancher sous ses gros brodequins boueux et referma la porte.

— Elle dort, dit-il. (Après un moment de réflexion, il s'attabla, seul et triste, devant son assiette creuse). Sers la soupe, Jeanne, la journée a été dure. (Accoudé sur la table, perdu dans ses réflexions, il écoutait siffler le vent.) C'est bien pris pour neuf jours, fit-il.

La Jeanne, debout devant l'âtre, mangeait goulûment sa soupe.

— Mets le réveil à 4 heures. Y a encore quatre billes à descendre, dit-il encore.

Il alluma sa pipe et en tira de lentes bouffées, les coudes sur ses genoux, les mains aux tempes. Il semblait mûrir une résolution subite.

— A r'vi pas! fit la Jeanne qui allait se coucher au pèle.

— A r'vi donc! répondit-il distraitement.

Tard dans la nuit, il alla retrouver Brigitte. Elle n'avait pas bougé. Le fœhn sifflait dans le couloir.

2

Depuis l'aube, Mappaz fauchait le pré de Pierre Servettaz, au-delà du Moëntieu des Moussoux, un peu en deçà du Nant Favre; l'herbe en était haute et serrée et contrastait avec les pâturages communaux qui bordaient la forêt, parsemés de blocs de pierre, mouchetés de plaques de chardons que les chèvres du village arrachaient du bout des dents.

Arrivé au bas de la pièce, Zian termina son andain d'un vibrant coup de lame qui coucha le foin humide, puis le refoula en un tas régulier. Après, donnant quelques petits coups secs avec le talon de la faux, il fignola son travail, coupant ici une touffe échappée à la taille, là une graminée rebelle oubliée au passage. Enfin, satisfait, il se redressa. Le soleil plombait. Le guide épongea sa figure toute ruisselante de sueur, tira d'un geste machinal la meule du « coffier » de bois rempli d'eau qu'il portait accroché à son ceinturon de cuir, et aiguisa la faux dont l'acier bleui chantait sous les caresses de la pierre. Machinalement, il laissa errer son regard sur le paysage alpestre, et tout de suite jugea d'un coup d'œil professionnel les cimes qui festonnaient le ciel : « C'est déjà tout bon ! pensa-t-il. Le moment où jamais de faire les grandes courses de glace, car dans quinze jours les couloirs seront trop dégarnis ! »

Vue des hauteurs des Moussoux, la chaîne du Mont-Blanc se déployait dans sa féerique beauté. Quelques plaques de neige subsistaient encore dans les couloirs, mais partout déjà la glace se montrait. Le printemps avait été court et magnifique, pluvieux, puis ensoleillé. Tout de suite, l'été était venu – plus vite qu'à l'accoutumée – et en ce début de juillet, les foins déjà mûrs attendaient les faucheurs.

Zian avait vendu sa ferme des Praz fin avril, et depuis il s'employait chez l'un, chez l'autre, non pas tant par esprit de lucre que par amour de la terre et du travail des champs. C'est ainsi qu'il avait pris à tâche la coupe des foins chez Pierre Servettaz, car ce dernier était trop occupé par la mise en marche de l'hôtel. Ce travail lui plaisait doublement. D'abord Pierre était un ami fidèle, de plus il ne s'éloignait pas trop de son nouveau domicile. Cela lui faisait tout drôle, à Mappaz, d'évoquer son chez lui, alors que, la faux sur l'épaule, il remontait vers le haut du pré. Trop belle demeure pour un guide, cet élégant chalet qu'il avait acheté au hameau de la Mollard, tout près de la forêt, en un coin que l'avalanche frôlait chaque hiver, mais n'atteignait jamais.

Comme il se retournait pour jeter un coup d'œil d'ensemble sur le champ, il aperçut Brigitte qui montait vivement le sentier. Elle lui faisait signe de loin avec son écharpe agitée à bout de bras. Il devinait ses traits joyeux, les mèches folles de sa chevelure. Bientôt, elle fut à portée de voix :

– A table, cria-t-elle, en levant à bout de bras le panier d'osier qu'elle portait.

Il s'arrêta, coucha la faux dans l'herbe coupée, s'épongea le front avec son mouchoir et fit quelques pas à sa rencontre :

– Je t'apporte ton déjeuner, Zian. Quelle bonne dînette nous allons faire !... (Elle riait de son air surpris.) Oui, oui ! Pas besoin de faire l'étonné ! Ce matin, j'ai rencontré Aline Servettaz. Elle voulait envoyer sa jeune belle-sœur te porter le repas de midi au champ. Je lui ai dit que je m'en chargerais. Elle ne voulait pas : ça n'était pas dans les conditions, paraît-il. Taratata !... Je voudrais bien connaître les conditions qui m'empêcheraient de déjeuner avec mon mari !

Il la saisit à bras-le-corps et l'embrassa avec fougue en la soulevant de terre, elle et son panier. Elle se débattait, riant de plaisir et protestant pour la forme :

– Attention, tu vas renverser notre repas... Tu vas casser la bouteille... Et puis, tu n'es pas rasé, ça pique !

– Tu sais, je suis debout depuis 3 heures du matin. Et j'ai une faim terrible. (Il s'arrêta un instant, la prit par les épaules, la regardant bien en face :) Tu m'as fait plaisir en venant, Brigitte, dit-il, avec tendresse.

– Vrai ? fit-elle.

– Vrai ! On se voit si peu depuis quelque temps.

– C'est sûr. Tu pars tous les matins pour ne rentrer qu'à la nuit.

– C'est la période des foins, ça ne va pas durer longtemps.

– Et puis, monsieur revient le soir si fatigué qu'il ne songe qu'à dormir.

Il la taquina :

– Et madame voudrait bien aller faire un tour à Chamonix.

— Pardon, Zian, je suis injuste, je ne devrais pas parler comme ça après ce que tu as fait...

— Quoi ?

— Le chalet !

Il lui mit un doigt sur les lèvres :

— Chut !... Ne parlons plus de cette histoire. Mangeons, veux-tu ?

Ils s'assirent au beau milieu d'un tas de foin. Brigitte étala les provisions. Zian se versa un grand verre de vin qu'il but lentement; la sueur perlait sur ses tempes et sur sa poitrine velue qu'on apercevait par le col de la chemise largement échancrée. Il donnait ainsi une impression de force et de solidité exceptionnelles :

— Mon beau paysan... murmura Brigitte qui le couvait des yeux. (Ils commencèrent le repas.) Tiens, fit tout à coup Brigitte, d'ici on peut voir la maison... Regarde, la fenêtre mansardée, le toit à pignon avec les poutres rouge vif... Si j'avais su, je t'aurais fait signe en me levant.

Elle grappillait dans les plats, piquant une tranche de saucisson, une feuille de salade.

—. Elle te plaît, notre maison ? reprit Zian.

— Oh ! Zian. Tu as réalisé mon rêve, je suis si heureuse...

Il ne répondit pas tout de suite. Il mangeait posément, le couteau Opinel grand ouvert dans sa main. Il sembla à Brigitte qu'il était tout à coup devenu mélancolique :

— Mais toi, Zian, tu es heureux aussi, n'est-ce pas ?

— Bien sûr, répondit-il, sans chaleur.

Elle devina son hésitation.

— Tu ne m'as jamais raconté comment tu avais réussi à vendre la maison des Praz et à acheter la Varappe. C'est un véritable tour de force !

— Acheter la Varappe, ça n'a pas été difficile, la maison était à vendre. Le plus dur, ç'a été de liquider les Praz. Quand j'en ai parlé au notaire pour la première fois, il ne voulait pas : « Réfléchis bien, Zian, qu'il me disait, tu pourrais le regretter! » Mais moi, j'étais bien décidé.

— Pourquoi ?

— Tu n'étais pas heureuse là-bas, je le sentais bien. D'ailleurs, j'aurais dû le prévoir. La vieille maison n'était pas faite pour toi. Il faut être accoutumé comme nous, depuis des générations, pour vivre ainsi : pas de confort, des pièces basses, le bétail... on ne peut pas devenir paysan du jour au lendemain!

— Je m'y serais faite, Zian. L'habitude... et notre amour, surtout notre amour qui aurait permis beaucoup de choses...

— Justement, c'est à cause de lui que j'ai voulu vendre. Tu avais tant fait déjà de ton côté. Tu as tout abandonné : ta vie facile, tes relations, ta fortune! Je ne pouvais pas te laisser vivre au milieu de ces femmes qui te détestaient sans te connaître... Les garces! Je ne leur ai pas pardonné.

Brigitte s'étira, puis s'allongea à plat ventre dans le foin, le menton dans les paumes, mâchonnant un brin de paille. Elle revoyait le visage haineux de la Guichardaz...

— Tu as eu raison, Zian. A cause d'elles, c'est vrai, la vie aurait été impossible.

— Tout ça, je l'ai expliqué au notaire, et à la fin il a compris. Il s'est décidé à chercher quelqu'un et, une semaine après, il m'a demandé de passer à l'étude. C'était vers la fin mars. « Si tu veux, m'a-t-il dit, j'ai une occasion. D'autres hésiteraient, mais toi, tu connais le pays... Les touristes de la Varappe veulent vendre... » J'ai tout de suite compris : c'était à cause de l'avalanche, ils ont eu tellement peur l'hiver dernier.

— Raconte. Que s'est-il passé ?

— Je ne voulais pas t'effrayer! Après tout, autant que tu le saches! D'autant plus qu'il n'y a aucun danger. Tu as remarqué que notre maison est située au sommet de la Mollard, un peu à l'écart de la grande coulée de la Roumna Blanche. De mémoire d'homme, jamais l'avalanche ne l'a atteinte. Elle passe régulièrement à cent mètres plus loin, à l'ouest. Mais voilà ! Il y a deux ans, des Parisiens ont fait construire au-dessus de chez nous, presque dans le même axe, une villa d'un étage. Seulement, ils ne se sont pas rendu compte que notre maison était protégée par un mouvement de terrain. Et en décembre dernier, pendant que nous étions au Revard, l'avalanche est venue, toute en poudreuse, rien que du « souffle ». Elle a rasé la villa du dessus. Les propriétaires de la Varappe étaient au lit. Ils ont été réveillés par le fracas, se sont affolés, et, mal conseillés, ont décidé de vendre, tout meublé... C'était une occasion !

– Et qui a acheté la maison des Praz ?

Zian s'arrêta de parler, l'air embarrassé. Il reprit avec hésitation :

– Je ne l'ai pas su tout de suite. Le notaire m'avait dit que notre acheteur ne voulait pas être connu. Ça se fait souvent ici... J'ai signé l'acte. On a déménagé fin mai, tu te souviens. Deux jours après, j'appris que des cousins s'y étaient installés. C'est ma famille d'Argentière qui avait racheté la maison... pour ne pas la laisser aller à des étrangers. Je crois bien que le notaire était dans le coup : on est « de parent », lui et moi ! Sur le moment, ça m'a vexé, mais maintenant je suis presque content que ça se soit passé comme ça !

Il se tut. Brigitte, respectant son silence, se rapprocha de lui, très émue, lui passa son bras autour du cou et l'embrassa. Elle eût voulu lui exprimer sa reconnaissance, mais se sentait un peu désemparée.

Il devina son émotion.

– Si tu es heureuse, Brigitte, je ne regrette rien, absolument rien.

Ils rêvèrent un long moment dans les bras l'un de l'autre; les nuages couraient dans le ciel, rares et floconneux. Le foin, autour d'eux, commençait à sécher; il n'exhalait déjà plus cette fraîche odeur qui suit immédiatement la coupe. Brigitte, la première, rompit le silence :

– Les Aiguilles sont sèches, Zian, les courses vont bientôt commencer. (Il fut heureux qu'elle ait fait cette remarque.) ... Quand repartons-nous en course tous les deux ? continua-t-elle.

Zian eut l'air surpris : il n'y avait pas songé.

– Il faut d'abord finir les foins. Ensuite, avant de reprendre l'école, on tâchera d'aller quelque part... Tiens, la Verte, par exemple.

– C'est ça, la Verte. Je voudrais tant gravir le « Whymper » au clair de lune !

Zian observait le soleil qui avait dépassé le zénith et déjà s'abaissait vers le Col de Voza. Il se leva d'un bond :

– On a assez bavardé. Il faut que je me dépêche, je voudrais essayer de terminer avant la nuit.

Elle rangea le matériel de pique-nique dans la corbeille. Lui, remontait déjà vers le sommet du pré. Elle le regarda faucher, descendant pas à pas, arrondissant son andain; lorsqu'il arriva à sa hauteur elle lui fit remarquer :

– Tu aurais fait un bon joueur de golf, Zian, le mouvement du buste est le même.

– Veux-tu essayer ? dit-il, l'air malicieux, en lui tendant la faux. Puisque tu es bonne joueuse, tu dois pouvoir faucher facilement. (Mais au premier coup, elle ficha l'instrument en terre.) Arrête ! arrête ! tu vas m'abîmer le fil... Je n'ai pas le temps de marteler cet après-midi...

Ils riaient aux éclats.

– Je me sauve. A ce soir. J'ai beaucoup à faire à la maison. J'ai invité les Morel et les Durand pour le thé. Tâche de finir rapidement.

Déjà elle s'enfuyait, légère, par le sentier des Moussoux. Il la suivit des yeux jusqu'au tournant du bois, puis il se courba de nouveau sur la faux et reprit sa marche lente, bien campé sur les talons, les épaules souples, le haut du corps accompagnant sans effort le mouvement de l'outil. Et à chaque coup, l'herbe coupée ras s'amoncelait à sa gauche, tranchée dans un bruissement métallique avec la régularité d'un métronome.

Tout en fauchant, Mappaz réfléchissait. Rien n'incite davantage à la méditation que le geste grave et mécanique du faucheur. Il se sentait encore tout joyeux de ce déjeuner imprévu, car sous des dehors frustes, il était très sensible à la moindre attention venant de sa femme.

Tout en abattant ses andains, il imaginait en souriant Brigitte en train de faire un gâteau, de préparer le thé. Pour lui, il n'était pas question de rentrer avant la tombée de la nuit; il lui fallait d'abord terminer son travail. D'ailleurs, il ne tenait pas tant que ça à rencontrer ces Morel et ces Durand, deux jeunes couples étrangers à la vallée, oisifs et fortunés, obligés de séjourner à Chamonix pour leur santé. Il leur était cependant reconnaissant de la sympathie qu'ils témoignaient à Brigitte, qui trouvait là une excellente compagnie, car, en morte-saison, Chamonix offrait peu de ressources. Ils se voyaient donc beaucoup. Seulement Zian se sentait trop dépaysé : « Ce n'est pas comme elle! pensait-il. Elle renaît depuis que nous habitons la Varappe! » Le fait est que Brigitte chantait maintenant à longueur de journée, trouvant toujours prétexte à s'affairer, pour fleurir sa maison, pour en achever la décoration, pour recevoir des amis, pour lire. Sans le savoir, elle redevenait frivole.

Mais n'était-elle pas excusable! Elle avait tant souffert dans la solitude de la vieille ferme! Cependant, elle n'avait pas été sans constater un changement d'attitude chez son mari. Il était toujours plein d'égards et d'attentions pour elle, mais à mille riens, elle devinait qu'il ne se plaisait pas dans leur nouvelle demeure. Pour lui aussi, le changement avait été trop radical. Elle avait parfois des remords. Non sans égoïsme, elle espérait que Zian s'habituerait peu à peu. Elle le voyait maintenant à travers son propre bonheur. « Il s'y fera », songeait-elle.

Zian faucha jusqu'à la nuit. Puis il consulta le ciel et vit qu'il n'y avait pas de menace de mauvais temps; un léger vent d'est chassait sur les plus hautes arêtes la poussière de neige; la chaîne, vaguement estompée dans le bas, baignait dans les brumes légères de la vallée. Elle paraissait lointaine et non pas découpée à l'emporte-pièce, avec un relief à toucher du doigt, comme il arrive les jours précédant la pluie. Le Mont-Blanc était calme, la Verte n'avait pas de « chapeau ». C'était du beau temps, du vrai beau temps. Le foin aurait le temps de sécher.

Sa tâche achevée, Mappaz s'en revint à pas lents, la faux sur l'épaule, par le sentier qui coupe à flanc de coteau des Moussoux à la Mollard. Il dominait d'une centaine de mètres l'agglomération de Chamonix d'où montait un bourdonnement de vie. La fraîcheur descendait des sommets. Dans les champs, les criquets s'étaient tus. Une impression de paix et de sérénité enveloppait toutes choses. L'ombre s'installait pour la nuit et gagnait peu à peu les hauteurs. Là-haut, les glaciers rutilaient. Un coucher de soleil éblouissant s'éternisait sur les cimes et en changeait constamment l'aspect. Zian, habitué à ces féeries du soir, ralentit instinctivement le pas pour admirer encore. Vers le haut de la vallée, on apercevait la plaine des Praz. « C'est plus en retard qu'ici, pensa-t-il, ils faucheront dans huit jours ! »

Cela lui fit tout drôle, presque mal, cette idée que d'autres que lui faucheraient son bien alors qu'il s'employait chez des étrangers ! Enfin, soupira-t-il, inutile de revenir là-dessus. Mais malgré lui, il revivait la scène chez le notaire :

– Garde la maison, lui disait son cousin, ce n'est qu'une mauvaise période à passer. Ta femme s'habituera aux Praz et aux Praillis. Tu pourras moderniser la ferme... (Ensuite, il avait fait appel à ses sentiments, employé de grands mots :) On ne se sépare pas comme ça des vieilles pierres qui vous ont vu naître. Depuis trois siècles, les Mappaz cultivent la plaine des Praz. Au début, d'après les vieux cadastres, ils avaient à peine de quoi nourrir une vache. Maintenant, regarde ! Tout le reste, ils l'ont gagné par une lutte constante contre le torrent, contre la forêt, contre l'avalanche... Ça ne te fait donc rien de quitter tout ça ?...

Bien sûr que ça lui en coûtait, mais que faire ?...

Il s'arracha à ces pensées. N'avait-il pas gagné au change ? Justement, il arrivait devant la Varappe. Il s'arrêta pour l'examiner en connaisseur. Le chalet avait un aspect élégant. La gravité du granit était égayée par les boisages apparents. Le toit aigu formait auvent, protégeant un large balcon à balustrade ouvragée qui faisait le tour du rez-de-chaussée et auquel on accédait par un perron de quelques marches. On pouvait ainsi pénétrer directement, par une large porte vitrée, dans la grande salle commune conçue comme un living-room.

La villa, construite pour abriter des vacances de citadins aisés, était simple et confortable. Sans être luxueux, son aménagement en style rustique savoyard était de bon goût; les chambres étaient bien orientées, claires, meublées de divans-lits pratiques. « Une habitation agréable, en somme ! » pensait Zian. Toutefois il s'avouait avec honnêteté ne pas s'y plaire. Il regrettait sa vieille maison basse, enfumée, tout imprégnée de souvenirs.

Ce chalet n'était pas une demeure de paysans; on n'y respirait pas, en entrant, l'odeur des foins coupés et fraîchement engrangés; aucun bruit de sonnailles ne venait de l'étable. Et de plus, il exigeait de son propriétaire qu'il fût net, propre et bien rasé ! C'est facile pour un touriste, mais c'est une autre affaire pour celui qui fauche depuis l'aube...

A travers la baie vitrée, Zian reconnut les invités de Brigitte, absorbés autour d'une table de bridge, et sa femme qui allait et venait, gaie et active. Évitant de se montrer, il contourna la maison et ouvrit la porte du garage sur la façade exposée au nord. Comme ses gros brodequins étaient lourdement bottés de terre grasse, il en racla soigneusement les semelles sur le fer d'une pioche avant de pénétrer à l'intérieur.

N'ayant pas de voiture, il avait fait de ce local une sorte d'atelier. Un grand établi de menuisier occupait la majeure partie de l'espace libre, au centre. Sur des étagères de bois blanc, fixées aux murs crépis à la chaux, s'amoncelaient des outils, des boîtes à clous, des fixations de ski démontées, des peaux de phoque.

Dans un angle, quatre ou cinq paires de skis attendaient sous presse les nouvelles neiges. A de longues chevilles de bois étaient suspendus les cordes de montagne, pliées en écheveaux, les piolets, les crampons, les sacs, les pitons, les mousquetons, tout l'attirail des grimpeurs. Ailleurs, les faux, les râteaux, les pioches, les pelles, les scies attestaient que le maître du logis n'avait pas abandonné son activité paysanne.

Zian posa sa veste sur l'établi, enleva avec satisfaction ses lourdes chaussures boueuses et enfila une paire de souples espadrilles de corde à tige montante.

Il aimait son atelier. Il ne s'en cachait pas et il y passait la majeure partie de ses heures de loisir à raboter, bricoler, réparer, n'apparaissant que rarement dans la grande pièce du chalet, éprouvant une certaine gêne à s'asseoir avec ses gros pantalons de futaine dans les confortables fauteuils.

Il tourna en rond quelques minutes, hésitant sur la conduite à tenir, puis il s'avisa qu'il ne pouvait se dispenser d'aller saluer ses invités. Il poussa un soupir de regret, et par l'escalier intérieur, gagna la cuisine. Brigitte remplissait une assiette de gâteaux secs. Elle se tourna vivement vers lui :

– Comme tu as tardé, dit-elle en l'embrassant.

– J'ai terminé le pré, dit-il, laconique.

– C'est ce que je pensais. Tu dois être content, mais fatigué aussi... Tu sais, j'ai regretté d'avoir organisé ce thé. Notre déjeuner sur l'herbe était si délicieux. Une autre fois, je t'accompagnerai... Ça ne t'ennuiera pas que je reste auprès de toi, même sans rien faire? demanda-t-elle d'un air mutin. (Puis elle ajouta aussitôt :) Maintenant, va te changer. (Il fit la moue.) Fais-moi plaisir, Zian. J'ai invité nos amis à rester. Nous avons pris le thé très tard. Vers 10 heures, je ferai quelques sandwiches...

Déjà, elle avait gagné le living-room. Par la porte entrouverte, des exclamations, des rires parvenaient jusqu'à lui. Il restait là, tout gauche, dans la cuisine. Il était las, il avait faim. Il eût préféré manger une bonne soupe, puis aller se coucher. Mais, ne voulant pas déplaire à Brigitte, il monta dans leur chambre, se lava, se rasa, passa un complet veston et descendit.

Les deux couples l'accueillirent avec des exclamations de sympathie non feinte. On l'aimait bien pour ce qu'il avait de simple et de modeste. Lui, tout étourdi par le flot de la conversation, répondait brièvement aux questions qu'on lui posait, entre deux levées, sur tout et sur rien, sur le temps, sur les prochaines courses. Il bâillait, il avait sommeil.

Peu à peu la conversation s'orienta sur des sujets moins terre à terre : il fut question de peinture, de littérature, toutes choses étrangères à Mappaz. Brigitte, animée, brillait. Zian s'assoupissait dans son fauteuil. Elle s'en aperçut, vint à lui, caressa doucement son front.

– Tu devrais aller te coucher, Zian, dit-elle maternellement.

Il sursauta, à moitié endormi.

— Tu as raison. Excusez-moi, vous autres. Je suis debout depuis 3 heures du matin. Et demain, il faut que je me lève à la même heure.

Il se leva, serra des mains. Ils lui dirent bonsoir distraitement, occupés à ranger leurs cartes. Il sentit qu'il troublait la partie et les mit à l'aise.

— Bonsoir à tous. Ne vous dérangez pas pour moi. (Soulagés, ils reprirent leur bridge. Brigitte voulut l'accompagner.) Reste avec tes invités, chérie. Je me débrouillerai bien !

Il revint à la cuisine. La soupe toute faite du matin attendait sur un réchaud. Il fit craquer une allumette et pendant que le potage réchauffait, il se tailla une large tranche de pain, un gros morceau de gruyère, et se mit à manger sur le pouce, oscillant de fatigue, les yeux mi-clos. Son repas achevé, il monta se coucher.

3

Le lendemain, portant bien en équilibre sur la tête et les épaules une lourde « trosse » de foin serrée dans des cordelettes, Zian monte à pas lents et réguliers vers la grange attenante au Moëntieu des Moussoux. Il fait une chaleur accablante et c'est avec soulagement que le guide se libère des quatre-vingts kilos de la charge sur l'aire balayée du fenil. D'un geste, il arrache le capuchon de toile qui protégeait son cou de l'irritant contact des herbes sèches, s'éponge le front et se met en devoir de défaire les liens. Suzanne, la jeune sœur de Pierre, debout sur la meule, égalise le foin à grands coups de fourche.

— Encore deux voyages et ce sera fini, annonce Zian, tout en pliant soigneusement sa corde. Bonne récolte, en somme !

— Alors, Zian, demain tu reprends les courses ?

— C'est pas trop tôt, petite. J'ai hâte de me dérouiller les jambes.

Pierre Servettaz fait soudain irruption dans le carré de lumière de la porte ouverte à deux battants. Il est très agité.

— Oh ! Zian. Tu es là ? Faut descendre tout de suite au bureau. Le guide-chef vient de me téléphoner qu'il y a eu du grabuge, rapport à l'école d'escalade. Tu ferais bien d'aller voir de quoi il retourne avec cette bande d'énervés...

— Bon sang de bon sang ! Ils ne peuvent donc pas me ficher la paix, s'écrie Zian. Je croyais l'affaire réglée depuis l'assemblée générale. Grâce à toi, on avait décidé de continuer une saison encore, à titre d'essai.

— Faut croire que non. Il y a là-dessous une manigance quelconque. Allons, viens. Ne perdons pas de temps. Je t'accompagne.

Abandonnant les foins, Zian prend sa veste, sort, et en passant devant le bachal, se trempe la tête sous le jet d'eau glacée. Puis, rafraîchi, il descend à grands pas derrière Pierre le « Gier » des Murs, s'essuyant, tout en marchant, la figure avec son mouchoir.

Une vieille histoire qui revient sur le tapis, celle de l'école d'escalade ! Il croyait pourtant la chose admise, ancrée, et voilà que ça menace de sauter. Il jure en son for intérieur sur la bêtise humaine.

— Ils n'arrivent pas à comprendre que ça ne peut que leur amener des clients !

— Des jaloux, Zian, dit Pierre. Mais rassure-toi, il y en a qui te soutiennent.

Lorsqu'ils débouchent sur la place de l'église, ils voient un attroupement devant le bureau des guides. Le bruit d'une discussion animée parvient jusqu'à eux. Au milieu du groupe, le guide-chef s'efforce de calmer un grand énergumène en qui Mappaz reconnaît Paul Duvernay des Bossons, le grand Paul, son adversaire de toujours. Zian fend la foule, en majorité composée de guides et de gens du pays.

— Qu'est-ce qu'il y a ? Que se passe-t-il ?

— Du beau travail, Zian, lui dit le guide-chef d'un air hostile. Ça devait arriver un jour ou l'autre avec tes idées d'école. Regarde !

Zian jette un coup d'œil dans le bureau des guides. Un grand désordre y règne : chaises renversées, papiers épars. Les formulaires d'adhésion à l'école d'escalade que, pour plus de régularité et pour bien marquer sa volonté d'entente, il avait accepté de déposer au bureau, gisent éparpillés, déchirés. Il avait été entendu que le guide-chef, qui désignait les guides pour le tour de rôle, prendrait aussi les adhésions. Mais le grand Paul et sa bande venaient d'en décider autrement.

— Et le registre ? interroge Zian.

— Il l'a foutu dans l'Arve, dit le guide-chef.

On dirait presque qu'il est heureux de ce qui est arrivé. Zian serre les dents, regarde autour de lui. Peu d'amis ! pense-t-il. Les vieux n'étaient pas d'accord, c'est sûr. C'est pourquoi ils n'ont rien fait pour calmer les turbulents.

— Il est dans l'Arve, ton bouquin, insiste le guide-chef.

— ... dans l'Arve, répète Zian.

Alors, il voit rouge. Ce registre, il y tenait. C'était son livre d'or, celui de l'école d'escalade, avec les témoignages naïfs ou élogieux de ses élèves, la preuve de sa réussite, les souvenirs de ses débuts pénibles.

Ceux qui le connaissent bien se rendent compte qu'il va y avoir du grabuge. Zian est devenu subitement très pâle et crispé. Il sort. Les témoins s'écartent. Il s'avance vers le grand Paul.

— C'est toi qui as fait le coup, salaud..., dit-il.

L'autre le laisse venir, arrogant. Il est plus grand, athlétique, une vraie brute qui toise Zian avec un sourire ironique au coin des lèvres.

– Pas content, le baron ! Tant pis. Ça t'apprendra à vouloir modifier les habitudes de la Compagnie.

Ensuite, tout s'est passé si rapidement que personne n'a pu intervenir. Zian a bondi sur le grand Paul, et la bataille, en moins d'une seconde, devient d'une sauvagerie inouïe. Il n'est plus temps de les séparer; les coups sonnent dur. Zian, le visage en sang, a ses forces décuplées par la rage, mais il se heurte à un adversaire plus fort que lui, plus calme et plus traître aussi.

Les guides n'ont rien dit. Ils pensent que les histoires de ce genre doivent se régler entre hommes. Cependant, cela prend mauvaise tournure.

Les deux guides ne boxent pas selon les règles classiques, ils ignorent les principes de la parade et de l'esquive. Leurs poings nus arrivent avec force et font « floc » sur les visages, sur les poitrines. C'est une lutte sauvage, implacable. Soudain Zian reçoit un vrai coup de massue et fléchit; alors le grand Paul le ceinture et lui serre le thorax à lui faire craquer les côtes. Ils soufflent comme des bêtes, halètent et, dans l'effort, laissent échapper de rauques gémissements.

– On ne va pas attendre qu'ils se tuent ! hurle Pierre Servettaz et, donnant l'exemple, il tente de séparer les combattants.

Cela ne va pas sans peine. Enfin, on réussit à les isoler. Ils écument de rage. Zian est abruti, presque inconscient. Paul, mauvais, gueule encore :

– T'as compris, cette fois ? Tu feras moins le fier... Monsieur le baron a pris une bonne raclée... Cours les chercher dans l'Arve, tes papiers.

Rapidement, Pierre Servettaz, qu'ont rejoint Paul Mouny et Boule, entraîne Zian vers le haut bourg, chez Breton, tandis que Duvernay et sa bande se retirent chez Gros-Bibi, en face du bureau, pour continuer à discuter le coup.

Hébété par les coups qu'il a reçus, Mappaz se laisse

emmener sans résister. Il éponge le sang qui coule de sa figure. Écœuré, il répète sans cesse :

– Y sont fous ! Qu'est-ce que je leur ai donc fait à tous ? Y sont fous ! Même les vieux qui semblaient me donner tort... Le baron... Pourquoi le baron ?

– Laisse, laisse... Viens boire un coup.

Le père Breton les fait entrer dans la cuisine. Ils s'assoient à la grande table. On apporte des verres et une chopine. Il y a un grand moment de silence durant lequel chacun rumine ses pensées.

C'est à ce moment que Louis Dayot fait son entrée. Il va directement à la table :

– Salut, Zian, fait-il. Je suis arrivé trop tard. Je t'aurais bien donné un coup de main pour rabattre le caquet de ce bon à rien de Duvernay... Pourtant, tu sais que, moi non plus, je suis pas d'accord sur ton école. Mais du moment qu'on l'avait admise à l'assemblée générale, y avait pas à revenir dessus ! Qu'est-ce que t'en penses, Pierre ?

– A la place de Zian, je laisserais tout tomber. Il est assez connu comme guide pour avoir une bonne clientèle.

– Pierre dit vrai, renchérit Paul Mouny. Laisse tomber ! C'est peut-être beau, ton idée, mais ça fiche la zizanie dans la Compagnie. T'auras automatiquement tous les vieux contre toi, et à part les grands guides qui ont leur clientèle toute faite, tu te mettras à dos tous les incapables.

– J'ai un bon client qui arrive demain, reprend Pierre. Je te le passe, Zian. Moi, je suis trop pris en ce moment. Il veut faire la Verte, les Drus, et peut-être le Mont-Blanc par la Brenva. Ça te fera un beau début de saison. C'est quand même plus intéressant que de « rapasser » au rocher des Gaillands ou à l'Aiguillette !

– Je crois que tu as raison, Pierre. Je vais réfléchir à tout ça. (Il se lève, le regard lointain.) Merci, vous autres, ajoute-t-il.

— Je remonte avec toi ? demande encore Pierre.

— Non ! reste... J'ai besoin d'être seul pour y voir clair. Je te donnerai une réponse demain matin, pour la Verte.

Il sort pesamment. Tout son être exprime une grande lassitude.

Restés seuls, les autres continuent leur conversation.

— Sacré Zian ! fait Dayot sincèrement peiné. Y file un mauvais coton. Déjà, ses idées d'école, ça l'avait fait mal juger. Son mariage n'a rien arrangé.

— Ça n'a rien à voir là-dedans.

— Plus que tu ne crois, Pierre. Je dis pas ! Sa femme, elle est bien gentille, courageuse et bonne montagnarde. Je l'ai vue en course. Mais ça reste une cliente. Les vieux du pays lui pardonnent pas d'avoir été cause qu'il a vendu la maison des Praz, et les jeunes sont jaloux du chalet de la Varappe. Pauvre Zian ! Y ne sait pas qu'on ne l'appelle plus que « le baron » dans la vallée.

— Pourtant il est resté pas fier, bien de chez nous...

— Va savoir ! Il aurait mieux fait de marier la Nanette...

— Tu as peut-être dit juste, Louis, fit Pierre, mais ça n'est pas une raison pour le laisser tomber.

— Qui te parle de le laisser tomber ? Pas vrai, vous autres ?

Ils trinquèrent une dernière fois et se séparèrent.

Vers le soir, Zian rentra chez lui. Il avait marché au hasard dans la forêt. Il avait retrouvé son calme. Sa résolution était prise. Il abandonnerait l'école. Il était las de lutter pour le bien de tous et de ne recevoir que des rebuffades. Plus tard, sans doute, d'autres reprendraient l'affaire à leur compte, car les belles idées, ça ne peut pas mourir. Ils auraient peut-être plus de chance. Quant à lui, il recommencerait les « grosses ». Dès demain, il irait voir ce nouveau client pour la Verte. Il leva la tête et contempla longuement l'orgueilleuse

Aiguille barrant la vallée et son fin cône de neige ourlant les rochers colorés par le soleil couchant. Il jaugea d'un œil expert les couloirs, les arêtes, les glaciers. Il bâtissait déjà son itinéraire : « En partant à minuit, par le couloir Whymper, ça sera tout bon jusqu'en haut, pensa-t-il, et si le monsieur cramponne bien, on pourra être de retour avant que la neige mollisse. De bonnes conditions, pour sûr ! »

Rasséréné, il passa le seuil de la porte.

Bien en évidence, il trouva sur la table de la cuisine, un petit mot de Brigitte : *« Je suis chez les Morel, viens me rejoindre, nous sommes invités à dîner. A bientôt, je t'embrasse. »*

Il chiffonna le papier, resta un bon moment debout.

« Faut bien qu'elle ait des distractions », pensa-t-il.

Pour lui, il en avait assez. Il monta se coucher sans souper.

4

Elle regardait distraitement le gros sac de montagne, grand ouvert sur la table de la cuisine, dans lequel son mari enfournait le matériel de course. Ses doigts jouaient avec la souple corde de rappel que le guide avait soigneusement pliée en écheveau, mais son esprit était absent.

— Le thé est-il prêt, Brigitte ? demanda Zian, sans s'interrompre.

Elle sursauta, surprise dans son rêve.

— Voilà ! Faut-il remplir la gourde ?

— Fais attention. On se brûle facilement les doigts avec l'aluminium. (Mappaz activait ses préparatifs, vérifiait mentalement son chargement, parlant à mi-voix, pour lui-même :) Les crampons, le rappel, la lanterne... Ah! une boîte de « tisons » pendant que j'y pense... Chandails, mitaines, passe-montagne... Je crois avoir tout mis.

Elle, pensive, le suivait des yeux, retrouvait l'homme qu'elle avait rencontré un an plus tôt, décidé, énergique, avec, dans le regard, une flamme brillante qu'elle ne lui connaissait qu'en montagne. Oui, c'était ainsi qu'elle l'aimait... Elle hésita, puis, abandonnant toute fierté, supplia :

— Zian, encore une fois, emmène-moi. Tu m'avais promis cette course, souviens-toi! Je ne te gênerai pas, ton client ne s'apercevra pas de ma présence. Comprends-moi! Je ne vivrai pas, te sachant là-haut, sans moi...

— Brigitte, Brigitte, sois raisonnable... (Il paraissait contrarié. Il la prit doucement par les épaules, attira vers lui son visage.) Je te l'ai déjà expliqué, ce n'est pas possible. Je voudrais bien, mais suppose qu'un accident arrive, quelle responsabilité serait la mienne. Si encore je partais avec un de mes clients habituels, j'essaierais, mais celui-là, c'est la première fois que je vais avec lui. Ne sois pas fâchée, c'est impossible!

Elle avait les larmes aux yeux.

— Tu m'avais promis cette course, répétait-elle comme un leitmotiv.

— Je sais, fit-il, embarrassé, mais depuis il y a eu l'incident de l'école qui a changé tous nos plans. Tu m'as pourtant approuvé quand je t'ai dit que j'allais reprendre les courses!

Elle détourna la question.

— Alors, tu vas partir tout l'été, me laisser seule?

— J'ai mon métier à faire, notre vie à gagner... Mais la saison est vite passée. Après nous pourrons profiter de notre liberté; on fait encore de belles courses en septembre... D'ici là, si l'occasion se présente, tu pourras peut-être m'accompagner...

Elle insistait, peu convaincue.

– Je veux aller avec toi... C'est de ta faute d'ailleurs! Pourquoi m'as-tu fait connaître la montagne? Elle et toi, vous êtes maintenant liés dans mon esprit. Pour notre amour, Zian...

– Allons, allons! fit-il agacé. Cesse ces enfantillages. As-tu jamais vu un guide emmener sa femme en course?

– Tu n'es pas un guide comme les autres, et puis il ne fallait pas commencer. Je vais être follement inquiète, j'en connais trop et pas assez. (Une sourde inquiétude naissait en elle.) Es-tu sûr que le couloir sera en bonnes conditions? Qu'il fera beau temps?

– On ne peut pas trouver de meilleures conditions. Allons, il faut nous dire au revoir, c'est l'heure... Tu n'es plus fâchée?

Il l'embrassa longuement, essuya avec son mouchoir les yeux brillants de larmes. Elle se contraignit à sourire :

– Je vais avec toi jusqu'à la gare?

Il hésita; ça n'était pas non plus la coutume pour une femme de guide d'accompagner son mari à chaque départ en course; les camarades allaient encore se moquer. Mais il la vit si malheureuse qu'il accepta. Il lui devait bien cette compensation.

– Viens, fit-il.

De retour à la Varappe, Brigitte promena sa déception à travers les pièces désertes. Elle se sentait tout à coup étrangement seule, inoccupée... Ce jour n'était-il pas pareil aux autres? Elle essaya de se raisonner : que Zian fût aux champs ou à la montagne, n'était-ce pas la même chose? Elle regretta de n'avoir accepté aucune invitation de ses amis. Jusqu'au dernier moment, elle avait espéré fléchir Zian et partir avec lui. Elle songea tout à coup avec inquiétude que ce départ allait désormais se renouveler souvent. Dans l'euphorie de leur lune de miel, au Revard, dans les soucis de leur séjour aux Praz, elle n'y avait pas songé, ou si peu!... Il lui était pénible de découvrir la réalité. Elle rejeta son trouble et sa tristesse sur son désappointement, les mit sur le compte d'une blessure d'amour-propre, se dit que Zian l'avait humiliée, mais elle sentait bien qu'elle se trompait...

Il n'y avait aucune humiliation pour une femme de guide à ne pas suivre son mari; c'était au contraire normal! Toutes les bonnes raisons qu'elle trouvait n'arrivaient pas à la convaincre; elle était affreusement malheureuse. Alors qu'elle avait, sans enthousiasme, mais avec une sorte de résignation, accepté que Zian se rendît chaque jour dans la vallée, pour des travaux agricoles ou forestiers, elle ne pouvait supporter l'idée de le savoir en montagne sans elle. Il lui semblait qu'il trahissait le pacte. Elle était jalouse des gens que son mari conduisait sur les cimes.

Il lui fallait marcher, agir, détourner ses pensées; elle descendit à Chamonix. La saison venait de commencer et les rues étaient animées. Dans le calme de leur propriété de la Mollard, elle avait oublié cet aspect mondain et bruyant de la station alpestre. Depuis près d'un an, elle vivait renfermée dans son amour.

Elle croisa un groupe de ses relations de l'été précédent.

— Brigitte! s'écrièrent-ils. Comment vas-tu, Brigitte? Que fais-tu?

Tous ces gens qui l'accablaient de questions lui faisaient l'effet d'étrangers. Elle ne pouvait cependant les éviter : ne se rencontraient-ils pas constamment autrefois au golf, aux thés, aux soirées de gala?... Il n'y avait qu'un an de cela! Elle accepta une invitation au Chamois, la boîte en vogue de l'endroit, dans les sous-sols du Casino. Pour la première fois depuis leur mariage, elle dansa.

La jeune femme remonta à la Varappe à la nuit tombante, encore tout étourdie de nouvelles, de potins, de musique ! Elle venait de se replonger dans son ancienne vie et, comme elle était toujours sincère avec elle-même, elle reconnut qu'elle y avait pris plaisir.

La vision des cimes, et plus particulièrement de l'Aiguille Verte, dominant avec majesté la plaine des Praz, ramena ses pensées vers son mari. Elle l'imagina au refuge du Couvercle, se souvint de leur première course, oublia la ville !

En hâte, elle rentra chez elle, se blottit sur le divan, et, le cœur plein de tous ces souvenirs, dans l'obscurité, fumant cigarette sur cigarette, elle revécut dans ses moindres détails leur ascension. Parfois des visions de danse, des échos de jazz venaient s'opposer dans sa rêverie à la silhouette démesurée d'une aiguille granitique et au fracas des chutes de pierres. Mais peu à peu, comme la nuit avançait, le calme de la montagne pénétra son âme et lui rendit la paix.

Zian revint le lendemain, fatigué mais ravi. Brigitte était allée l'attendre à l'arrivée de la crémaillère du Montenvers. Il lui fit fête. La montagne l'avait transformé. Il était, lui, le taciturne, joyeux, presque exubérant :

– Des conditions merveilleuses, disait-il. Le couloir en neige dure ! Je t'y mènerai cet automne, on ira par l'arête du Moine. (Puis se rappelant leur discussion de la veille, il s'inquiéta :) Et toi, mon petit, tu ne t'es pas trop ennuyée ? Tu sais, hier, j'avais de la peine de te quitter... Là-haut, j'ai tellement pensé à toi... (Ils marchaient côte à côte. Elle était heureuse de le voir aussi gai... Il expliquait :) Mon « monchu » est resté au Montenvers. Il y passe la nuit. Je doit le rejoindre demain matin. Nous allons coucher à la Charpoua pour faire les Drus...

Elle sentit comme un froid qui l'envahissait. Quoi ! Il repartait déjà... ainsi qu'elle l'avait prévu... Elle était très lasse tout à coup ! Il s'en aperçut.

— Tu n'es pas souffrante? (Elle fit non de la tête.) Veux-tu que nous sortions ce soir?

Très fine, elle saisit la diversion.

— Ne serions-nous pas mieux tous les deux, à la maison?...

Il espérait cette réponse. Ils rentrèrent chez eux. Pour ne pas gâcher leur intimité, Brigitte s'abstint de le tourmenter de nouveau en insistant pour partir en course. Zian crut qu'elle s'était résignée et en fut soulagé.

Le lendemain, il partit pour les Drus en chantant.

Mappaz était maintenant pris dans l'engrenage de la saison. Après les Drus, il fit le Mont-Blanc par le glacier de la Brenva. Il resta trois jours absent et revint enthousiasmé par cette belle course de glace qu'il faisait pour la première fois.

— C'est magnifique, Brigitte, magnifique!

Dans le feu du récit, il ne s'apercevait même pas qu'elle écoutait d'un air distrait, relevant sur son visage les traces de cette passion qui le détachait d'elle. « Comme il est heureux! » soupirait-elle. Il avait maintenant le regard creusé et brillant, le visage émacié, buriné par le froid, le soleil et le vent.

Ce soir-là, ils veillèrent longuement côte à côte sur le divan.

Il racontait sa course en détail et elle écoutait, le dévisageant avec amour. Il s'était interrompu une fois, craignant de réveiller le mal.

— Je ne devrais peut-être pas te dire tout ça! Ça va te faire envie! Tu n'es pas fâchée, dis-moi?

— Non, Zian, raconte!

Elle se blottissait contre lui, heureuse de nouveau... Ils évoquaient ensemble les solitudes glacées. Ainsi, un certain après-midi, il s'était confié spontanément, là-bas dans sa petite chambre des Praz... Elle soupira.

Il continuait son récit, s'exaltant de plus en plus, libéré de tout souci! Ce jour pouvait être marqué d'une pierre blanche. Il avait réussi une belle course et s'était mis en règle avec sa conscience. De plus, il avait, au passage, tiré au clair une vieille histoire qui le tracassait sans qu'il eût jamais eu le courage de trancher dans le vif ni d'en parler avec Brigitte.

Ça s'était passé à l'hôtel du Montenvers, au bord de la Mer de Glace. Son client et lui s'étaient arrêtés là pour déjeuner en redescendant du Col du Midi et, tandis que le « monsieur » prenait son repas dans la grande salle des voyageurs, il s'était attablé entre les lourds piliers de granit de la salle des guides, attendant qu'on lui servît la soupe traditionnelle. Lorsqu'en la serveuse il reconnut Nanette Guichardaz, il était trop tard pour reculer. Elle venait vers lui, grave et digne.

— Tu déjeunes, Zian ?

Gêné, il fit un signe affirmatif. C'était la première fois qu'ils se parlaient depuis son mariage avec Brigitte. Il avait manqué de franchise envers Nanette. Plusieurs fois, il avait voulu s'excuser, lui expliquer ! Au dernier moment, son courage s'en allait, créant entre eux une situation équivoque, ce qui n'était pas dans les habitudes du pays. Ayant bon cœur, elle comprit sa timidité et fit le premier pas.

— Je t'en ai bien voulu au début ! Tu aurais mieux fait de me parler franchement.

— Je n'ai pas osé, Nanette !

— Enfin, c'est fini. Je voulais te dire, Zian, l'affaire des Praz, quand ma mère a insulté ta femme, je n'y étais pour rien, au contraire. Quand je l'ai su, j'ai rougi de honte; j'ai eu peur que tu ne croies à une vengeance de ma part. J'aurais voulu te le dire tout de suite, mais l'occasion a manqué.

— N'en parlons plus, Nanette.

— Tu arrives de course ?

— J'ai fait la Brenva et suis revenu en traversant le Mont-Maudit. Et toi, tu fais la saison ici ?

Elle servait déjà à la table voisine; de la tête, elle fit signe que oui.

Comme il avait terminé son repas, Zian se leva, prit son sac et son piolet, puis se retourna encore une fois :

— Alors, vrai, Nanette, tu ne m'en veux plus? T'es une bonne fille. Ça me tracassait trop l'idée que je t'avais quittée sans un mot d'explication. J'aime mieux comme ça.

Elle le suivit du regard, rêveuse. Sur son jeune visage précocement mûri, un sourire mélancolique s'était figé. On eût dit que le bonheur s'était arrêté tout à coup de façon inattendue, certain soir de sa vie.

5

Zian ne savait pas comment lui annoncer sa décision! Il allait et venait dans le garage, décrochant son sac, pliant une corde, retardant l'instant où il lui faudrait avertir Brigitte. Il avait beaucoup hésité avant de signer cet engagement, mais à présent il n'y avait plus moyen de revenir en arrière : ils avaient passé contrat devant le guide-chef.

A l'étage au-dessus, il entendait Brigitte marcher à petits pas rapides dans le salon.

— Faut y aller! soupira-t-il.

Elle vit tout de suite à son air embarrassé qu'il cachait quelque chose; il se tenait tout gauche dans l'embrasure de la porte, oubliant même de lui dire bonjour.

— Bonne course, Zian? demanda-t-elle pour l'encourager à parler.

Il avait fait l'Aiguille des Pèlerins le matin même.

— Trop de neige sur le névé, répondit-il. On enfonçait jusqu'à mi-corps. Pas de crainte de dévisser!

— Le guide-chef a téléphoné en ton absence. Il te fait dire de passer.

Zian rougit imperceptiblement comme un gamin pris en faute.

— Je me suis arrêté au bureau avant de monter. Justement, reprit-il d'un ton hésitant, justement, je voulais te dire... enfin te prévenir...

Il cherchait ses mots, elle l'aida :

— Allons, allons, que veux-tu me dire de si pénible?

Comme tous les gens timides, il se décida d'un seul coup :

— Voilà! J'ai signé un engagement d'un mois, avec M. Douglas, de l'Alpine Club, un grand alpiniste...

— Tant mieux, fit-elle en souriant, je préfère te savoir en montagne avec un excellent grimpeur; te voilà content...

Elle souriait. Il reprit, encore plus gêné :

— C'est que, vois-tu, je pars, enfin nous partons, mon client et moi, dans deux jours, pour l'étranger : le Valais, ensuite les Grisons, puis une semaine dans les Alpes Bavaroises...

Il attendait une réaction. Brigitte ne bougeait pas, l'écoutait, tête baissée, sans mot dire. Il continua :

— Un bon engagement, du 14 juillet au 15 août, quatre cents francs de fixe par jour, prime double les jours d'ascension, et valable qu'il fasse bon ou mauvais. C'est la saison assurée... Une vraie chance. (Elle fixait maintenant sur lui des yeux pleins de reproche. Incapable de supporter ce regard, il chercha des excuses :) C'est le métier, Brigitte! Comme le disait le guide-chef, c'est une veine d'avoir pour client un monsieur de l'Alpine Club. Ils prennent généralement des guides suisses! Et puis, les jeunes ne sortent plus assez. Dans le temps, les vieux étaient toujours loin : la Suisse, l'Italie, le Caucase, les Rocheuses! Je ne pouvais pas refuser, réellement, je ne pouvais pas.

Elle se décida enfin à parler. Elle commença d'une voix douce et monocorde :

– Ainsi, tu vas t'absenter un mois, comme ça, sans me consulter ! Et sans doute espérais-tu que j'accueillerais cette nouvelle avec résignation. Eh bien, non ! s'écria-t-elle soudain avec violence, je ne me résigne pas. Depuis le début de la saison, tu pars trois jours sur quatre, tu n'as jamais accepté de m'emmener, et maintenant tu disparais pour un mois !

Elle se contenait pour ne pas éclater en sanglots. Il était bouleversé par ce chagrin. Il avait espéré que sa femme comprendrait enfin les dures nécessités de son métier. « J'aurais dû penser, songeait-il, que Brigitte n'est pas une femme comme les nôtres. Elle n'a pas la patience nécessaire pour être femme de guide. »

Il fut sur le point de tout lâcher, de redescendre au bureau, d'aller trouver le guide-chef et de lui dire :

– Je ne pars plus, Alfred, impossible ! Désigne un autre pour l'engagement...

Il voyait le guide-chef lui demandant ses raisons :

– Un empêchement grave ?

Bien sûr que c'était grave ! Mais comprendrait-il, l'autre, quand il lui dirait :

– Ma femme ne veut pas !

Pour une rigolade, ce serait une rigolade à la Compagnie, car ça se saurait.

– C'est impossible, fit-il à haute voix, traduisant sa méditation, impossible de revenir en arrière...

Il s'avança vers Brigitte, voulut la prendre entre ses bras, l'embrasser. Mais elle se dégagca :

– Laisse-moi, veux-tu !

Elle monta l'escalier, s'arrêta un instant sur le palier du premier, lui fit face, les yeux pleins de larmes.

– Pauvre Zian ! Tu n'as encore rien compris à notre amour, rien !

Il l'entendit s'enfermer dans sa chambre pour pleurer à son aise. Alors, désemparé, il descendit tristement en ville pour régler les formalités du voyage.

Quelques jours après le départ de Zian, Brigitte décidait de rejoindre ses parents sur la côte basque. Ceux-ci, depuis qu'ils avaient appris l'achat de la villa et la vente de la vieille maison, étaient un peu mieux disposés en faveur du guide. Ils écrivaient fréquemment à leur fille, insistant pour qu'ils vinssent les voir : « Zian sera le bienvenu », répétaient-ils, sans doute pour se faire pardonner leur attitude inflexible du début. Mais Mappaz, blessé dans sa fierté, refusait obstinément :

– Tu me vois faisant le joli cœur dans les salons de ton père? Avec mes grosses manières de paysan! Non. Ma place est en montagne...

Elle avait essayé de le convaincre, puis y avait renoncé : « Peut-être a-t-il raison! » se disait-elle.

Chaque courrier maintenant apportait une lettre de Mme Collonges. Son instinct maternel l'avertissait qu'une imperceptible fissure craquelait l'amour de sa fille. C'était le moment d'agir, pensait-elle, pour ramener l'enfant prodigue. Elle se faisait de plus en plus pressante, de plus en plus exigeante. Brigitte lui avait raconté sa vie solitaire depuis que la saison était commencée, et, au ton des lettres, il était facile de deviner qu'une déception cachée attristait la jeune femme.

Brigitte se décida brusquement. Chamonix sans Zian lui était odieux; jamais elle ne s'était sentie aussi isolée qu'au pied de ces montagnes. Il lui semblait, chaque jour, en regardant ces cimes qu'elle ne gravissait plus, contempler un bonheur inaccessible. Les heures les plus ardentes de sa vie n'étaient-elles pas celles qu'elle avait passées là-haut en compagnie du guide? Elle se rendit compte qu'elle ne pouvait accepter la vie qui lui était destinée : rester dans la vallée pendant qu'il serait en haut. Elle crut y découvrir la véritable raison de leur malentendu, car elle ne doutait pas de leur amour. Si, par leur mariage, l'un d'eux avait été déraciné, elle s'avisa que c'était elle, car Zian était resté le même. Elle ne pouvait rien lui reprocher. Il avait toujours fait preuve de beaucoup de délicatesse envers elle, lui avait créé un cadre agréable, une vie douce et oisive; sur un seul point, il n'avait pas cédé : il entendait accomplir son métier comme un guide avait coutume de le faire.

« Mais il ne comprend donc pas, se disait Brigitte, qu'à travers lui, j'aime également la montagne, que le Zian de mon cœur est celui du Dôme du Goûter ou de la Mummery, que nous devons aller nous retremper là-haut ! »

Elle pensa qu'une absence de quelques semaines lui permettrait de voir plus clair en elle. Elle écrivit à son mari pour l'informer de son départ, disant qu'elle serait de retour à Chamonix en même temps que lui.

Elle prit le train par une magnifique soirée de juillet. Les compartiments étaient encombrés de touristes qui s'extasiaient sur l'embrasement des cimes. Elle-même ne pouvait détacher ses yeux de la haute chaîne.

Elle sentait combien elle s'était éprise de cette vallée montagnarde, et combien il lui en coûtait de la quitter. Elle revécut en pensée les heures brèves et tumultueuses de l'année écoulée...

Sur sa tête, très haut dans le ciel, croulaient les séracs du Dôme du Goûter, retenus par l'imposant éperon de l'Aiguille. Les voyageurs autour d'elle regardaient, mais elle seule voyait avec les yeux de son cœur la petite cabane où avait éclos leur amour.

– Mon Dieu, murmurait-elle, angoissée, est-il donc nécessaire de monter si haut pour connaître le bonheur ?

Le train atteignit Sallanches à la nuit tombante. Debout dans le couloir, Brigitte suivait la raide montée des ombres sur le Mont-Blanc. Seule, l'extrême pointe de la calotte irradiait encore de la lumière. Le Dôme, l'Aiguille du Goûter se confondaient en une masse grisâtre à peine plus claire que les fonds cendrés des vallées. Puis d'un seul coup, la clarté s'éteignit et Brigitte eut l'impression qu'avec la nuit, un grand froid tombait sur ses épaules. Prise d'angoisse, elle eût voulu descendre, renoncer à ce voyage, revenir vers Chamonix, vers la lumière! Trop tard! Le train démarrait, déchirant l'obscurité de grands coups de sifflet.

6

Pendant trois jours, il avait plu à verse. Le mauvais temps avait débuté par des orages, avec foudre et tonnerre; ensuite, une pluie tenace et froide s'était installée dans la vallée : coulant sur les pentes, un rideau de brumes s'était établi à la lisière inférieure de la forêt, et ses dernières traînées s'arrêtaient à une cinquantaine de mètres de la Varappe.

Cette nuit encore, la pluie avait ruisselé sur les ardoises du toit, puis, vers le matin, s'était arrêtée. Ce fut le calme subit qui réveilla Zian. Une lumière très pâle s'infiltrait à travers les persiennes. Il se leva, ouvrit la fenêtre, et repoussa à deux mains les volets de bois. Puis, comme il faisait très froid, il referma la croisée. Dehors, on eût dit une journée d'hiver.

Un coup d'œil lui avait suffi pour juger du temps qu'il ferait : un banc de vapeur courait sur le lit de l'Arve, se mêlant aux fumées de Chamonix rabattues au ras des toits. On ne voyait des montagnes que la base; leurs pentes se perdaient dans les nuages. La haute chaîne était invisible, et ce que l'on apercevait du paysage, dans cette vallée tronquée, était d'une mélancolie déprimante. Cependant, il se formait dans la grisaille générale comme un poudroiement brillant, et à mesure que les brumes, très lentement, s'élevaient, Zian constata que la neige fraîche était descendue très bas pendant la nuit. Elle s'était arrêtée uniformément, aussi bien sur les envers que sur les adrets, vers les douze cents mètres d'altitude. « Première annonce de l'hiver ! » songea le guide.

Il s'effraya à l'idée de devoir occuper cette pâle journée de fin de septembre. Il n'avait de goût à rien. La grande villa confortable était trop grande, trop belle pour lui. Pour lui seul, surtout ! Il s'habilla, passa son costume de guide, chaussa ses souliers ferrés, et, désœuvré, erra à travers les pièces vides.

Tout lui rappelait l'absente. Il n'avait touché à rien dans la maison depuis son retour de Suisse, pour la fête de Notre-Dame d'août ! Il avait fui au contraire ce luxe hostile, heureusement obligé par son métier à mener une vie active, couchant presque chaque jour dans les refuges. Mais le mauvais temps venu, les clients partis, il se retrouvait dans son foyer abandonné.

Le guide s'assit lourdement sur le divan du salon. Sur un appui-bras, il y avait encore un livre ouvert à la page qu'elle avait marquée. Dans un cendrier, des bouts de cigarettes rougis par ses lèvres. Et sur un guéridon, tout un paquet de lettres décachetées qu'il se disposa à relire une fois encore. Mais il n'en eut pas le courage; d'un geste las, il choisit dans le tas la dernière reçue, la mit dans sa poche, rejeta les autres.

Il descendit au garage, prit une varlope et entreprit de raboter une étagère. Au bout d'un quart d'heure, il en eut assez :

— Partir, marcher, oublier !

Il sortit sur le pas de la porte. Les nuées continuaient à s'élever; il constata que la couche de neige n'était pas très épaisse et fondrait rapidement. La moyenne montagne était possible. Il rentra, prépara rapidement son sac, y glissa des provisions, une mince corde de trente mètres, décrocha sa carabine Wetterli du manteau de la cheminée, la démonta, la mit dans le sac. La chasse au chamois finit avec les premières neiges, mais il est si commode alors de suivre une trace. Il sourit à l'idée de lutter de finesse avec les gardes forestiers. Le braconnage a toujours été le péché mignon des guides.

Il évita l'agglomération de Chamonix, descendit l'avenue du Casino municipal, traversa le village des Mouilles. La seule personne qu'il rencontra fut Fernand Lourtier qui bricolait devant chez lui. Les deux hommes se saluèrent.

— Tu vas à « la lièvre » ou aux cornus ? interrogea Fernand.

— Des fois, répondit Zian.

— Le garde est du côté de la Flégère.

— C'est bien ce que je pensais.

— A r'vi donc.

Zian attaqua la montée du Montenvers. Il coupa par les raccourcis jusqu'à la sortie du deuxième tunnel de la voie ferrée, puis il suivit la crémaillère. Le petit train avait arrêté son trafic et, jusqu'à l'été suivant, la voie allait somnoler, se rouiller, dormir sous les neiges.

Au chalet des Planards, Zian trouva la neige fraîche. Une mince couche de quelques centimètres dans laquelle les pas marquaient jusqu'au sol. Le temps était frais; il faisait bon marcher. Zian prit son allure de guide solitaire, régulière, rapide. Il montait sans fatigue, entraîné par sa saison de courses. Les brumes s'élevaient presque en même temps que lui. Vers Fontaine Caillet, il s'enfonça dans le nuage. Les moindres bruits de la forêt prirent aussitôt un son feutré, lointain.

Il perçut au-dessous de lui, du côté de la Filiaz, le choc sourd d'un pic de bûcheron scandé par des voix invisibles. Il situa le chantier et les travailleurs. La marche avait dégagé son esprit des soucis qui l'obsédaient; il s'intéressait aux moindres détails de la montée; il redevenait le chasseur, le cristallier qu'avaient été ses ancêtres. Il aimait cette solitude montagnarde, délaissée par les foules de juillet, et parfois, d'un geste enfantin, secouait d'un coup de piolet une touffe de rhododendrons chargée de neige fraîche, qui se redressait brusquement, tache rousse dans toute cette blancheur.

Bientôt, ayant dépassé le premier viaduc, il distingua la masse confuse de l'hôtel du Montenvers. Par prudence, il s'assura que les pièces de sa carabine ne marquaient pas trop sous la toile du sac.

Peu après, d'un geste vigoureux, il ouvrait la porte de la salle des guides, jetant par habitude un sonore :

– Salut à tous !

Il n'y avait personne. Mais on entendait du bruit dans la grande salle du dessus. « Ils sont en train de ranger », se dit-il.

Il s'assit, défit les cordonnets de son sac et mangea un peu. Au bout d'un instant, il entendit quelqu'un descendre par l'escalier intérieur.

– Salut, Nanette, fit-il, comme elle apparaissait. Tu vois, je me suis installé.

– Fallait crier ! On est tous en haut. Y en a du travail pour tout ranger jusqu'à l'été prochain; au moins pour une semaine encore ! Ça passe le temps. Avec le brouillard et la neige, plus moyen de sortir. Alors, en course ?

– En balade.

– Je vois, fit Nanette qui avait l'habitude. Tu peux y aller, personne n'est passé.

– Je veux profiter des traces pour tâcher de surprendre le vieux bouc de Tré-la-Porte.

C'était un vieux chamois solitaire, sans cesse pourchassé, jamais abattu, qui finalement avait établi son domaine en plein cœur du massif du Mont-Blanc, toujours présent, jamais au même endroit.

Tantôt il pâturait dans les gorges de la Charpoua, sous l'Aiguille du Dru, tantôt il fréquentait les moraines du glacier de la Thendia et les roches moutonnées et couvertes d'un gazon ras de la Tête de Tré-la-Porte. Parfois, il traversait carrément le glacier et se réfugiait sous l'Aiguille du Tacul, dans des parages déserts dominant le confluent des glaciers du Géant, de Leschaux et de Talèfre, et de là surveillait son univers. Souvent approché, deux fois blessé, il tenait toujours bon, véritable défi aux chasseurs de la vallée. Quelques petites hardes de jeunes mâles qui avaient tenté de lui disputer ses terrains de parcours, avaient été refoulées par cet intraitable solitaire. Un beau coup de fusil en vérité pour celui qui le réussirait!

Posément, Zian monta sa carabine, ajusta le canon sur la culasse, fit manœuvrer la gâchette. Il contempla amoureusement cette arme apportée de Suisse en contrebande. On pouvait y adapter une lunette et cela permettait de tirer à coup sûr à une distance de trois à quatre cents mètres. Un engin redoutable entre les mains d'un fin tireur; et c'était son cas.

Ayant terminé, il passa les bretelles de son sac, mit la carabine à l'épaule, assura son feutre sur la tête et sortit.

Nanette l'accompagna jusque sur le seuil.

— Tu repasses par chez nous ?

— Pas ce soir, mais demain soir pour sûr!

— Tu ne devrais pas aller seul.

— Bast... Je connais les coins. Et puis, j'ai maintenant l'habitude d'être seul.

— Bien sûr, fit Nanette, toute pensive. Allons, à r'vi!

Elle rentra et ferma rapidement la porte, car une bise coupante venait du glacier.

Zian se dirigea par le sentier des Ponts vers la Mer de Glace. Les brouillards s'établissaient maintenant vers deux mille cinq cents mètres où ils semblaient se stabiliser.

— Vaut mieux que ça se lève doucement, constata Zian. Comme ça, ça durera.

Il y avait à peu près cinq à six centimètres de neige fraîche qui « bottait » sous les clous. De temps à autre, d'un coup sec du manche de son piolet, Zian détachait les sabots durcis qui gênaient sa marche.

Peu après, il s'assit sur une pierre, prit ses jumelles et observa avec soin les gazons et les roches sur l'autre rive du glacier, sous le Dru dont on ne voyait que les puissants soubassements sortant de la nappe de nuages.

Le vent apportait le chant des torrents retombant en cascades avant de se perdre dans les crevasses de la Veine Noire. Ayant terminé son minutieux examen, Zian conclut que le vieux bouc n'était pas sur le versant opposé. Il fallait aller là-bas afin de mieux fouiller Tré-la-Porte à la lorgnette.

Il coupa au plus court à travers le glacier. Il en connaissait les moindres crevasses, mais parfois le pied enfonçait dans un trou d'eau masqué par la neige fraîche. Il poussait un juron, puis continuait sa route, absorbé par sa chasse. Il aborda sur la rive droite, au passage de la Charpoua, grimpa rapidement et alla s'installer tout en haut des longues pierres polies qui dominent le glacier. De là, il avait sous les yeux l'ensemble des roches de Tré-la-Porte. Il reprit ses jumelles. La neige facilitait son observation. Il connaissait toutes les caches du vieux solitaire et eut vite fait de relever le mince fil noir de ses traces entre les plaques de roches sombres. Quelque part, le vieux bouc devait être en train de ruminer sur une vire de granit, sur un versant au midi, en un endroit abrité du vent.

Une heure et demie plus tard, Zian escaladait avec des précautions inouïes les moraines croulantes de la Thendia. Le soleil n'avait pu percer les nuages bas. Ils formaient un plafond hermétique et grisâtre à quelques centaines de mètres au-dessus du glacier et, entre celui-ci et les nuées, le paysage brillait, baigné d'une lumière sourde d'un blanc si mat qu'elle faisait mal aux yeux et obligeait à porter des lunettes fumées. A l'entour, le cirque se refermait. Au nord, des vapeurs grises masquaient complètement la trouée de la vallée de Chamonix, laissant apercevoir à leur limite l'hôtel du Montenvers qui semblait écrasé sous le poids du ciel. Ailleurs, les glaciers se relevaient en conques régulières et se perdaient à la base des parois rocheuses. Peut-être un œil averti eût-il reconnu, à la lueur plus vive qui dorait le bas des falaises verglacées, au fond du glacier de Leschaux, qu'au-dessus des brumes, un monde de pics et de sommets surnageait dans la beauté éclatante du ciel pur.

Bientôt, alors qu'il délaissait la piste à peine marquée qui contourne la Tête de Tré-la-Porte, Zian croisa les traces. Ellcs allaient d'une pierre à l'autre, suivant un itinéraire précis, s'attardant parfois sous les gros blocs de granit où, à l'abri d'un surplomb, restaient quelques touffes d'herbe préservées de la neige.

A leur vue, Zian devina que le chamois était passé au lever du jour, juste après la fin du mauvais temps. Il redoubla de précautions pour aborder le couloir de la brèche de Tré-la-Porte. Celle-ci était noyée dans les brumes; il bénit la neige fraîche qui retenait les cailloux et feutrait les bruits. Il s'enfonça dans les nuages et goûta l'étrange impression que procure la solitude absolue. L'univers, pour lui, se réduisit à un couloir bordé de hautes falaises, à ce tunnel interminable qui montait en même temps que lui. Sa visibilité se limitait à une centaine de mètres, dans cette coulée de neige suspendue qui se prolongeait quelques instants derrière lui avant d'être de nouveau absorbée par la blancheur des brumes.

Un coup de vent frais lui signala la proximité du col. Il s'arrêta, sa carabine à la main, enleva le cran de sûreté et, tous ses nerfs tendus, reprit avec précaution sa progression. Il faisait trois pas, s'arrêtait, humait l'air, cherchait à deviner la présence de l'animal, quelque part dans tout ce coton.

Il ne vivait plus que pour sa chasse. Il avait oublié la

vallée, le monde. Il avait même oublié la montagne. Il faisait corps avec elle, se servait d'elle pour monter silencieusement, utilisant le brouillard, la neige et les rocs en surplomb.

Il parvint à la brèche gardée par le Doigt de Tré-la-Porte, orgueilleux monolithe, agrandi par la brume, affiné, monstrueux,

Le versant sud était plus dégagé. A quelques mètres en contrebas, on pouvait distinguer à la luminosité du brouillard que celui-ci montait lentement et bientôt s'établirait au-dessus du chasseur.

Zian s'étendit à plat ventre sur une dalle, reprit ses jumelles et attendit. Au bout de quelques instants, le fond de la vallée se dessina nettement. Très bas, la Mer de Glace se faufilait sous les vapeurs errantes jusqu'aux séracs du Géant dont on apercevait les gradins écroulés. Au-dessus, la masse blanche des plateaux supérieurs se confondait avec les nuages et il était impossible de deviner où commençait le brouillard, où finissait la neige.

Plus près, le glacier de Tré-la-Porte égaillait ses crevasses en éventail jusqu'aux pics moutonneux dominant la Mer de Glace. Juste au-dessous de Zian, des vires fuyaient horizontales et se perdaient dans les parois granitiques.

Une à une, Zian les explora à la lorgnette. Il regardait avec une telle acuité qu'il était parfois obligé de s'arrêter pour essuyer ses yeux embués.

Le temps passait. Zian désespérait de rencontrer son adversaire, qu'il devinait près de lui, quelque part dans ces rochers, couché face aux étendues glaciaires, en train de ruminer paisiblement, la tête haute, l'oreille en alerte. Le guide, énervé, luttait contre la tentation de quitter le versant nord, de se couler sur le versant sud, d'aller à la rencontre de l'insaisissable chamois. Il lui fallut toute son expérience passée, toute sa connaissance de la chasse pour ne pas céder. Il reprit son observation, délimita un carré de paroi, en fouilla les moindres recoins, s'attardant aux limites de la neige et du rocher, là où la fourrure fauve se confond avec le roux de la protogine. Rien !

La journée s'écoulait. Zian estima qu'il pouvait être 3 heures de relevée. Il songea avec exaspération qu'il lui faudrait bientôt abandonner son poste de guet pour redescendre avant la nuit le couloir de la brèche.

Une dernière fois, il reprit ses jumelles. Nulle trace n'apparaissait sur la neige ni sur le glacier. Il était pourtant là, le vieux bouc, à portée de sa carabine ! Il dirigea ses jumelles vers le haut, fouilla les dernières plaques de la Tête de Tré-la-Porte qui, sur sa gauche, dominaient la brèche d'une cinquantaine de mètres. Soudain, il tressaillit, cessa de regarder, reprit ses jumelles. Cette fois, il le tenait. Il le voyait au sommet de la dernière vire, campé sur ses pattes trapues, tête et cornes levées, immobile, hiératique. Il s'offrait de trois quarts, mais son pelage confondu avec la pierre et son immobilité le rendaient invisible. Le cœur battant, Zian jugea qu'il était à bonne portée. Lentement, il leva le canon de sa carabine, riva son œil à la lorgnette. Hélas ! un surplomb rocheux masquait la visée; il lui fallait se lever pour tirer.

Avec d'infinies précautions, Zian se mit sur un genou, puis resta quelques minutes dans cette position; lorsqu'il fut bien certain que ce premier mouvement n'avait pas éveillé l'attention de l'animal, il assura sa jambe dans la neige et se redressa. Le geste avait été si coulé que c'est à peine si un observateur aurait pu dire à quel instant précis le guide était passé de la position couchée à la position debout. Là-haut, le vieux cornu n'avait pas bougé. Zian devait tirer dans des conditions défavorables, debout, sans appui. Il pesta.

Comme il pointait le canon de sa carabine, un long bruissement se fit entendre dans la montagne; le vent se levait, apportant la voix des torrents de très loin dans la vallée. Le solitaire montra de l'agitation; ses oreilles frémissantes prirent le vent. Zian devina que, là-haut, l'air tourbillonnant apportait à la bête les effluves de l'homme. Il fallait faire vite. Il appuya sur la détente, mais comme la détonation se répercutait à tous les échos, le solitaire, d'un bond magistral, gagnait les vires inférieures et disparaissait dans la paroi.

Négligeant toutes précautions, le chasseur lança une exclamation de dépit et rabattit sa carabine fumante.

Encore une fois, le vieux bouc de Tré-la-Porte venait de narguer les hommes.

Quelques instants plus tard, Zian le vit sortir au bas de la paroi, traverser au galop de chasse la petite langue inférieure du glacier de Tré-la-Porte, sans se presser, avec la sûreté du gibier qui se sait hors de portée; enfin la silhouette sombre s'évanouit dans les à-pics du glacier du Géant.

— Démon ! je t'aurai bien un jour, grommela Zian.

Il n'y avait pourtant aucune rancœur dans sa voix, car le gibier était digne du chasseur.

Il démonta sa carabine, la remit dans son sac.

Il restait environ deux heures de jour. Il dévala à grands pas le couloir, retrouva ses traces du matin, reprit la piste du Montenvers. Il ne ralentit l'allure que pour monter la rampe qui conduisait à l'hôtel. Il se sentait à peine las de cette longue journée de marche et d'observation.

La fièvre de la chasse était maintenant tombée; il ressentit brusquement la mélancolie du paysage. Les roches verglacées qui perçaient sous les brumes lui parurent sinistres; sinistres aussi les crevasses du glacier et les moraines enrobées de neige fraîche ! Triste à mourir et désolée, la plate-forme de la gare vide de ses trains. Et dans cette solitude géographique, tout à coup se décupla sa solitude morale. Il décida d'éviter l'hôtel, et Nanette, et les gens ! Il se faufila derrière le Temple de la Nature et, à grands pas, prit le sentier du plan des

Aiguilles. Au tournant de la crête des Charmoz, la vallée de Chamonix apparut. Elle se creusait comme un grand fossé sombre, limité à l'ouest, au-dessus du Col de Voza, par une nappe de clarté venue des plaines. La lumière venait d'en bas mourir sous ce plafond de nuages hostiles.

Il courba la tête. Descendre dans la vallée? A quoi bon! Il s'enfonça dans la solitude avec une amère volupté. Il allait sans but défini, absorbé par ses pensées. Au bout d'une heure de marche, il s'aperçut que depuis le matin la neige avait reculé jusqu'aux abords des glaciers. Sur sa tête, maintenant, s'ouvrait la gorge sombre et hostile des Nantillons. Il quitta la piste et descendit à travers les rhododendrons de l'alpage.

Il lui sembla que les nuages le poursuivaient. Les brumes moutonnaient à leur base, dévorant peu à peu la montagne. Quand, après avoir traversé la forêt de mélèzes dorés par l'automne et où tranchait le feuillage sec de quelques arolles, il parvint à la vacherie de Blaitière-Dessus, des lambeaux de brouillard s'accrochaient aux cimes des arbres. Comme il se retournait une dernière fois avant de pousser la porte branlante de la chavanne, il vit qu'il n'y avait plus de montagne, plus de vallée : tout était flou, indistinct.

De la terre s'élevait une vapeur froide qui se condensait sur les aiguilles de mélèze. Dans la gorge chantait doucement le torrent de Blaitière. Il n'avait pas son habituelle voix rageuse; il murmurait sa chanson sur un ton mineur. Ses eaux étaient basses; il avait dû faire très froid en altitude.

Zian entra. Une odeur de fumier sec et de foin desséché s'exhalait de la longue vacherie abandonnée depuis un mois. Il appuya son piolet au mur suintant de salpêtre, accrocha son sac à une cheville de bois, alluma une bougie. La petite flamme n'éclairait qu'une partie de l'immense hangar, fait pour abriter une cinquantaine de bêtes. Le guide jeta un coup d'œil circulaire. Le gîte était précaire, le sol de terre battue. Au-dessus de sa tête, établie dans la charpente du toit, il y avait une sorte de litière aménagée par les bergers avec un peu de foin sec. Il émanait du lieu une tristesse morbide. Zian faillit repartir; mieux valait redescendre à Chamonix. Mais il revit le grand chalet vide et n'eut pas le courage de s'y retrouver à nouveau tout seul. Il avait réussi à chasser ses souvenirs, à les oublier tout au long de cette journée d'action. Mais avec le soir, ils revenaient l'assaillir, et pour leur échapper de nouveau, il se découvrit une activité : il organisa sa nuit. Deux blocs de granit formaient dans un coin du mur un foyer sommaire; il y avait encore du bois sec empilé dans une encoignure. Bientôt le feu pétilla et le jeu des flammes et des ombres anima la chavanne.

Les tiraillements de son estomac lui rappelèrent qu'il n'avait rien pris depuis le matin. Il avait une pleine gourde de thé; il l'enfonça dans les cendres chaudes et mâchonna un quignon de pain et du fromage. Ça descendait mal; il eut conscience de son désarroi moral. Alors, accroupi sur un tabouret de vacher, il se replia amèrement sur lui-même, ne cherchant plus à détourner son esprit du sujet qui l'obsédait.

Dans la poche de sa veste, il tâta une lettre, la dernière de Brigitte. Il la prit, et lentement la déplia. Il lut tout haut : *« Mon cher Zian... »* puis il s'arrêta, les yeux brouillés. Même dans sa solitude, il avait encore la pudeur de sa souffrance.

– Sacrée fumée! jura-t-il, essayant de se donner le change. Puis, s'essuyant les yeux d'un revers de main, il remit le papier dans sa poche.

A quoi bon se torturer? Il connaissait tous les termes de cette lettre. Elle était la suite normale de toutes les autres, de toutes celles qu'il avait reçues depuis son retour de Suisse et dans lesquelles Brigitte lui décrivait brièvement sa vie. Tout d'abord, ç'avait été le séjour sur la côte basque, les anciens amis, les sorties en voiture, les nuits au Casino, le luxe retrouvé. Elle en avait joui sans arrière-pensée. *« Je profite de tout ce que j'avais oublié,* écrivait-elle. *Mes parents sont ravis de m'avoir auprès d'eux. Pourquoi ne viens-tu pas nous retrouver ? »* A cette idée, il ricana. La rejoindre ! Lui, le montagnard mal dégrossi, balourd, pour se diminuer encore. Non ! Il avait bien fait de s'abstenir.

Plus tard, Brigitte lui annonça qu'elle avait accepté – on l'en avait tant priée – d'aller passer septembre en Sologne... Un grand château, un équipage, la chasse ! *« Viens »,* écrivait-elle encore. A ce souvenir, Zian sourit amèrement. A la rigueur, avait-il répondu, il aurait pu suivre les chasses du côté des rabatteurs. Elle n'avait plus insisté.

Alors, il lui avait timidement rappelé que les courses étaient terminées, qu'il se trouvait seul à la Varappe, qu'ils auraient du temps pour recommencer leurs promenades, pour faire quelques belles ascensions avant les premières neiges. Elle n'avait pas répondu à cet appel. Puis, l'autre jour, il avait reçu, datée de Paris, la dernière lettre, celle qu'il portait sur lui. Brigitte s'excusait de ne pas rentrer. Elle avait cédé à l'insistance de ses parents; elle voulait goûter encore un peu la vie de Paris. Elle les avait suivis dans la capitale. Bien sûr, ajoutait-elle, elle ne lui demandait plus de venir la rejoindre, car il aurait été encore plus dépaysé qu'en Sologne. Elle ne donnait aucune indication précise sur son retour; toutefois, ce qu'elle ne disait pas, il le lisait dans les flammes. Il y voyait danser l'élégante et fascinante silhouette de la fête des Guides; il devinait la cour d'admirateurs empressés; il sentait l'action indirecte mais précise des parents de Brigitte pour l'éloigner de la montagne et de son rustaud de mari. Il serra les poings. Elle ne reviendrait plus, il en était certain ! Il lui aurait fallu partir pour tenter de l'arracher encore une fois à son milieu artificiel, pour la ramener à Chamonix. Mais à Paris, il ne se sentait pas de taille à lutter.

Ah ! si elle revenait ! Il serait temps encore. Ici, dans sa montagne, il pouvait se défendre; il ne craignait personne, il était le maître. Il soupira profondément, ses épaules s'affaissèrent.

Il ne restait plus que quelques braises dans l'âtre. Mappaz les éparpilla du pied. Dehors, à travers la brume épaisse mais légère, on voyait comme des prémices d'éclaircie. Zian enleva ses gros souliers, se hissa à la force du poignet sur la litière de foin accrochée entre deux poutres transversales, et chercha l'oubli dans le sommeil. La saine fatigue de la journée de chasse harassante opéra. Il s'endormit au moment où un souffle frais se coulait entre charpente et muraille, dispersant la fumée qui stagnait sous le toit.

7

Vers 2 heures du matin, l'orchestre attaqua une valse de Strauss. La Nuit d'Armenonville tenait ses promesses : la gaieté fusait de toutes les tables, ponctuée par les sèches détonations des bouchons de champagne, mais les soupeurs observaient cependant cette retenue guindée qui caractérise les réunions mondaines.

Immobile sur sa chaise, le regard lointain, Brigitte ne voyait pas l'élégant Chambreuse, debout, légèrement incliné, qui l'invitait à danser. Sa mère attira discrètement son attention :

— Brigitte, tu rêves ?

— Oh ! pardon, j'étais distraite...

Elle accepta avec une politesse résignée. Non pas que

le jeune conseiller d'ambassade fût un cavalier désagréable. Il portait bien l'habit, dansait avec une distinction de bon aloi et lui faisait de plus une cour assidue; mais Brigitte trouvait déplaisante l'insistance avec laquelle ses parents la jetaient dans les bras du diplomate.

Il l'entraîna au rythme de la musique. Elle n'écoutait déjà plus ses fadaises. Cet air de valse viennoise appelait en foule des souvenirs qui ne demandaient qu'à renaître. Les yeux mi-clos, elle voyait la silhouette de son cavalier s'estomper. Elle baissa tout à fait les paupières pour effacer les maigres épaules tombantes, avantagées par l'habit, le sourire figé, la chevelure trop bien ordonnée.

Elle se laissa bercer par la valse, revivant la fête des Guides. Une ombre puissante s'interposait entre son cavalier et elle-même. Zian était là, avec sa force tranquille, sa carrure d'athlète, ses bras solides; il la regardait avec une infinie tendresse, et il l'entraînait dans la ronde sur ce rythme rapide et saccadé, spécial aux montagnards...

L'orchestre s'arrêta, arrachant brusquement Brigitte à sa songerie. Autour d'elle, les couples applaudissaient la reprise; un violon préluda. Chambreuse souriait d'un air compassé et se préparait à l'enlacer de nouveau. Brigitte eut un bref sursaut, puis se détacha de son cavalier qui s'arrêta, surpris, au milieu de la piste.

Elle était si pâle qu'il s'inquiéta.

Comme elle ne répondait pas, il s'offrit à la reconduire.

– Mais laissez-moi, voyons, laissez-moi seule...

Elle se faufila à travers les danseurs, gagna le vestiaire et sortit par une issue de côté.

Une fois franchie la zone de lumière du restaurant, c'était l'obscurité du Bois, ses fourrés, ses taillis propices. Elle s'y enfonça et ne s'arrêta que lorsqu'elle se fut fondue dans la nuit. Essoufflée par sa fuite rapide, elle s'adossa contre un chêne pour reprendre haleine.

Devant elle, le Pavillon d'Armenonville éclairait la nuit et ses lumières se prolongeaient très haut dans le ciel par un halo diffus.

L'avenue des Acacias toute proche étirait en deux lignes de feu la perspective de ses lampadaires.

La jeune femme pénétra sous bois. Elle marcha au hasard jusqu'au moment où elle rencontra une allée cavalière déserte, filant droit à travers les futaies. Dans la nuit, les moindres bruits portaient loin; des noctambules passaient quelque part, au-delà des fourrés, et leurs talons claquaient sec sur l'asphalte.

Brigitte allait silencieusement, entre deux murs de ténèbres, ses pas étouffés par le sable tassé de l'allée, la tête levée vers une étroite bande de ciel cloutée d'étoiles qui serpentait à travers les feuillages rapprochés des halliers. La musique du Pavillon n'était plus qu'un écho assourdi; bientôt le silence fut total et elle laissa libre cours aux pensées et aux rêves qui emplissaient son esprit.

En quittant le bal, elle avait cédé à un appel irrésistible. Il lui avait semblé tout à coup que Zian l'appelait. En même temps, elle découvrait la médiocrité de sa vie présente et la valeur inestimable de tout ce qu'elle risquait de détruire par son absence... Elle se sentait soudain une étrangère chez elle, et Paris, le cher Paris de son adolescence choyée, ne représentait plus pour elle qu'un souvenir.

Elle allait, ignorant la lassitude, cependant que le calme des bois, le silence et la fraîcheur nocturnes clarifiaient ses pensées.

Elle revivait les six semaines écoulées depuis son départ de Chamonix. Le remords la poignait. Auparavant, elle s'était parfois reproché de n'être pas rentrée à la date convenue, mais la vie trépidante qu'elle menait ne laissait nulle place à la réflexion. Se retrouver dans son ancien milieu, parmi les siens, lui avait plu! Ils l'avaient traitée en enfant gâtée. Les jours passaient, lui apportant mille distractions : ce n'étaient que sorties, bals, voyages : comment, dans ces conditions, songer au passé? Parfois, elle tentait de se justifier : « Pourquoi Zian n'est-il pas venu me rejoindre, une fois son engagement terminé? » Mais ce n'était là qu'une mauvaise excuse; n'avait-elle pas été soulagée qu'il refusât : il aurait trop détonné dans les salons parisiens.

Cette pensée la ramena vers Chambreuse; elle sourit sans gaieté. Il devait être furieux de l'incident, lui surtout, qui avait horreur du scandale. Puis elle se cabra : tout était arrivé par la faute de ses parents; profitant de son désarroi, ils avaient essayé de la détourner, de la reprendre, comme on capture l'oiseau échappé de la cage.

Ils avaient cru qu'il suffirait de l'éloigner de ses montagnes, de son guide, pour qu'elle l'oubliât. Bien plus, quand Mme Collonges avait tant insisté pour que Zian vînt à Paris, n'était-ce pas avec l'arrière-pensée que Brigitte verrait son mari sous un jour nouveau, et mesurerait, en le comparant à d'autres, ses insuffisances : son manque de culture, la pauvreté de son langage de montagnard?

Cette idée la révolta. Ils ne devineraient jamais la noblesse d'âme, la délicatesse de sentiments de Zian. Pourtant, leur manœuvre avait failli réussir. Mais ils avaient compté sans ses deux passions parallèles : Zian et la montagne. Elle-même les avait crues éteintes, tandis qu'elles renaissaient plus violentes, avec l'éloignement. L'attitude de sa mère, chaque jour plus précise, lui avait révélé tout l'amour qu'elle conservait pour son mari. La veille encore, Mme Collonges lui avait conseillé ouvertement de divorcer :

– Tu as fait une expérience malheureuse, disait-elle, il est encore temps d'y remédier...

Et, comme par hasard, Chambreuse était de toutes

les sorties, attendant sans pudeur que fût libre la place qu'il croyait devoir prendre.

– Mon Zian ! murmura Brigitte pour elle-même, combien tu vaux mieux !

Le ciel était devenu d'un gris pâle. Les lourds taillis élevaient des murs hostiles de chaque côté de l'allée, mais une étoile plus brillante scintillait encore, dans l'axe même de sa marche : « Zian me dirait son nom », pensa-t-elle. Elle revivait leurs marches d'approche précédant, comme à cette heure, le lever du jour. Elle avait tout à coup un désir ardent de sa présence. Il lui fallait le rejoindre : elle avait tant de torts à se faire pardonner. Rien n'était perdu ! Ils pouvaient encore être heureux.

Elle se dit qu'elle avait le temps de prendre le premier train du matin, mais une idée l'arrêta. Si Zian n'était pas à la Varappe ? Elle voulait qu'il fût là pour l'accueillir. Il valait donc mieux lui écrire... Dès lors, elle n'eut plus qu'une idée : rentrer à la maison. La nuit finissait. Le ciel n'avait pas ces teintes cristallines des aurores montagnardes mais on y sentait répandue toute la douceur de l'Ile-de-France.

De lourds cumulus s'amoncelaient, ils absorbaient le jour naissant, planant au-dessus des arbres et des coteaux. Brigitte tressaillit; il lui semblait voir leurs formes se modeler, se reformer et dans leur bouillonnement apparaissaient des montagnes, des glaciers, des pics... C'était hallucinant. Arrêtée face au levant, elle murmura avec ferveur :

– Le Mont-Blanc !

Le soleil teintait d'un rose délicat cette haute coupole de nuages, mais, peu à peu, sous l'action des courants aériens, les vapeurs s'estompèrent dans le ciel qui bientôt redevint pur.

Elle se mit à courir jusqu'au sommet où elle rencontra un taxi en maraude qui la conduisit chez elle. Elle s'enferma dans sa chambre; rien ne comptait plus hormis leur amour. Elle commença à écrire. Les mots couraient sur le papier, pas assez vite cependant pour suivre le flot tumultueux de ses pensées.

Elle lui disait sa délivrance, annonçait son prochain retour. Soudain, elle s'interrompit, inquiète. La dernière lettre de Zian datait de quinze jours. Que pouvait-il faire ? Et s'il lui était infidèle ?... Jamais auparavant, cette pensée ne l'avait effleurée; elle l'eût alors repoussée, trouvée monstrueuse, et voici qu'elle l'acceptait, que le doute se glissait en elle. Nanette ?... Elle revoyait la bergère, les troupeaux paissant sur l'alpage, et autour d'eux le frémissement des forêts répondant au carillon des clarines.

Prise de crainte, elle fouilla dans son secrétaire, et en tira la dernière lettre de son mari qu'elle relut avec attention.

C'était une missive laconique, d'une écriture mal assurée : *« Reviens,* écrivait-il, *je suis libre d'engagement, il fait grand beau temps et nous pourrions faire encore quelques courses. »*

Comme les choses étaient simples ! Il lui indiquait la voie du bonheur... Elle aurait voulu déjà être à Chamonix et avec lui sur la route des cimes. Elle découvrait le malentendu qui était à la base de sa désaffection momentanée : ils s'étaient connus en haute montagne, là où leurs véritables natures s'étaient révélées, hors de toute contrainte. C'était le guide qu'elle aimait, le montagnard traçant sa route avec sérénité au milieu des tourmentes, et non le paysan sympathique, mais un peu lourd, qu'il redevenait lorsqu'il était « en bas »; c'était le chef énergique qui lui avait dévoilé le monde secret où tout n'est qu'apaisement de l'âme et beauté des gestes. Comment eût-il reconnu à son tour en cette poupée gracieuse et futile qu'elle avait failli redevenir, la jeune femme courageuse, fière et vibrante, qu'il avait aimée là-haut, dans les déserts de glace, au-dessus des précipices rocheux ? « On ne ment plus, passé les quatre mille », lui avait-il déclaré alors. Il leur fallait, pour garder leur amour, conserver la pureté de leurs sentiments originels.

Elle lui expliquait tout cela avec clarté, s'étonnant d'être aussi lucide après cette nuit blanche. Parfois, elle s'arrêtait d'écrire, se levait, faisait quelques pas, revenait à son secrétaire, reprenait sa plume. Cédant au lyrisme qui l'envahissait, elle criait sa passion :

« Je t'aime, Zian. Attends-moi, nous partirons ensemble vers les hauteurs. Je me sens très forte maintenant. Cette cruelle séparation était sans doute nécessaire pour que se dépouille complètement notre amour. Je suis délivrée de mon passé. Lorsque notre attachement nous semblera faiblir, nous lèverons les yeux vers les cimes; nous partirons là-haut comme on va en pèlerinage, pour y reforger notre bonheur, et nous redescendrons de ces altitudes de vérité avec des forces nouvelles. Nous serons toujours heureux, Zian ! »

Elle avait découvert le sens profond de la montagne. Elle croyait posséder la clef du bonheur, et des croyances négligées remontaient obscurément du tréfonds de son être. Elle les interprétait naïvement. « Là-haut, on doit être très près de Dieu ! » pensait-elle.

Elle écrivit longuement.

La matinée s'avançait; les bruits familiers de la ville, d'abord distincts et bien reconnaissables dans le calme des premières heures de la journée, s'étaient peu à peu mêlés en un bourdonnement confus de ruche, une sorte de rumeur que les citadins n'entendaient plus, ainsi qu'il advient du bruit de la mer ou du vent dans le désert.

Brigitte cacheta sa lettre, la timbra, et prise d'une fiévreuse impatience, descendit la jeter elle-même dans une boîte.

En rentrant, elle comptait déjà les jours et les heures qui la séparaient de Zian.

8

Zian se réveilla avec le jour. Une pâle lueur filtrait par les interstices et n'atteignait que quelques recoins de la vacherie. D'un bond, il sauta au bas de sa couche et s'étira. Il faisait froid; il fit rapidement du feu, mit sa gourde à chauffer et sortit pour examiner le temps. L'air était calme, le pâturage désert, humecté de brumes fluides à travers lesquelles transparaissait la lumière. Dans la gorge, la voix du torrent s'était tue; tout devait être gelé, là-haut, sur les glaciers. C'est alors qu'une courte déchirure se produisit dans les nuées, un tout petit lambeau de ciel d'un bleu profond de gentiane apparut; et dans cette échancrure se dessina un gigantesque monolithe de granit. Zian eut juste le temps de reconnaître l'Aiguille des Deux Aigles : déjà un voile se tendait et l'apparition disparut.

« Il doit faire beau là-haut ! » songea-t-il. Et l'envie lui vint de percer ce plafond de brumes, de s'élever vers les hauteurs magiques où le soleil chante sur les rochers. Rapidement, il fit l'inventaire de son sac. Il lui restait assez de provisions pour tenir jusqu'au soir. Désireux de s'alléger au maximum, il dissimula sa carabine dans une cache du vieux chalet, puis monta directement à travers les raides pentes de rhododendrons qui formaient un tapis flexible sous ses pas. Laissant derrière lui les derniers arbres torturés par les tourmentes, il atteignit la piste muletière qui joint le Montenvers au Plan des Aiguilles. Il avançait en plein brouillard, mais à mesure, celui-ci devenait moins dense. Il reconnut les énormes blocs et la croupe de pachyderme de la moraine des Nantillons, et retrouva la trace qui longe la rive gauche du glacier. Comme il atteignait le haut de la moraine, un souffle d'air très frais écarta à nouveau les nuées. L'éclaircie découvrit la sauvage gorge supérieure des Nantillons par laquelle croule le glacier suspendu, et les parois fortement enneigées des Grands Charmoz et du Grépon, où le dégel traçait déjà de longues stries noirâtres. Il frémit de joie à contempler les majestueuses falaises s'élevant comme des récifs au-dessus des nuages. Comme il abordait le glacier, il sentit toute la folie qu'il y aurait à continuer seul. Une force irrésistible le poussait. Il contempla longuement la crête aérienne, en examina les fissures et les cheminées. « Ça n'est pas trop mauvais, pensa-t-il. Et à la descente, la neige fraîche retiendra les pierres dans le couloir. »

Sa décision prise, il bannit toute prudence. Plus rien ne pouvait l'arrêter. A grands pas, il traversa le glacier des Nantillons, puis le remonta en son milieu. Les brumes moutonnaient à ses pieds; la mer de nuages s'étendait sur toutes les Alpes. Quelques rares sommets pointaient vers le nord du côté du Léman, et ces îlots délimitaient des courants de nuées qui provoqueraient des remous au-dessus des vallées englouties.

Bientôt la glace vive se montra sous la mince couche de neige fraîche. Comme Zian n'avait pas de crampons, il tailla vigoureusement des marches en direction des rochers du Rognon. Il se trouvait là en terrain familier, connaissant chaque crevasse, chaque sérac, chaque bloc de l'éperon rocheux qui partage le glacier. Il ne prit de repos qu'au sommet du Rognon, adossé aux murs branlants du précaire abri construit à cet endroit pour recueillir les grimpeurs surpris par la nuit.

La montagne, encapuchonnée de neigne fraîche, était silencieuse. Aucune pierre ne tombait des grands couloirs de Blaitière, pas un sérac ne craquait. Sous la grosse barre des séracs du glacier, de larges rimayes s'étaient ouvertes. Zian avançait prudemment, faisant de grands détours pour éviter les ponts de neige qui ne lui inspiraient pas confiance. Tous ses sens en éveil, il sondait la neige du manche de son piolet, posait le pied avec précaution, ayant pleine conscience de l'imprudence qu'il commettait en s'aventurant seul sur ce glacier couvert. Mais cette lutte le captivait, comme le fascinait la crête dentelée des Grands Charmoz plaquée, très haut encore, sur un ciel sans nuages.

Il atteignit, dans son cône d'ombre glacée, la rimaye du couloir Charmoz-Grépon, large et brisée en cette arrière-saison. Fort heureusement, des blocs de glace et des bouchons de neige formaient comme un pont sur les profondeurs de la gigantesque crevasse. Avec précaution, il se coula sur ces blocs, s'assura que le gel les avait bien soudés entre eux, puis il se coucha et rampa pour atteindre l'autre rive. La lèvre supérieure dominait de quelques mètres. Il tailla des encoches pour les mains et des marches pour les pieds, et franchit aisément le passage, se rétablit d'un coup de reins sur un bloc de rocher perçant la glace, puis souffla un bon moment sur ses doigts pour les réchauffer. Alors, il attaqua avec énergie la paroi, progressa rapidement dans les rochers brisés de la base, s'assura que le couloir de descente entre les Charmoz et le Grépon était praticable, puis engagea la lutte avec les premières cheminées.

Il montait avec sa souplesse coutumière, trouvant facilement les prises, qu'il devait parfois dégager avec la main de la couche de neige qui les recouvrait. Le long de la paroi silencieuse, son propre bruit l'accompagnait, animait la solitude. C'était un crissement de clous mordant la protogine, un souffle rauque quand il était aux prises avec une cheminée. Puis, quand il prenait un instant de repos sur une corniche, tout redevenait calme; seuls les sourds battements accélérés de son cœur meublaient le silence des hauteurs.

Déjà il dominait de plusieurs centaines de mètres la

grève irréelle où venait se briser le ressac des brumes. Amenuisée par la perspective, l'arête du sommet semblait toute proche, mais il en connaissait, par expérience, l'éloignement. Il arrivait à la base de la célèbre cheminée « Burgener », qu'un gros surplomb de glace verdâtre obstruait comme à l'accoutumée. Il est quelquefois utile, à ce passage, de se faire aider d'une courte échelle par le second de cordée. Zian était seul ! Il étudia longuement la difficulté, puis s'arc-boutant en grand écart d'une paroi à l'autre de la cheminée, il commença de tailler, entre glace et roc, de courtes encoches pour les mains. Il s'éleva lentement, avec d'infinies précautions, sachant tout ce que pourrait avoir de grave une chute en cet endroit. Il mit près d'une demi-heure pour franchir le passage. Au-dessus, il le savait, les difficultés allaient diminuant jusqu'à la crête. Il continua son ascension, à ce point absorbé par la lutte avec le rocher qu'il ne prêtait plus attention au paysage ni aux nuages qui jouaient avec les pointes, découvraient rapidement un abîme, un creux de verdure, un lambeau de glacier à la pâleur mate, puis s'étalaient de nouveau uniformément sur le sol.

Peu après, Zian se rétablit d'un bond sur la pointe nord, dominant le versant de la Thendia. Des couloirs vertigineux fuyaient en dessous de lui, tellement près de la verticale qu'on avait peine à croire que des audacieux avaient pu, un jour, oser s'y lancer. Et Zian admira en connaisseur cette voie grandiose, cette paroi altière, témoin de luttes gigantesques.

La crête des grands Charmoz présente une série de ressauts, de gendarmes, de petites brèches qui dominent constamment soit les à-pics du versant de la Mer de Glace, soit la brutale paroi des Nantillons. Ces paysages, Zian les connaissait par cœur ! Pour franchir le premier ressaut, il déplia la corde, la lança à double par-dessus une aspérité de la crête et se hissa. Il contourna l'obstacle suivant par le versant de la Mer de Glace; il y a là un périlleux pas à faire au-dessus du vide. Sans hésiter, Zian s'élança, bras et jambe gauches en avant, jusqu'à toucher le bord opposé, surplombant ainsi un abîme magnifique de près de mille mètres. Il s'attarda avec plaisir dans cette position, considérant le vide entre ses jambes, mesurant la hauteur du saut prodigieux qu'il ferait s'il venait à lâcher prise. Un instant, une folle envie le prit de desserrer les doigts, imaginant son corps rebondissant jusqu'aux larges rimayes qui béaient au fond du gouffre, au niveau du brouillard.

Mais cette idée de suicide lui parut grotesque. Non ! Un guide ne pouvait lâcher en montagne. D'ailleurs, ses idées funestes de la veille l'avaient maintenant abandonné. Il était réellement détaché du monde, et ses tourments intimes lui semblaient négligeables en comparaison des joies que lui donnait la montagne. D'un bond, il franchit le mauvais pas et se coula dans la fissure opposée. Plus loin, il ne prit même pas la peine de déplier la corde de rappel pour descendre le « Bâton Wicks ». Il se laissa glisser pendant une dizaine de mètres dans la fissure étroite du versant des Nantillons. Il sentait avec joie tout son corps adhérer au rocher, et ses clous mordre puissamment la protogine pour freiner la descente. Un écart pendulaire l'amena sur une plate-forme et, utilisant quelques rochers brisés, il gagna le sommet principal et s'y dressa de toute sa hauteur.

Alors il connut à nouveau la joie pure du grimpeur. Debout sur la cime, il lança un triomphal jodel, s'adressant aux sommets familiers qui l'entouraient, au Grépon surtout, qui se dressait comme un défi de l'autre côté de la gorge sombre du grand couloir. Un instant, il eut la tentation de continuer son effort et de gravir encore cette altière cime voisine.

Il réfléchit que la nuit vient vite au début d'octobre. Et du reste, il ne désirait plus rien. Il lui suffisait de laisser voguer ses pensées par-dessus la terre couverte de nuées, et de se rassasier du panorama supraterrestre qu'il était, à cet instant, seul à contempler.

Seul ! Non pas. Déjà le choucas familier, porté par un courant ascendant, s'élevait, les ailes déployées, et planait majestueusement sur sa tête. L'homme et l'oiseau s'observaient. Enfin, ce dernier, ayant lancé son cri aigu, se laissa tomber tel un plomb vers les gouffres.

Cette escalade solitaire, par le danger réel qu'elle offrait, avait décuplé ses facultés de lutte. Il y avait pris un extrême plaisir, celui du fruit défendu. Sans doute lui reprocherait-on, en bas, sa témérité. Pourquoi ? Ne venait-il pas de triompher de lui-même, de son abattement ? N'était-il pas redevenu le Zian énergique de jadis ? Il lui fallait gonfler ses poumons du souffle pur des hauteurs pour balayer à jamais les miasmes qui l'empoisonnaient. Encore une fois, il contempla l'horizon. A perte de vue, les brumes fuyaient vers l'ouest, et Zian songea aux infortunés qui vivaient sous ce manteau opaque. Son esprit lucide s'envola vers Paris. Là-bas aussi, songea-t-il, on baigne dans le brouillard. Et brusquement, la confiance revint en son âme avec une telle violence qu'il sentit son cœur battre à lui faire mal. Brigitte ! Il en était certain, désormais, elle reviendrait ! Elle quitterait un jour ces plaines amères. Elle reviendrait vers lui. Un jour, l'évocation des heures vécues sur les cimes suffirait à vaincre les tentations mauvaises; elle se souviendrait de l'Aiguille du Goûter, du Mont-Blanc, des forêts humides où chante librement le vent. Une fois déjà n'avait-elle pas dépouillé sa fausse carapace mondaine et dénudé son cœur ?

Il s'exaltait maintenant face au soleil que sa course inclinait vers l'ouest. Son visage rayonnait.

Il quitta le sommet, chassé par un coup de vent plus frais, et aborda le couloir Charmoz-Grépon encore tout baigné de soleil. La pente était raide, mais la neige se tassait sous ses pas; il descendit rapidement, face à la paroi, le piolet bien en main, synchronisant le mouvement alternatif des pieds et des mains, creusant ses marches d'un coup énergique de la pointe de ses souliers. Parfois, une plaque de glace vive apparaissait. Comme il en connaissait les traîtrises, il taillait alors de confortables degrés, suivant du regard les éclats qui cascadaient comme du verre brisé sur les rochers. Vers le bas du couloir, il retrouva ses traces de montée déjà à moitié fondues par le soleil. Le pont de neige sur la rimaye lui paraissant d'une solidité trop précaire, il choisit un bloc de rocher, l'entoura d'un anneau de corde, installa un rappel et se balança en pendulant jusqu'à l'autre bord de la crevasse.

Le reste ne fut qu'un jeu. Il dévala la première pente de neige en glissant debout et se freinant sur le piolet. Plus bas, il examina un instant la barre croulante des séracs qui, sur deux cents mètres, dominaient dangereusement le passage. Il franchit à grands pas l'endroit menacé, suivant exactement ses traces de montée.

Bientôt, il fut au Rognon des Nantillons, se coula dans les rochers brisés, regagna les dernières pentes du glacier.

A cette heure tardive, les brumes se déchiraient audessus de la vallée de Chamonix et, à travers la trouée, il apercevait les forêts lancées à l'assaut des éboulis et des moraines; tout en bas apparaissait le fil d'argent du torrent, la voie ferrée, l'agglomération grise de Chamonix. Il dévala à grands pas le glacier, car désormais il n'y avait plus aucun danger. Il se trouvait en zone connue, sur ce plateau inférieur des Nantillons que fréquentent l'été les caravanes de débutants. Il marchait, le piolet sous le bras, la tête haute, et plus il descendait, plus les brumes se dissolvaient, laissant arriver la lumière à flots dans les bas-fonds.

Son âme était en paix. Il se mit à chanter d'une voix forte; un triple écho lui répondait, et il se plaisait à écouter la voix familière. Il lui semblait que la montagne elle-même s'associait au renouveau de son cœur.

Soudain son pied droit s'enfonça dans une couche de neige pourrie. Il étendit les bras en croix pour se retenir, mais à ce moment, la neige craqua sous le pied gauche. Il tomba verticalement dans un courant de fraîcheur, reçut un grand choc et perdit connaissance. Cela s'était passé si vite qu'il n'avait même pas crié.

9

L'accalmie dura un jour, puis le mauvais temps encapuchonna de nouveau la montagne.

Dans la grande salle des guides déserte, Nanette allait et venait, inquiète. Zian n'avait pas reparu à l'hôtel la veille. Elle bâtissait les hypothèses les plus rassurantes. Il n'avait qu'un jour de retard, songea-t-elle. Il avait bien pu pousser jusqu'au Couvercle, ou jusqu'au Requin; voire même, du côté des Périades, tout contre les Grandes Jorasses! Le vieux bouc allait parfois s'y remiser, disait-on. Pourtant, s'il lui était arrivé quelque chose... En montagne, le salut vient de la rapidité des secours; ce n'était pas la première fois qu'elle, Nanette, avait averti ceux du bureau des guides qu'une caravane n'était pas rentrée. Elle ne savait quelle pudeur l'empêchait ce jour-là de saisir le téléphone, de donner l'alerte en bas. A la fin, elle pensa à Pierre Servettaz. Il comprendrait; c'était un ami sincère de Zian. Elle décrocha l'appareil.

Elle ne savait pas comment lui dire son inquiétude. Elle cherchait ses mots.

— C'est toi, Pierre? Ici, Nanette... Oui..., du Montenvers. Sais-tu si Zian est rentré chez lui?

Elle reçut la réponse comme un coup de massue. Non, Zian n'était pas chez lui. Pierre était justement passé à la Varappe dans l'après-midi, pour demander à Zian de venir travailler au bois...

A son tour, à l'autre bout du fil, Pierre s'alarmait. Il se fit raconter par la jeune fille le dernier entretien qu'elle avait eu avec Zian, ce qu'elle avait pu deviner de ses projets. Puis il mit rapidement fin à la conversation :

— C'est bon, Nanette, tu as bien fait de me prévenir; y a pas une heure à perdre. Tout seul, il a pu se faire une simple foulure et il pourrait crever de froid et de faim derrière un rocher. Je passe au bureau pour organiser une caravane. Nous arriverons dans la nuit.

— Bien, je ferai la soupe.

Elle raccrocha, les jambes coupées, et s'assit sur le banc de bois, accoudée à la table. En vraie fille de la montagne, elle prévoyait le pire, mais gardait encore de l'espoir. Zian n'était pas un enfant. Cependant, il avait l'air tout drôle, et si triste, l'autre soir! Elle se rappela les racontars qui couraient dans la vallée : on disait que sa femme l'avait quitté définitivement, qu'elle ne reviendrait plus! Elle haussa les épaules... Qu'en savaient-ils, ceux qui lançaient ces bruits?

Mais ce dont elle était certaine, elle, ce que son cœur lui murmurait, c'est que Zian pouvait être en danger quelque part dans les rochers, mais qu'il était bien vivant. « Allons! se dit-elle, les autres le retrouveront. » Et, passant à la cuisine, elle se mit à éplucher les légumes.

Vers 9 heures du soir, elle entendit le bruit métallique des piolets sur les cailloux du sentier. Elle sortit. La caravane arrivait, conduite par Pierre qui éclairait la route avec une lanterne. Ils avaient marché vite. Ils pénétrèrent dans la salle des guides, tout fumants de transpiration, mirent leurs vestes, s'épongèrent le front avec leurs mouchoirs. Déjà Nanette leur apportait un grog réconfortant.

Ce ne fut qu'après la première lampée de soupe qu'ils

se décidèrent à parler. Pierre était passé au bureau. Beaucoup de guides étaient absents, la plupart chez eux, dans les villages, à travailler la terre. Enfin, il en avait trouvé quatre qui s'attardaient sur la place. Avec lui, ça faisait cinq. Bien sûr, il en aurait fallu six! Il avait laissé la commission au guide-chef; ça serait bien le diable s'il n'en montait pas un autre cette nuit. Nanette ne demanda pas pourquoi ils avaient besoin d'un homme de plus; elle savait trop bien qu'il fallait être six pour porter un corps en montagne, dans les endroits difficiles. Le cœur serré, elle les laissa à leur discussion.

Il y avait là Louis Dayot, Alfred à la Colaude et son neveu Jacques, et Armand à la Bolla Nera. Avec Pierre, ça faisait deux vieux et trois jeunes. Une solide équipe!

Ils tirèrent des plans bien avant dans la nuit. La salle s'emplissait de la fumée des pipes, et les bouteilles de rouge se vidaient, tandis que se haussait le verbe rude des montagnards.

A n'en pas douter, il fallait chercher du côté de Tré-la-Porte. C'est là que le solitaire avait ses pâturages préférés. Mais il y avait ce sacré brouillard qui n'était pas près de se lever, ils en avaient peur. Louis Dayot sortit pour voir le temps : c'était tout bouché, pas une étoile, et un sale vent qui soufflait de la Mer de Glace en direction de l'Italie. Déjà quelques flocons voltigeaient dans la nuit et se posaient sur la figure du guide. Il rentra.

— Fichu temps pour des recherches! grommela-t-il.

Sur le coup de minuit, comme ils allaient se coucher, la porte s'ouvrit sous une poussée énergique. Une silhouette massive se profila dans l'embrasure.

— Salut tout le monde, fit l'homme.

— Salut, Paul, répondit Pierre Servettaz qui avait reconnu Duvernay.

— Le guide-chef m'a dit. Alors je suis venu, rapport que j'aurais pas voulu que vous pensiez...

— Suffit, Paul, c'est bien... Nanette, apporte la soupe.

Il fut mis au courant de leurs projets.

– Départ demain au jour.

Puis tous allèrent se coucher.

Il avait abondamment neigé toute la nuit. Le plafond de brouillard s'était un peu élevé et découvrait la base de la montagne jusque vers trois mille mètres d'altitude. Les guides pestèrent :

– Juste ce qu'il faut de neige pour masquer les traces.

Ils reprirent le chemin du glacier qu'avait suivi Zian trois jours avant. Lorsqu'ils traversèrent le quai désert de la gare, Louis s'écarta un peu des autres et alla prendre une longue perche qu'il avait dissimulée la veille dans un angle du bâtiment.

Les hommes comprirent. Pierre approuva la délicatesse du guide qui avait voulu épargner une émotion à Nanette. La perche ne sert qu'à ramener les morts. Pas la peine de la tourmenter à l'avance.

Ils allèrent tous ensemble jusqu'à l'Angle, puis une fois sur le glacier, se séparèrent en deux groupes. Alfred à la Colaude et son neveu iraient fouiller les rochers et les moraines de la Charpoua, traverseraient sous les rochers de l'Aiguille du Moine, rejoindraient les rampes des Égralets et regagneraient par le glacier le couloir de Tré-la-Porte. La jonction se ferait au sommet de ce couloir. Toutes les heures, les deux groupes s'observeraient à la lorgnette pour voir le résultat de leurs recherches.

Le grand Duvernay prit la perche sur son dos. Pierre et Louis allaient devant. Lorsqu'ils furent tout contre la Tête de Tré-la-Porte, ils discutèrent de la route à suivre. Finalement il fut décidé que le grand Paul et Armand couperaient sous la montagne, suivant la vague trace qui sert aux caravanes allant au Grépon par le versant de la Mer de Glace et qui contourne la Tête, tandis que les deux autres grimperaient le couloir de la Brèche de Tré-la-Porte.

Pierre et Louis attaquèrent la pente raide où la neige fraîche était abondante. Les nuages s'immobilisaient juste au-dessus des rimayes; la montagne était sinistre. En bas, la Mer de Glace prenait une teinte gris sale où les crevasses verdâtres formaient comme des plaies malsaines. Par moments, un vent violent et humide les prenait à partie. Ils avançaient, fouillant méthodiquement les vires, les abris sous les gros blocs, scrutant avec les jumelles les plaques éloignées. Vers 9 heures du matin, ils arrivèrent à la Brèche. Un épais tapis de neige recouvrait les rochers du col. Pierre balaya de la main et du pied la couche qui recouvrait une grosse pierre plate afin de dégager un endroit sec où ils pussent s'asseoir et souffler un peu. A travers la neige fine et poudreuse, ses doigts rencontrèrent un objet dur et froid. Il le retira et poussa une exclamation :

– Tiens, Louis, une douille!

– Fais voir. (Le guide l'examina longuement.) Pas de doute, conclut-il, c'est bien le calibre de sa carabine. Regarde, voilà le poinçon suisse! Zian a donc tiré d'ici.

– D'accord, il a tiré, concéda Pierre; mais que le solitaire ait été touché ou non, la chasse était fichue... Tu parles que le chamois l'aura attendu dans ces parages! Il a dû se réfugier sur les lanches du Tacul.

– C'est juste, dit Louis. Maintenant, tu connais Zian. Il a très bien pu continuer un moment à travers le glacier, histoire de se balader. On devrait aller voir sous la rimaye de la Tour Rouge.

Les deux guides dévalèrent rapidement le versant sud de la Brèche, et remontèrent à grands pas la pente supérieure du glacier de Tré-la-Porte. Au-dessus de leurs têtes se découpaient les piliers colossaux qui soutiennent la falaise de huit cents mètres de hauteur de ce versant des Aiguilles de Chamonix. Le glacier y mordait très avant dans une gorge profonde, sous une énorme tour de granit rouge. Les chercheurs parvinrent à la rimaye. C'était certainement l'une des plus impressionnantes que l'on pût voir à cette époque de l'année : les deux lèvres étaient distantes de dix mètres. La lèvre supérieure, véritable mur de glace, dominait l'autre de plus de cinquante mètres. Juste au-dessus, à trois cents pieds dans les rochers, apparaissait, tache claire dans le roux du granit, la petite cabane de la Tour Rouge, arrimée par des câbles sur la vertigineuse paroi. Un instant Pierre, qui connaissait le caractère de Zian, se dit que son ami avait fort bien pu pousser jusqu'à la cabane. Celle-ci est en effet la propriété des guides de Chamonix et il est d'usage, en fin de saison, qu'une caravane aille y faire une dernière visite et mettre tout en ordre pour l'hiver; arrivé à la Brèche, ça ne coûte pas beaucoup de pousser jusque-là.

Comme s'il avait deviné ses pensées, Louis Dayot lui montre le formidable mur de glace :

– Infranchissable dans cet état, dit-il laconiquement.

Ils en convinrent, mais, par acquit de conscience, fouillèrent les moindres recoins de la rimaye dans l'espoir de découvrir de vieilles traces. Rien.

– Retournons ! ordonna Pierre.

Ils descendirent le petit glacier jusqu'à hauteur de la Brèche. On les appelait d'en bas. Ils aperçurent Armand et le grand Paul qui, arrivés au sommet du Couloir de Tré-la-Porte, leur faisaient connaître par signes le résultat négatif de leurs recherches. Beaucoup plus bas, sur la Mer de Glace, deux points à peine perceptibles venaient dans leur direction : Alfred à la Colaude et son neuveu, eux aussi bredouilles.

Pierre et Louis se faufilèrent à travers les courts séracs de Tré-la-Porte et rejoignirent Armand et Duvernay. Le torrent du glacier coulait à proximité. Ils s'assirent sous une roche, sur du sable sec et, comme la longue randonnée leur avait ouvert l'appétit, ouvrirent les sacs. Un peu plus d'une heure après, Alfred et son neveu arrivèrent.

– Le chamois est par sous le Moine ! lança Alfred. Nous l'avons levé juste comme on traversait le grand couloir de pierres qui descend de l'arête sud. On ne s'était vu ni d'un côté ni de l'autre. Le vent nous était favorable. Il a hésité un moment. Ah ! si j'avais eu la carabine, je le tenais, foi d'Alfred ! Et puis il a bondi sur les dalles avec une telle vigueur qu'il a failli se dérocher. Il s'est rattrapé je ne sais pas comment, et pfuitt... Ah ! la belle bête.

– Et Zian ? coupa Pierre.

– Du moment que le solitaire était là-bas, j'en ai conclu que Zian n'y était pas... Et vous autres, du nouveau ?

Pierre conta la découverte de la douille, ses déductions.

Ils furent tous d'accord pour dire qu'il n'y avait plus rien à chercher de ce côté.

– Reste à savoir ce qu'il a bien pu faire une fois son coup manqué.

A ce moment, Armand à la Bolla Nera prit la parole. C'était un guide dans la cinquantaine, mais extrêmement robuste et capable de conduire sa cordée n'importe où en Europe. Il parlait peu, d'une voix lente, avec réflexion.

– Donc, Zian se trouvait à la Brèche, fit-il. Ça devait être encore de bonne heure, à peu près comme maintenant... Il était bredouille et pas pressé de rentrer... S'il était rentré directement, il aurait passé par le Montenvers et Nanette l'aurait vu. Moi, je vous dis qu'il a continué sa chasse. Y a de la marmotte dans les moraines; c'est leurs derniers jours; elles finissent de charrier leur réserve de foin avant de s'endormir pour tout l'hiver. Il était à la Brèche ! Vous n'avez rien trouvé sur Tré-la-Porte. Donc, il pourrait être sur la Thendia, sous la face nord des Charmoz; c'est peu fréquenté, ces parages, et Zian le sait bien. Il est midi, continua Armand, nous avons encore six heures de jour. On va couper sous

Tré-la-Porte et remonter les moraines de la Thendia. Ensuite on traversera en deux groupes; l'un par le Col de l'Étala, l'autre par le Col de la Bûche. On se rejoindra sur les Nantillons. Ça vous va?

— Ça va, firent les autres.

Le temps s'était gâté. Une pluie fine se mit à tomber qui, mélangée avec la neige, formait comme une boue glacée. Rapidement, malgré leurs épaisses vestes de drap, les guides furent transpercés. Ils continuèrent leur route sans parler — ils s'étaient dit tout ce qu'ils avaient à se dire — et, comme Armand avait pris la décision, d'un commun accord ils le laissèrent marcher devant. Derrière, Jacques et le grand Paul prenaient la perche à tour de rôle toutes les demi-heures.

Ils gravirent lentement, en tirailleurs, les moraines immenses de la Thendia, n'ayant qu'une crainte, c'était que le brouillard ne descendît et ne vînt mettre fin à leurs recherches. Parfois l'un d'eux abordait un gros bloc posé en équilibre sur l'immense clapier, se dressait dessus et appelait de toutes ses forces :

— Zian... an!

Et l'écho, sortant du brouillard, répondait :

— Zian... an!...

Les pentes de glace abruptes se perdaient, menaçantes, dans le rideau de brumes. Ils allaient, sondant chaque crevasse, fouillant la montagne dans tous ses recoins, répétant leurs appels. Le découragement commençait à s'emparer d'eux. Cette fois-ci, ils le sentaient, il ne restait guère d'espoir de retrouver Zian en vie car, s'il n'avait été que blessé, il eût répondu aux appels. Il les aurait même peut-être aperçus, car il avait sa jumelle! Maintenant, il s'agissait de le découvrir quelque part, dans cette immensité.

Ils approchaient des hautes dalles inclinées qui forment sur ce versant la paroi des Petits Charmoz. La crête dentelée se dessinait tragiquement sur le ciel noir. Le Doigt de l'Étala, curieuse aiguille de granit, montait la garde au-dessus du col du même nom. Même ces petites aiguilles, qui servaient en temps normal d'école d'escalade pour les débutants, avaient un aspect hostile sous leur plaque de neige fraîche, avec la pluie qui noyait les dalles et les noircissait vilainement.

Alfred, son neveu et Paul Duvernay prirent par le Col de la Bûche, un simple couloir d'éboulis fastidieux mais facile à remonter. Pierre, Louis et Armand entreprirent l'ascension du Col de l'Étala. La pluie redoubla de violence. Pierre, qui marchait en tête et dégageait les prises avec ses mains nues, sentait l'onglée lui mordre les doigts. Au milieu du couloir du col, Armand hocha la tête.

— Pas trop joli temps pour s'aventurer par là !

— Bast, fit Pierre. J'ai mon rappel. En deux longueurs on sera de l'autre côté, même si les cordes sont mouillées.

Armand acquiesça. Il en avait vu d'autres ! Même par le brouillard, il ne pouvait pas se perdre dans ces parages; en outre, il avait le sentiment secret que Zian était là, derrière, sur l'autre versant.

Ils attaquèrent une haute dalle, facile mais très inclinée. Le col devait être tout près, masqué par la brume. Pierre avait pris appui sur une petite vire. Louis grimpait. Armand, d'en bas, le surveillait, bien campé sur une bonne terrasse, lorsqu'un coup de tonnerre effroyable éclata, grondant avec une telle violence qu'il leur sembla que la montagne entière croulait sur eux. Tout à coup, au-dessus de leurs têtes, ils virent sortir du brouillard, comme une pluie de météores, d'énormes blocs qui tombaient verticalement, bondissaient sur les dalles, éclataient dans un fracas infernal. Chaque fois qu'ils touchaient le rocher, ils déclenchaient une nouvelle avalanche, et il en pleuvait toujours de nouveaux qui semblaient tomber directement du ciel à travers la brume. Les guides n'avaient rien pour se protéger. Tout ce qu'ils purent faire fut de se coller à la paroi, d'abriter leurs têtes sous les sacs, et d'attendre, le cœur battant, le souffle court, que la chute de pierres perdît de sa violence. Il y eut une accalmie. Ils levèrent prudemment les yeux, juste pour voir une gigantesque plaque de roc, pesant plusieurs tonnes, qui perçait le plafond et semblait cette fois – tant sa trajectoire était tendue – s'abattre droit sur eux en tournant sur elle-même. Ils attendirent le choc sans pousser un cri. Ils en auraient été incapables !

Le bloc s'écrasa à moins de deux mètres de Louis. Il fut couvert de débris, sentit comme un coup de fouet sur la jambe et une brûlure au front, mais ne perdit pas connaissance. Le bruit de l'avalanche se propageait et s'amplifiait, se répercutant en écho dans la gorge d'où montait une épaisse poussière qui masquait le vide, dégageant une odeur de poudre, âcre, presque sulfureuse. Il y eut encore quelques ricochets, puis un lourd silence s'établit dans les rochers. Alors, comme si elle n'avait attendu que cette accalmie, la pluie se mit à tomber avec violence, les giflant au visage. Ce fut Armand, le premier, qui se secoua.

– Vous n'avez rien, vous autres ? demanda-t-il.

Ils se regroupèrent sur la vire supérieure. Louis Dayot avait la figure en sang; un éclat de pierre lui avait coupé le cuir chevelu et il saignait abondamment; un autre éclat lui avait déchiré son pantalon et meurtri les muscles du mollet. Tous les autres étaient sains et saufs.

Ils reprirent aussitôt leur escalade, car il n'était plus question de redescendre. Bientôt, ils grimpèrent dans la brume, guidés par les parois qui se rapprochaient l'une de l'autre. Enfin, une bourrasque de vent leur souffla une douche glacée en pleine figure. Ils étaient au Col de l'Étala. Sans se concerter, ils crièrent tous ensemble :

– Zian... an !... an !...

Et de tous côtés, la montagne leur renvoya ses échos. Celui du Petit Charmoz revint le premier, puis celui de l'M, plus faible, enfin celui des Grands Charmoz, et un dernier, à peine perceptible, prolongé :

– Zian... an... an !... renvoyé par les parois de Blaitière.

Pour ne pas perdre de temps, ils placèrent le premier rappel et se laissèrent glisser l'un après l'autre dans le vide. Cette première manœuvre avait suffi pour transformer la souple corde en une tige glacée, gonflée d'eau, rigide et peu maniable. Vivement, Pierre découvrit sous la neige le deuxième anneau de rappel et y glissa la corde mouillée. Tour à tour ils prirent pied au bas du col, sur le petit névé. Une glissade debout les amena rapidement au plateau des Nantillons. La pluie, maintenant, cinglait avec violence; c'eût été folie de continuer les recherches; ils en discutèrent à voix haute, tandis que Louis pliait la corde et l'arrimait sur son sac.

– A mon avis, fit Armand, faudra reprendre les recherches de ce côté.

– Si le temps le permet, hasarda Louis Dayot.

Et comme pour lui donner raison, le brouillard les enveloppa et la neige se mit à tomber.

– Pauvre Zian, y a plus d'espoir cette fois ! conclut Pierre.

Découragés, ils reprirent la descente. Ceux du Col de la Bûche rejoignirent plus bas. Là aussi les recherches avaient été négatives. Tous convinrent qu'il y avait désormais peu de chances de retrouver le corps de Zian.

Comme le froid les transperçait à travers les vêtements mouillés, ils dévalèrent la piste des Nantillons et, par le chemin des Gardes, gagnèrent le Montenvers.

– Alors ? fit Nanette.

– Tu vois !...

Elle vit en effet leurs regards tristes, le visage balafré de Louis et n'eut pas besoin d'autres explications. Elle passa à la cuisine pour leur préparer un breuvage chaud, se mordant les lèvres pour ne pas pleurer.

Ce soir-là, ils mangèrent en silence, s'arrêtant parfois pour écouter hurler la tempête. Ils se cachaient mutuellement leur peine, avec la pudeur des gens simples. C'était un rude coup, la perte de Zian, un rude coup pour la Compagnie.

Puis ils reprirent leur équipement. Pierre alluma sa lanterne. Ils sortirent l'un derrière l'autre. Nanette, toute pâle, debout devant la porte, les regardait partir. Pierre s'arrêta une seconde près d'elle.

— A r'vi, Nanette! dit-il. Tu restes encore là quelques jours?

— Trois ou quatre jours.

— Dès qu'il fera un temps raisonnable, je remonterai. Garde confiance. On reprendra les recherches. Faudra bien le retrouver avant les neiges d'hiver!

— Sûr qu'il faudra, dit-elle.

Les autres s'étaient déjà enfoncés dans la nuit. Il les rejoignit et s'effaça dans l'obscurité. On eût dit maintenant que le ciel versait des torrents d'eau; le bruit du Nant-Blanc, grossi subitement par la crue, s'enflait comme une menace.

Nanette se retrouva seule. Alors elle pleura. D'abord de grosses larmes qui coulaient lentement sur ses joues sans qu'elle fît rien pour les essuyer, tandis qu'elle rangeait la vaisselle. Puis, d'un seul coup, abandonnant son travail, elle éclata en sanglots.

10

La fraîcheur de la neige poudreuse ranima Zian. Il reprit lentement ses sens, rouvrit les yeux, regarda avec étonnement les murs de la glace diaphane qui l'entouraient. Le jour pâle et diffus projetait ses rayons par une étroite ouverture circulaire, très haut au-dessus de sa tête. D'un seul coup, la mémoire lui revint. Il jura tout haut :

– Imbécile ! Te voilà dans une belle situation ! Tomber dans ce glacier facile ! Enfin, s'agit de s'organiser !

Il ressentait une vive douleur à la nuque; sa tête avait dû heurter violemment l'armature du sac. Autrement, il était indemne. Le bouchon de neige sur lequel il reposait avait amorti sa chute qu'il estima à plus de vingt mètres.

Il ne faisait pas froid dans la crevasse; il y régnait une température régulière d'à peine un ou deux degrés au-dessus de zéro. La nuit tombait rapidement, ainsi qu'il pouvait s'en rendre compte aux colorations orangées du ciel. Pour l'instant, il ne s'inquiétait pas trop; il était surtout furieux contre lui-même. Il aurait l'air malin quand les camarades viendraient le dégager. A moins qu'il pût s'échapper sans aide ! Il chercha du regard son piolet et laissa échapper un cri de désappointement : le piolet ne l'avait pas suivi dans sa chute, il était resté sur le glacier.

Profitant des dernières minutes de clarté, il explora sa crevasse. On n'eût pu imaginer cachot plus parfait ! C'était une large fente oblongue, entièrement recouverte à la surface par un pont de neige pourrie. A mi-hauteur, le bouchon de neige sur lequel il se trouvait n'en couvrait que les trois quarts, s'étant partiellement effondré à une extrémité; un trou noir s'y dessinait. Prudemment, Zian s'allongea de son long pour en scruter la profondeur. Son regard se perdit dans des abîmes glauques. Il y lança un glaçon qui ricocha un long moment d'une paroi à l'autre, jusqu'au moment où un dernier « plouf » lui prouva qu'une poche d'eau comblait le fond de la crevasse. Avec sa connaissance des glaciers, Zian en évalua la profondeur à quarante-cinq ou cinquante mètres. Sans ce bouchon providentiel, formant pont à mi-hauteur, il eût été bel et bien perdu.

Il s'organisa pour la nuit. Sortant sa corde, il la roula et s'en fit un siège. Puis il vida son sac, dont il disposa le contenu minutieusement contre la paroi de glace, et enfouit ses pieds dedans, mit un chandail de laine, prépara ses mitaines. « Allons, pensa-t-il. Je ne risque rien pour cette nuit. » Un bivouac? Il en avait passé des plus durs. Il fit l'inventaire de ses ressources; elles étaient maigres! Un paquet de thé, deux boîtes d'allumettes, une lanterne, une bougie intacte, un quignon de pain, un morceau de lard et, dans la gourde, environ un quart de litre de thé froid. Par prudence, il décida de conserver le tout pour le lendemain. Il était extraordinairement calme. Ensuite, il essaya de dormir. Le sommeil ne venait pas. Cependant, à force de regarder fixement une étoile clignotante qui le veillait à travers l'orifice du puits, une sorte d'assoupissement bienfaisant s'empara de lui.

Le froid le réveilla à plusieurs reprises pendant la nuit. Pour y échapper, il eut l'idée de marcher un peu dans les cinq ou six mètres d'espace de son domaine, mais il craignit de crever, dans l'obscurité, une partie plus fragile du pont de neige, et se contenta de se frictionner les membres avec énergie, de faire remuer sans arrêt ses orteils dans les chaussures; cela le tint éveillé les dernières heures de la nuit. Le jour vint très lentement. Par l'ouverture de la crevasse, Zian observa les nuages qui couraient, s'orienta : le vent venait de l'ouest. « Mauvais », songea-t-il. Lorsqu'il y vit assez clair, il chercha le moyen de se faire une boisson chaude. Il avait son quart militaire en fer-blanc; découpant au couteau des rondelles de bougie, il les plaça en dessous et les alluma; en quinze minutes, il réussit à faire chauffer ainsi le reste de sa gourde de thé et ce breuvage tiède le revigora. Tout en mangeant de bon appétit son quignon de pain et son morceau de lard, il réfléchit à sa situation.

Elle ne lui paraissait pas tragique, sa situation. Il

était tombé sur le plateau inférieur des Nantillons, à cinquante mètres à peine, à vol d'oiseau, de la piste suivie par les caravanes de l'M ou des Petits Charmoz, et à peu près à la même distance de l'itinéraire du Col des Nantillons. En plein été, il passe chaque jour sur le glacier une dizaine de caravanes; en ce début d'octobre, il ne fallait plus compter sur elles. Des chasseurs ? Avec le mauvais temps, c'était peu probable. Alors ? Il ne pouvait plus espérer qu'en Nanette : elle avait dû alerter ceux d'en bas. Toutefois, il songea que la jeune fille attendrait au moins un jour. Donc rien à espérer pour aujourd'hui. Et demain, en admettant que les camarades montent, ils iront naturellement chercher du côté de Tré-la-Porte. Cette aventure absurde pourrait donc durer deux ou trois jours.

Il se rendit compte que sa position était tout de même sérieuse. « Pour tenir le coup, je tiendrai, se dit-il. La nuit n'a pas été trop mauvaise. Seulement, je n'ai plus de nourriture! Je pourrai toujours avoir de l'eau en faisant fondre de la neige! Donc, l'essentiel est de ménager la bougie et les allumettes! »

Il enveloppa soigneusement ces dernières dans un coin de son mouchoir pour les soustraire à l'humidité. Puis, il laissa s'écouler une heure ou deux à rêvasser, se levant, se rasseyant, scrutant les parois verticales. Sur l'une d'elles, une fissure étroite qui se formait à cinq ou six mètres au-dessus de sa tête, attira son regard. Plus haut, elle se continuait par une lame de glace détachée, formant comme une petite vire ascendante terminée par un champignon de glace. S'il pouvait arriver jusqu'à la fissure, il trouverait peut-être le moyen de sortir de là tout seul. Il maudissait plus que jamais la perte de son piolet.

Vers le milieu de la journée, n'y tenant plus, il fouilla dans son sac avec l'espoir d'y trouver un outil quelconque qui lui permît de tailler la glace, son couteau n'étant pas assez solide. Il découvrit, au fond d'une poche, un piton de rocher en fer doux, aux arêtes émoussées. Piètre outil en vérité !

« Allons, se dit-il. Aide-toi, le Ciel t'aidera ! Au surplus, ça te réchauffera ! » Muni de ce mauvais instrument, il attaqua la paroi de glace. En deux heures, il avait taillé des marches pour les pieds, et des encoches pour les mains jusqu'à hauteur d'homme. Chaque niche lui coûtait de nombreux efforts; le piton entaillait mal la glace. Parfois, celle-ci s'écaillait, et tout était à recommencer; mais ce travail lui donnait l'espoir. Très souvent, il s'arrêtait et glissait ses mains sous son chandail, contre sa poitrine, pour les réchauffer. Il lui fallut ensuite abandonner la plate-forme stable du bouchon de neige, et s'élever le long des marches, taillant d'une main, se soutenant de l'autre engagée jusqu'au fond des encoches glacées. Le travail devint exténuant. Quelquefois, il perdait l'équilibre et retombait. Lorsque vint le soir, il avait gagné deux mètres cinquante en hauteur; il lui en restait huit fois plus à gravir. Loin de le décourager, cette tâche surhumaine lui avait insufflé une nouvelle volonté, celle de sortir de là coûte que coûte par ses propres moyens.

Il se prépara pour la deuxième nuit avec plus de méthode encore que la veille; la crevasse lui était maintenant familière. Il obtint un peu d'eau tiède en faisant fondre, sur des tronçons de bougie, de la neige dans le quart; il y ajouta une pincée de thé, brassa avec le piton, but et sentit avec délices une saine chaleur l'envahir. Puis il s'accota contre la paroi et attendit le sommeil. Les nuages couraient toujours dans le pan de ciel. Des bruits étranges arrivaient jusqu'à lui; c'était tantôt la grande plainte du glacier qui craquait, des « plouf » accompagnés de gouttelis d'eau dans les crevasses voisines; puis, soudain, le grondement d'une avalanche, quelque part dans les Aiguilles. Au son, il cherchait à situer l'endroit et ce jeu l'amusait, lui faisait oublier les longues heures immobiles. Puis tout devint noir. Il vit ramper la brume au ras de l'ouverture de la crevasse et quelques lents flocons choir jusqu'à lui. La paroi concave formant auvent sur sa tête l'abritait.

Il s'aperçut seulement vers le matin qu'il n'avait pas dormi et n'avait pourtant pas eu le temps de penser. Il se dit que les gens étaient fous qui se rappelaient toute leur vie dans les moments critiques. Son heure n'était donc pas venue! Il échafauda avec minutie son plan de travail. Plus il monterait, plus la taille deviendrait difficile tandis que lui, Zian, s'affaiblirait progressivement. Il décida donc de tailler pendant deux heures, puis de se reposer soixante minutes, et ainsi de suite. Au soir, il en était certain, il atteindrait la base de la fissure. Alors, s'il réussissait à s'y coincer, à y verrouiller une partie de son corps, la tâche lui serait plus aisée. Il en était là de ses pensées lorsqu'il dodelina de la tête et sombra dans un lourd sommeil.

Au matin de ce troisième jour, ce fut, comme la veille, le froid qui le tira de sa demi-léthargie. Il s'aperçut, à la raideur de ses articulations, qu'il commençait à se refroidir. Il eut de la peine à se dresser sur son séant. Il lui fallut se décoller littéralement de la paroi; sous l'effet de sa propre chaleur, la glace avait fondu en surface, puis regelé, le soudant au glacier. Il avait la tête lourde et se sentait courbaturé comme si on l'avait roué de coups. Il mit très longtemps à se remémorer ce qu'il avait fait la veille et n'arrivait plus à se souvenir si c'était sa première ou sa deuxième nuit dans la crevasse. Il eut un geste fataliste. Il fit craquer plusieurs allumettes avant de pouvoir allumer la bougie et entoura fébrilement la flamme légère de ses mains gonflées par le froid, retenant son souffle pour ne pas l'éteindre. Peu après, il serrait entre les doigts, à se brûler, le quart rempli de thé. Le miracle de la chaleur opéra encore une fois. Bientôt il put se mettre debout. Toutes ces manœuvres lui avaient bien pris une heure. Il devait recommencer à tailler.

Il examina les degrés creusés la veille et s'aperçut avec soulagement qu'ils avaient gelés dans la nuit et étaient solides.

Le piton de fer entre les dents, il recommença son escalade silencieuse. Peu à peu, il s'élevait. Il ressemblait, ainsi couvert de givre, à un irréel sculpteur en cagoule blanche. C'était sa propre liberté qu'il taillait dans la masse froide et hostile. Il vit bien qu'il ne pourrait soutenir le rythme de travail qu'il s'était imposé la veille. Lorsqu'il se cramponnait d'une main depuis une dizaine de minutes, une crampe le prenait et il devait sauter en bas. Alors, après avoir retrouvé son souffle, il repartait lentement à l'assaut, et de chute en chute il montait, mettant chaque fois plus de temps à creuser une entaille. Parfois le piton s'échappait de ses doigts gourds. Il le suivait du regard, tremblant qu'il ne s'enfonçât trop profondément dans la neige et qu'il ne pût le retrouver.

Vers midi, le mauvais temps se déchaîna dans la montagne. Tous les bruits arrivaient dans la caverne avec une étrange netteté : chutes de pierres isolées dans les couloirs, froissement soyeux d'une coulée de neige, cri aigrelet d'un choucas... Parfois même il entendait siffler le train, tout en bas dans la vallée. Et cela lui faisait une impression étrange d'être si près des vivants et déjà retranché d'eux.

Donc, vers le milieu de ce troisième jour, il atteignit de sa main le rebord de la fissure et vit avec joie qu'il pourrait sans doute s'y maintenir. Il redescendit son échelle de glace avec une aisance que lui donnait l'habitude.

Dans l'après-midi, le temps devint mauvais et se mit à la pluie; l'averse ne l'atteignait pas, abrité qu'il était par le pont de neige supérieur. Ce fut après qu'il eut peur.

Un grondement terrifiant s'élevait, amplifié par le gouffre qui formait caisse de résonance. Il crut un instant qu'une partie du Rognon des Nantillons, juste au-dessus de lui, venait de s'ébouler. Une saute de vent éloigna le bruit, et il en conclut que cela venait des Petits Charmoz. Il respira et reprit son travail. Il était en train de creuser une encoche pour sa main gauche lorsqu'il lui sembla entendre crier.

Il s'arrêta net, tremblant d'espoir. Il n'y avait aucun doute : on appelait dans la montagne.

– Zian... an !... entendit-il distinctement (puis l'écho répéta) Zian... an !...

De saisissement, il lâcha prise et se retrouva le nez dans la neige. Il se releva et hurla à son tour, traînant sur les syllabes :

– Par... i...ci !... Ohohoh !...

Et, chose étrange, ce cri qu'il lançait à pleins poumons semblait tourner en rond, comme pris au piège, dans la crevasse. Il siffla six fois entre ses doigts, avec des intervalles de dix secondes, s'arrêta une minute, recommença le signal de détresse... Puis, il attendit, observant le silence le plus absolu. Il aurait voulu pouvoir arrêter les battements désordonnés de son cœur qui l'empêchaient d'entendre. Rien ne répondit à ses appels.

Pourtant ses camarades étaient là, tout près. Il le savait. On le cherchait. On le trouverait, que diable ! On découvrirait bien ses traces sur le glacier... Pauvre Zian ! Il oubliait que la chute de neige de la nuit précédente avait tout effacé, tout recouvert.

Fou d'espoir, il renouvela ses appels, méthodiquement, de deux en deux minutes. Il entendait maintenant les voix de la caravane de secours. Il reconnut celle de Pierre... « Ils descendent le Col de l'Étala, pensa-t-il; bientôt ils seront à côté de moi, à cent mètres au plus ! » Encore une fois, il hurla... il siffla... s'époumona... Personne ne répondit. Comment n'entendaient-ils pas, alors que lui pouvait presque suivre mot à mot leur conversation ?

Ils élevaient parfois le ton, comme il est d'usage en

haute montagne où le vent couvre souvent les paroles; des lambeaux de phrases lui parvenaient, renvoyés par l'écho.

– A mon avis... disait une voix.

– Si le temps le permet... disait une autre.

Il cria son désespoir, martelant la paroi de ses poings nus.

– Je suis là, là... tout près de vous...

Il entendit encore :

– Pauvre Zian, y a plus d'espoir !

Et l'écho répétait :

– Pauvre Zian, y a plus d'espoir !

Et dans son trou, assommé de chagrin, il découvrit la raison de leur silence... Comment n'y avait-il pas pensé plus tôt ! La voix ne sort pas des crevasses : elle descend, elle s'amplifie, mais elle ne sort plus. Les parois de glace, fermées vers le haut, constituent la caisse la plus étanche qui soit au monde. Il pouvait bien crier, hurler... on ne l'entendrait pas.

Peut-être, s'il pouvait se hausser vers l'orifice, vers ce trou, vers cette bouche muette, peut-être alors sa voix pourrait-elle sortir. Il grimpa aussi rapidement qu'il le put les encoches de glace déjà taillées et, arc-bouté sur l'étrange échelle, lança de nouveaux appels. Aucun son humain ne parvenait plus de l'extérieur...

« Ils sont partis », se dit-il amèrement. Et, de lassitude, il se laissa tomber de six mètres de hauteur sur le bouchon de neige.

– Pauvre Zian, y a plus d'espoir ! répétait-il lamentablement. Et, pour la première fois depuis sa chute, matérialisant toute sa détresse, l'image de Brigitte se forma devant ses yeux.

La nuit tombait vite et déjà, du haut, ne parvenait plus qu'une pâle lumière suffisante pour iriser la pluie qui tombait à verse par l'ouverture.

Ce soir-là, il n'eut pas le courage de se faire chauffer du thé et s'arrangea comme il le put pour la nuit. Il s'aperçut avec indifférence qu'il avait deux doigts de la main gauche gelés; ça devait arriver à force de les fourrer dans les encoches glacées. Il essaya pendant quelques minutes de les frictionner, puis, épuisé, abandonna la lutte.

Les heures passèrent, très longues. Au milieu de la nuit il eut une nouvelle alerte qui le laissa baigné de sueur, malgré le froid. Ce fut tout d'abord un grand bruit sourd, comme un gémissement; puis, sous lui, le bouchon de neige s'affaissa. La neige se tassa vingt centimètres plus bas. Tout redevint calme.

Il eut affreusement peur que le pont fragile ne se rompît définitivement. Au-dessus, à la surface de la terre, l'orage grondait. Chose bizarre pour la saison tardive, il y eut un grand éclair, et pendant une fraction de seconde, la crevasse fut illuminée comme en plein jour; la glace diaphane prit des reflets merveilleux et féeriques, puis la nuit se fit de nouveau. Le tonnerre déferla avec une puissance terrifiante. Zian songea que les recherches avaient dû être interrompues. On devait le croire mort, maintenant. Sans doute allait-on attendre le beau temps pour recommencer. Pourrait-il tenir jusque-là ? Il en doutait. Chaque heure comptait double dans sa vie. Chaque minute mordait sur sa résistance, sur son énergie, sur son moral...

La déception de la veille avait été trop forte. Pour un peu, il aurait volontairement piqué une tête au fond de la crevasse, dans la gouille glacée.

Heureusement, le dur métier qu'il pratiquait depuis l'enfance avait forgé son énergie. En montagne, tant qu'il reste un souffle de vie, il y a de l'espoir. Il résolut de lutter, et comme pour l'affermir dans sa résolution, l'image de Brigitte dansa de nouveau devant ses yeux comme une belle apparition : une Brigitte souriante et calme, au sourire un peu triste, et qui semblait dire :

— Patience, Zian, je viens !

Cela lui donna de nouvelles forces; il sut qu'il tenait à la vie, et il n'en faut pas plus pour triompher de la mort.

Le vent hurlait maintenant sur sa tête, mais, bien abrité dans son puits, il n'en ressentait nullement les effets; il somnolait et rêvait, un pâle sourire sur les lèvres. Il se croyait encore à l'Aiguille du Goûter...

Le quatrième jour se leva.

Sur le matin, l'orage avait tourné en neige, un fin matelas recouvrait Zian. Il était étrangement lucide, apaisé, et il lui semblait que son âme s'était dédoublée d'avec son corps.

Alors que, la veille, il avait dû faire un effort pour se souvenir, cette fois, tout lui revint à la mémoire : la taille, les chutes successives, les voix entendues, son désespoir et jusqu'à la vision de Brigitte apparue fort à propos pour le réconforter. Cette bienfaisante présence continuait. Zian se sentit plein d'énergie. Il consulta le temps. Il neigeait toujours, mais lentement. « La montagne est barrée pour cette année », songea-t-il.

En face de lui, les marches qu'il avait taillées tenaient toujours. Il lui serait possible de se dresser bientôt dans la fissure, et qui sait ?... Il voulut se lever. Ce fut si difficile qu'il comprit que s'il voulait vivre, il ne devait plus désormais s'endormir. Il dégagea ses bras de la couche de neige : ils étaient de plomb. Ses jambes lui refusaient tout service. Mon Dieu, quel effort pour fouiller dans ses poches ! Il en tira le reste de la bougie et la boîte d'allumettes; elles n'avaient pas souffert de l'humidité. Il calcula qu'il avait de quoi faire deux quarts d'eau chaude : un, tout de suite, l'autre, le lendemain matin... Après ?... Eh bien, il brûlerait son linge sec, sa chemise... Cela pourrait faire une nouvelle tasse d'eau chaude, un jour de plus. Il s'étonnait d'être aussi calme.

Quand il voulut frotter une allumette, il s'aperçut que

sa main gauche refusait presque tout service. Il se souvint des doigts gelés. Trop tard! Il eût fallu qu'il fût moins déprimé la veille, qu'il eût un peu plus de courage, et il les aurait dégelés! Il réussit enfin à faire briller la petite flamme; elle dégageait, par contraste, une chaleur de four. D'un regard avide, il considéra la neige qui fondait doucement, puis l'eau trouble qui commençait à fumer : il y plongea ses doigts pour sentir la douce chaleur. Il chercha le thé, ne le trouva pas, et avala l'eau chaude avec délices. Ensuite, il se frictionna longuement les jambes. La circulation fut très lente à revenir. Il sentit bientôt des picotements qui allèrent en s'accentuant jusqu'à provoquer une douleur intolérable. Alors il chanta très fort pour ne pas hurler, pour étouffer sa souffrance, cette douleur physique qu'il se savait capable d'endurer, qui n'était rien auprès de l'angoisse morale.

Il se rendit compte que ses pieds étaient bien atteints. Un instant, il envisagea ce que serait sa vie si on devait l'amputer. Mais l'optimisme l'emportait ce jour-là. Qu'était-ce qu'un membre en moins quand on a la certitude de vivre?

Il réussit à se dresser et piétina longtemps sur place, jusqu'au moment où il se jugea suffisamment dégourdi.

Ensuite, le piton entre les dents, avec des gestes précis, il gagna la fissure. Il pouvait maintenant s'y dresser de toute sa hauteur. Elle était longue de six à sept mètres; quand il serait au sommet, il aurait gravi les deux tiers de la paroi. Que lui réservait la partie supérieure? Il ne voulut pas y penser. On apprend toujours assez vite les choses désagréables.

Le travail de taille devint plus facile. Il pouvait coincer la moitié de son corps et soulager d'autant son bras gauche; de plus, la fissure n'était pas verticale, mais légèrement oblique. La plus grande difficulté était de creuser des pas avec un outil aussi précaire que le piton, sans briser la crête fragile qui représentait pour lui l'unique chance de s'évader. Vers le milieu du jour, il avait gagné près de trois mètres et n'était redescendu qu'une seule fois pour se reposer. Il ne sentait plus ni ses mains, ni ses pieds, ni son corps. Sa volonté commandait, et il grignotait ainsi, décimètre par décimètres, le mur bleuâtre de sa prison. Quand il levait la tête, il apercevait le cercle de lumière diffuse qui versait dans la crevasse une lueur d'aquarium. Il se sentait terriblement attiré – pauvre phalène – vers ce trou lumineux. Il échappait aux ténèbres, il montait.

Il arriva ainsi en haut de la fissure, jeta un coup d'œil au-delà et poussa un cri de joie; elle se continuait par une vire ascendante pas très large, mais suffisante pour qu'il pût s'y tenir debout et, cinq mètres plus haut, une lame de glace détachée formait un commode emplacement de repos. S'il atteignait ce point, il serait sauvé; il n'aurait plus alors qu'à trouer la couche de neige pourrie pour déboucher sur le glacier. En une seconde, il entrevit la réalisation de son impossible évasion. Il jugea qu'il lui restait peu de temps pour agir avant la nuit. Tailler des encoches pour les mains le long de la vire, puis dans la muraille verticale, lui aurait pris trop de temps. Il songea à sa corde; elle gisait, à l'endroit où il l'avait posée, le premier soir de sa chute.

– Déjà quatre jours! soupira-t-il.

Il lui fallait cette corde.

Lentement il redescendit la périlleuse échelle; puis, lorsqu'il ne fut plus qu'à quelques mètres, il sauta bien d'aplomb sans se soucier de crever le bouchon de neige tant sa confiance était grande. Rapidement, il passa la corde en bandoulière, et reprit l'ascension. Il s'aperçut alors de sa fatigue : il grimpait avec difficulté; ce lui était un effort exténuant de mettre un pied au-dessus de l'autre. Il crut qu'il n'arriverait jamais à la fissure. Il y parvint pourtant et s'y reposa un long moment; son souffle était si fort qu'il suffisait à emplir la caverne diaphane. Il se coinça dans la fissure, utilisant de son mieux les marches et les encoches, et réussit enfin à chevaucher la mince lame de glace.

Son équilibre était précaire. Le moindre choc aurait suffi à le rompre. Il prépara sa corde, roulant avec soin les anneaux à double, puis commença le lancer. Cinq fois, six fois, la corde atteignit le champignon de glace sans s'y accrocher; à chaque nouvel effort, sa fatigue devenait plus grande, la corde mouillée plus lourde. Mais un espoir immense soutenait Zian et il recommençait sans se lasser, maîtrisant ses nerfs, assurant sa trajectoire. Enfin, il réussit! Le double filin s'était bien calé dans la gorge du champignon de glace. Il en tenait les deux brins dans ses mains; son destin était accroché à ces torons de chanvre, raidis par le froid. Il allait pouvoir faire l'ultime tentative. Lentement, s'aidant de la corde, il se mit debout, puis, la saisissant à bout de bras le plus haut possible afin de réduire le mouvement pendulaire, il se laissa glisser horizontalement le long de la vire, le corps collé à la paroi; il était maintenant à l'aplomb du champignon; la distance à franchir était courte, d'environ deux hauteurs d'homme.

Bandant ses muscles, il se hissa lentement à la force des poignets, coinçant la corde entre ses deux semelles cloutées pour se reposer, utilisant ce frein pour soulager ses bras. Il franchit ainsi un mètre, deux mètres, trois mètres. Sa tête affleurait maintenant le champignon de glace. Dernière manœuvre, la plus critique, il lui fallait se rétablir sur ce dôme glissant, abandonner la corde.

Ce fut un combat gigantesque qui dura bien cinq bonnes minutes. Il avait réussi à passer son bras gauche derrière la tête de glace, mais sa main glissait sur la surface polie et aucune brisure ne se présentait où il pût se cramponner. Sa main droite, suprême ressource, tenait encore la corde.

Le moment vint où il lui fallut tout lâcher. Calculant bien ses gestes, il s'élança, et d'un effort désespéré, embrassa le piton de glace. Mais il avait trop présumé de ses forces : il chercha vainement à reprendre la corde qui pendait entre ses jambes. Trop tard ! Il lutta encore pendant une fraction de seconde, les yeux fermés, puis il desserra son étreinte. Ses mains glissèrent sur la surface aussi lisse qu'un miroir et il tomba avec un grand bruit sourd, tout droit, et s'enfonça jusqu'aux cuisses dans le bouchon de neige.

La corde libérée pendait hors de portée.

Hagard, abruti, il se dégagea et s'étendit sur le dos, les yeux grands ouverts.

Alors, comme si elle n'avait voulu lui concéder que cet ultime délai, la lumière du jour pâlit subitement, les parois de glace prirent des colorations glauques, puis s'éteignirent elles aussi. La nuit était venue.

Étendu sans mouvement dans la neige, presque inconscient, résigné, Zian attendit la mort; des flocons le recouvraient et il ne faisait aucun geste pour les écarter.

Il avait une invincible envie de dormir et il éprouvait une lourdeur inouïe dans tout son corps; ses tempes lui semblaient cerclées d'acier. Par moments, le délire s'emparait de lui : alors il chantait et riait tout haut et ses ricanements résonnaient bizarrement entre les parois vides.

Au jour, le froid devint très vif. A la lumière de cave des jours précédents succéda une chaude lumière. En haut, sur la terre, le soleil luisait. Dans ses moments de lucidité, Zian apercevait un pan de ciel bleu, et cela lui faisait chaud dans l'âme. Il avait une nette conscience de sa situation, mais ne pouvait plus se souvenir du nombre de jours qu'il avait passés dans la crevasse : « Ça date d'hier », pensait-il.

Il reprenait courage. « Il fait grand beau temps ! se disait-il. Ils ont dû recommencer les recherches; la neige va fondre, ils trouveront le piolet ! » Il s'accrochait à cet espoir.

Vers midi, il crut entendre très loin une voix de femme qui criait son nom... Il écouta, le cri se répéta plusieurs fois, très faiblement, comme s'il lui parvenait de l'au-delà.

Zian repoussa l'espoir de nouvelles recherches : c'était trop tôt, la montagne n'était pas assez dégagée. Demain peut-être ! Encore une fois, il entendit l'appel :

– Zian ! (Il rit.)

– Tu déraillles, fiston, fit-il, se moquant, c'est une hallucination ! (Au fond, pourquoi pas ? Quelqu'un pensait à lui...) Brigitte... Brigitte... murmura-t-il, puis il retomba dans sa léthargie.

Les ombres l'avertirent de l'approche de la nuit. Toute la journée, le bruit des avalanches était venu le distraire dans sa tombe. Elles devaient couler de partout, signe que la journée avait été chaude. « Tant mieux... tant mieux ! » pensa-t-il.

Il y eut comme un choc mou à côté de lui. Il tourna la tête. Le trou du haut s'était élargi sous l'action du soleil, et son piolet – ironie du sort – venait de tomber à côté du prisonnier. Son piolet ! Il eut un bref sursaut pour s'en saisir, mais si son âme commandait toujours, ses muscles n'obéissaient plus. Trop tard ! Son fidèle compagnon de course gisait, planté à moins de deux mètres, et il ne pouvait l'atteindre. Il fit un impossible effort pour le prendre une fois encore dans ses mains, caresser le manche poli où se lisaient toutes les cicatrices d'une carrière aventureuse ! Il rampa, se roula jusqu'à lui et comme ses doigts ne s'ouvraient plus, il le serra gauchement dans son coude, tout contre sa poitrine.

Ah ! s'il l'avait eu le premier jour ! Quelle dérision ! Il songea aux efforts surhumains qu'il avait faits pour tailler, avec un misérable piton, cette monstrueuse échelle vers la lumière. Comme tout cela eût été simple alors avec le bel outil qui chantait clair dans la glace noire.

La nuit arriva bientôt. Zian n'avait plus bougé. Il gisait, prostré, épuisé par les efforts des jours précédents, ne sentant pas la faim, mâchant la neige à même l'épaisse couche pour étancher sa soif.

Sur le matin, la crevasse émit une longue plainte, à laquelle répondit le délire de Zian. D'un seul coup, dans un bruit sinistre et sourd, la moitié du bouchon de neige s'enfonça dans l'abîme. Il y eut, en dessous, dans les ténèbres du fond, le choc lourd de la masse détachée plongeant dans l'eau. Presque inconscient, la moitié de son corps pendant dans le vide, Zian resta accroché par les coudes.

Dans un dernier réflexe animal, il se hissa sur ce qui restait du bouchon de neige; il y avait tout juste la place d'un corps. Il sombra dans un rêve agité : il apercevait des horizons lumineux. Il planait au-dessus de la terre...

A Paris, Brigitte attend fiévreusement une réponse à sa lettre. Chaque coup de sonnette la fait tressaillir, elle entrouvre la porte de sa chambre, écoute, guette le facteur.

Elle échafaude des hypothèses, s'efforce de se prouver qu'elle n'a pas lieu de s'inquiéter : Zian est certainement en course; il a sans doute signé un engagement de fin de saison. Ne lui a-t-il pas raconté que certains de ses camarades prolongeaient souvent la saison chamoniarde trop courte, en allant grimper en Corse ou en Italie, sous des climats moins rudes ? Mais elle est obligée de reconnaître que, dans ce dernier cas, Zian aurait écrit pour la prévenir de son absence. Ou bien ne voudrait-il plus d'elle ?...

Cette attente est mortelle ! Elle est parfois tentée de téléphoner à Chamonix. Mais chez qui ?... Chez Pierre ?... Non. Zian seul doit apprendre le retour de Brigitte et sa décision.

Ses valises sont prêtes depuis le premier jour. Elle mange à peine, évite le plus possible son entourage, use son impatience en relisant des livres de montagne, et ces lectures avivent son désir de retour vers les cimes... vers Zian.

11

Le lendemain de cette infructueuse journée de recherches, Nanette resta cloîtrée du matin au soir dans les vastes bâtiments vides du Montenvers. Dehors, le mauvais temps s'était établi; à la pluie avait succédé la neige.

Nanette travaillait avec acharnement, s'efforçant de ne penser à rien. En vain! L'image de Zian, blessé, isolé dans un coin perdu de la montagne, la poursuivait sans répit. Alors que les guides étaient descendus la veille de Chamonix, persuadés qu'il n'y avait plus aucun espoir, Nanette se refusait à admettre cette hypothèse. Elle avait la certitude que Zian vivait, qu'il attendait du secours, misérable, agonisant, solitaire, quelque part dans ces immenses moraines, dans ces clapiers où les trous abondent, dans une crevasse peut-être! Mais il vivait, ça, elle en était sûre!

Dans l'après-midi, elle téléphona à Pierre. Celui-ci chercha, sans y réussir, à la convaincre de la stérilité de tout effort qui serait tenté dans des conditions aussi défavorables. Aucun guide, disait-il, et Zian lui-même aurait été de cet avis, ne pouvait s'aventurer en montagne par un temps pareil. C'eût été une folie! Il fallait patienter.

Patienter! Patienter! Avec cette angoisse dans le cœur! Nanette lui arracha la promesse qu'il monterait le lendemain avec les vieux amis de Zian : Boule, Paul Mouny.

– Demande au docteur de venir ! ajouta-t-elle.

Il promit, encore qu'il se demandât ce que pourrait bien faire le docteur pour ressusciter un mort. Il ajouta qu'on reprendrait les recherches dès le lendemain du premier jour de beau temps.

Nanette raccrocha, désespérée.

Elle passa toute la nuit aux aguets derrière sa fenêtre, et lorsque, dans l'aube glaciale, quelques étoiles percèrent au-dessus des nuages, elle s'habilla chaudement et sortit. C'était le cinquième jour de la disparition de Zian, et il s'annonçait comme devant être merveilleux; les nuages se dissipaient graduellement, descendaient la montagne et s'accumulaient très bas en un lourd banc de vapeur au-dessus de la vallée de Chamonix, appesantis sur les villages invisibles. Mais il régnait dans les zones d'alpage et plus haut, dans le sauvage pays de glace et de granit, un calme irréel. La neige fraîche recouvrait toute la haute montagne; les Aiguilles, luisantes de verglas, brillaient sous le pâle soleil d'octobre. L'air était d'une légèreté inouïe.

Pourquoi ne tenterait-elle pas ce que les hommes ne voulaient pas faire ? Elle partit dans la montagne, escaladant à pas lents la longue crête des Charmoz qui, du Montenvers, s'élève peu à peu jusqu'aux premiers soubassements des Aiguilles de Chamonix. Elle pouvait ainsi surveiller les deux versants, celui de la Mer de Glace et celui des Nantillons.

Il y avait force neige sur les rochers, une belle poudreuse, au contact glacial, que le soleil vint bientôt tasser jusqu'à la rendre lourde et collante. Parfois, Nanette enfonçait jusqu'aux genoux entre deux pierres, risquant de se briser une jambe. Elle marcha ainsi durant trois longues heures ! Devant elle, la paroi de l'Aiguille de l'M grandissait, se haussait; bientôt viendrait le moment où elle devrait renoncer, revenir.

Découragée, elle s'assit contre un cairn. Le paysage était trop grand pour elle, la montagne trop immense. Comment retrouver un homme dans ces vastes moraines où la neige embellissait les combes perfides, recouvrait les blocs, calfatait les crevasses ? Ce qui paraissait uni en surface n'était que pièges, creux, gouffres, dolines !

Pierre avait raison. La montagne ne rendrait son secret que si l'on pouvait trouver des traces, et pour cela il fallait attendre que fondît cette couche immaculée qui cachait tant de traîtrises et d'embûches !

Les avalanches commencèrent à crouler avec régularité dans les grands couloirs. On les entendait dévaler un peu partout à la fois dans un fracas de pierres attachées. Le soleil tapait fort : Nanette décida de rentrer. Déjà les combes changeaient d'aspect. Sous l'action du soleil, la neige fondait rapidement en moyenne altitude et les pierres des moraines pointaient de tous côtés. A la limite du berceau glaciaire, les pâturages et les premiers mélèzes étaient déjà secs.

Par trois fois, dressée sur la crête, Nanette appela Zian, puis tristement reprit le chemin du retour.

Pierre, Paul Mouny et Boule arrivèrent le lendemain matin. Le baromètre se maintenait au beau; ils prirent à peine le temps de se reposer et partirent pour fouiller à nouveau les moraines de la Thendia, car Pierre estimait que la première fois, avec le brouillard, ils n'avaient pu y apporter assez de soin.

Ils revinrent à la nuit, harassés, brûlés de soleil, découragés. Montant de Chamonix, le Dr Coutaz les rejoignit peu après. Le praticien ne conservait, lui non plus, aucun espoir, mais la ténacité de Nanette et l'amitié qu'il portait à Zian lui paraissaient des raisons suffisantes pour se joindre aux autres.

Six jours s'étaient écoulés depuis la disparition. Le septième au matin, Pierre, qui commandait les recherches, résolut de fouiller chaque bloc de l'énorme clapier morainique qui court du Montenvers au Plan des Aiguilles, traversé par l'extrémité des glaciers des Nantillons et du Plan. Nanette demanda comme une faveur de se joindre à eux.

Ce fut encore une journée décourageante. Les hommes qui avaient adopté chacun un secteur explorèrent les moindres recoins, les moindres blocs. Nulle trace ne vint leur apporter l'indice révélateur.

Quant à Nanette, on lui avait confié la zone des pâturages, à la limite de la forêt. Elle devait ainsi aller du Montenvers aux Vacheries du Rocher par le sentier des Gardes, traverser à Blaitière-Dessus, et rejoindre les autres sous la moraine du Plan, vers les 4 heures du soir. Pierre pensait ainsi épargner à la jeune fille la fatigue d'une longue marche dans les roches croulantes qui exigent une gymnastique incessante, plus pénible qu'une longue randonnée.

Vers midi, ayant poursuivi ses recherches à travers les pâturages roussis et sous les feuillages dorés des mélèzes, Nanette parvint à la Vacherie de Blaitière-Dessus, long bâtiment rustique bâti sur un plan de verdure dans une sorte de combe ouverte sur l'à-pic dominant Chamonix. Le paysage, idyllique, reposait de la rudesse des clapiers supérieurs.

Nanette pénétra dans la chavanne. Elle connaissait bien la senteur spéciale de ces vacheries d'alpages en morte-saison. Mais il lui semblait, ce jour-là, qu'aux effluves de moisi se mêlaient des senteurs de vie. Une odeur de fumée de bois flottait encore sous les charpentes apparentes; le salpêtre suintait des murs, mais à l'intérieur, l'air était sec. Quelqu'un était venu ici, récemment, y avait allumé du feu! Elle alla vers l'âtre. Des débris de branches à demi consumées, des tisons éteints dispersés sur le sol battu loin des cendres du foyer prouvaient qu'après avoir fait du feu quelqu'un avait soigneusement étouffé les braises.

Poursuivant ses investigations, elle se hissa jusqu'à la litière des bergers : la forme d'un corps était encore marquée dans le foin sec. Comme elle cherchait vainement un indice quelconque qui pût la renseigner sur l'identité du visiteur, elle remarqua un tas de branches sèches empilées dans un coin. Elle alla le fouiller de ses mains et sentit sous ses doigts le froid caractéristique du métal. Le cœur battant, elle retira les deux tronçons démontés d'une carabine que, d'un seul coup d'œil, elle reconnut pour la « Wetterli » de Zian.

Elle se redressa toute fière, presque joyeuse. Enfin, on allait pouvoir circonscrire les recherches. Zian avait passé la nuit à la Vacherie.

Hâtivement, elle enfouit l'arme dans son sac et, à grands pas, remonta les raides pentes herbeuses jusqu'au lieu du rendez-vous. Elle aperçut les hommes qui allaient et venaient sur une crête, tantôt visibles, tantôt absorbés par un creux du paysage. A ses appels, ils accoururent.

Ils décidèrent alors de rentrer immédiatement au Montenvers et d'avertir Chamonix.

Le soir, autour de la table, une certaine animation régnait dans le groupe. Il s'agissait de reconstituer l'emploi du temps de Zian.

— A mon avis, conclut Pierre après que chacun eut exprimé son opinion, Zian a passé la nuit à Blaitière. Le lendemain matin, ayant laissé sa carabine au chalet, où il avait donc l'intention de venir la reprendre, il est parti en haute montagne, car il avait conservé son piolet. De Blaitière, où peut-on aller ? Aux Aiguilles de l'M, ou aux Petits Charmoz ? Peu d'intérêt. Au Grépon ? Trop difficile pour un homme seul, et Zian n'était pas fou. Il avait beau être un peu sauvage ces derniers temps, il n'aurait certainement pas commis d'imprudence en montagne. Alors ? Restent les Grands Charmoz ! Ce n'est pas trop difficile. Il y a une belle vue... Demain, on remontera le glacier; on sera fixés. En altitude, les traces ont dû marquer profondément. On les retrouvera bien, même sous la neige fraîche. Sinon, il faudra reprendre pierre par pierre tous les lapiaz du Plan de l'Aiguille à la crête des Charmoz. Faudra une nombreuse équipe, on demandera des volontaires à Chamonix, peut-être des chiens policiers...

Ils quittèrent Montenvers à 5 heures du matin, par une nuit très sombre. Il était nécessaire, pour découvrir les géants de la chaîne, de regarder fixement dans le ciel les endroits où il n'y avait pas d'étoiles. La pâleur métallique de l'aurore commença bientôt, vers l'cst, à dessiner de fantastiques profils d'aiguilles. Ils avaient, pour aller plus vite, allumé deux lanternes. Pierre marchait en tête; derrière lui, venaient Nanette, collée à ses pas, ensuite Paul Mouny avec la deuxième lanterne, le docteur et Boule portant le brancard, lourd et peu pratique. Il leur avait fallu se décider, sur l'insistance de Nanette, à prendre ce brancard, alors qu'une perche eût été beaucoup plus maniable dans les passages difficiles. Jusqu'à la dernière minute, la jeune fille gardait confiance. Zian était vivant; elle l'affirmait avec autorité et aucun des hommes présents n'eût osé la contredire.

Le temps était beau, mais l'aube glaciale. La neige avait beaucoup fondu avec ces deux journées de chaleur inaccoutumée, et ils retrouvèrent assez aisément la piste à peine marquée qui remonte la moraine des Nantillons. Deux heures plus tard, ils abordaient la grande côte du glacier, juste au-dessus du Rognon. Comme ils voyaient assez clair, ils éteignirent les lanternes et les replièrent dans leurs sacs.

A cette altitude, il y avait encore beaucoup de neige fraîche, et tandis qu'ils escaladaient les rochers faciles du Rognon, ils sentirent à plusieurs reprises la morsure de l'onglée, car ils devaient dégager avec leurs mains les prises recouvertes de neige gelée.

Deux heures et demie après avoir quitté le Montenvers, ils atteignirent l'ancien abri du Club Alpin; ils ne trouvèrent aucune trace de passage ni de bivouac sous les murettes de pierre. Ce ne fut qu'en montant la pente abrupte qui domine l'abri que Pierre crut déceler une teinte légèrement plus sombre, courant sur la neige comme un ruban, à l'endroit habituel où passent les caravanes. Il aurait fallu du soleil pour contrôler le fait. Mais à cette époque de l'année les premiers rayons n'arrivaient que tard dans la matinée au fond de cette gorge sauvage, encaissée entre les parois des Grands Charmoz et de Blaitière.

Pierre garda ses réflexions pour lui.

Ils abordèrent alors la traversée du glacier sous la barre des séracs supérieurs; il existait là une sorte de combe peu inclinée et très crevassée où abondait la neige fraîche. Ils repérèrent l'endroit le plus favorable pour franchir trois ou quatres grandes crevasses bien ouvertes. Ils empruntèrent le seul passage praticable, et c'est alors que Boule, jusque-là silencieux, contrairement à son habituelle exubérance, lança :

– Vise un peu, Pierre ! Y a des vieilles traces !

Les autres en convinrent. Un faible sillon se creusait et sinuait entre les crevasses. Ils s'arrêtèrent, malgré le danger permanent que représentait la banquise des séracs surplombants. Boule, fébrilement, se glissa en avant de la caravane, là où la neige était vierge, et, à mains nues, dégagea la trace présumée. Il procédait avec méthode, délicatement, poignée par poignée, pour ne pas détruire le relief de la couche sous-jacente. A vingt centimètres de profondeur, il sentit, à sa consistance, que la neige était beaucoup plus tassée, donc plus vieille. Puis ses doigts heurtèrent un rebord glacé, dur. Boule le tâta comme ferait un aveugle : c'était bien un pas humain, profondément marqué. Il se releva, souffla dans ses doigts, tout engourdis de froid.

– Il est passé par là ! Bigre, ça gèle ce travail !

– Veux-tu que je te frictionne ? dit Nanette.

– Ça fait mé pi pas pi !

Il éclata de rire. Il riait constamment, pour un rien ! Le rire était le propre de sa nature, et il avait fallu qu'il fût tristement impressionné par la disparition de Zian pour n'avoir pas encore lancé de plaisanteries depuis leur départ de l'hôtellerie.

Pierre l'aida dans ses recherches. Il y avait incontestablement des traces, et des traces pas trop anciennes puisqu'elles étaient encore incrustées dans la couche de neige tombée juste avant cette dernière période de mauvais temps.

– Continuons, ça se dirige vers les Charmoz, conclut-il.

Ils grimpèrent aussi vite qu'ils purent le cône de déjection de la rimaye. Sur cette pente raide où dévalaient sans arrêt des coulées venant de la brèche Charmoz-Grépon, il était inutile de chercher; mais peut-être, plus haut, sur la rimaye...

Sans le savoir, ils adoptèrent, pour franchir le gouffre, le même passage qu'avait choisi Zian, huit jours auparavant, ce fragile pont formé de blocs de neige et de glace éboulés et soudés entre eux. Déjà, Pierre était sur l'autre bord, en train de gravir la paroi rocheuse, quand Nanette s'écria :

– Attends, Pierre ! Pas la peine d'aller plus haut. (Il se retourna, interloqué.) Zian n'est pas homme à se dérocher dans les Grands Charmoz, continua-t-elle. Vous le savez bien, vous autres ! S'il a eu un accident, ça ne peut être que sur un pont de neige, sur le glacier...

– Je crois que tu as raison, Nanette, répondit Pierre. Laisse-moi seulement tourner un peu du côté de ces rochers, j'ai comme une idée...

– Dis...

– Je me demande comment je vais faire pour redescendre. Va falloir poser un rappel. Pour Zian, ça devait être tout pareil! (Il regarda à droite et à gauche, puis poussa une exclamation : sur un piton de roc, il venait de découvrir un anneau de corde tout neuf, gonflé d'eau gelée.) Tenez, vous autres, voilà l'anneau qu'il a posé.

Il s'en servit lui-même pour y filer sa corde de rappel et rejoignit la caravane.

– Cette fois, pas d'erreur! affirma Boule. Zian a repassé la rimaye en rappel. C'est lui et pas un autre, car il y a quinze jours, on passait facilement sans corde à cet endroit.

Ils redescendirent les premières pentes et s'accordèrent un peu de repos, à l'abri des dangereux séracs. La matinée était peu avancée; le soleil qui venait de toucher le Col des Nantillons, juste au-dessus d'eux, éclairait violemment les grands couloirs de Blaitière. Mais ils n'admiraient ni la majesté du site, ni la beauté des premiers plans glaciaires, ni la perspective des sommets secondaires fuyant vers le nord, jusqu'à la frontière suisse. Ils ne sentaient même pas le froid insidieux qui les pénétrait. Ils réfléchissaient! Leurs recherches étaient sur le point d'aboutir et, à cette idée, leur cœur battait un peu plus vite.

De l'endroit où ils avaient fait halte, ils dominaient le glacier. Leurs pas zigzaguaient d'un pont de neige à un autre, et avec l'éclairage frisant du matin, on pouvait lire à livre ouvert le sillon noirâtre des traces anciennes réapparaissant sous la neige fraîche. La même pensée leur vint à tous. Ce fut Paul Mouny qui l'exprima rudement.

– Y s'est pas cassé la figure dans ces crevasses! Les vieilles traces franchissent l'endroit dangereux. Donc, c'est au-dessous du Rognon qu'il faut chercher... Debout! Perdons pas de temps.

Une heure après, ils étaient au bas des rochers et entreprenaient des recherches méthodiques. Sans souci des séracs qui à chaque instant pouvaient craquer,

Boule se fit descendre à bout de corde, entre glace et rocher, et fouilla les moindres trous. Puis, dans les séracs mêmes, ils sondèrent du regard les plus profondes crevasses.

Alors qu'il longeait la lèvre supérieure d'un gouffre d'une trentaine de mètres, Pierre aperçut, coincé dans le fond, un manche de piolet qu'ils voulurent identifier. Cela leur prit une bonne heure. Il leur fallut d'abord tailler un champignon de glace, puis y fixer une corde de rappel. Boule se proposa, mais Pierre préféra descendre lui-même dans la crevasse céruléenne. Il mit longtemps à dégager le fer du piolet, gelé et coincé dans une fissure étroite. Enfin, il put le retirer et poussa un cri de déception ! C'était un piolet d'amateur, comme on en donne aux débutants qui n'ont pas à tailler; ce n'était pas le solide outil de guide, à lame mince et tranchante, de Zian.

Les trois hommes hissèrent péniblement Pierre jusqu'à eux, puis ils poursuivirent leurs recherches à travers les innombrables crevasses de ce maudit glacier ! Ils ne s'expliquaient pas que Zian eût pu disparaître dans une région aussi connue, aussi facile pour un montagnard expérimenté.

Quand ils terminèrent l'exploration de la dernière côte, ils se trouvaient alors à l'aplomb du Col de l'Étala, à peu près à l'endroit où se rejoignent les itinéraires du Plan des Aiguilles et du Montenvers, et pouvaient considérer leurs recherches comme terminées.

Abattus et découragés, ils prirent un repos nécessaire, car toutes ces manœuvres les avaient exténués. Ils ne parlaient plus; chacun ressassait de sombres pensées sans en faire part aux autres. Pierre commença à douter qu'ils pussent jamais retrouver le corps de son ami. Boule, qui ne pouvait jamais tenir en place, tournait en rond.

Le glacier était découvert et les crevasses transversales, très étroites à la surface, étaient nettement visibles. On pouvait toutes les franchir d'un pas. Boule longea une de ces étroites fissures. Machinalement, il se pencha et vit qu'elle allait en s'élargissant à la base pour former un gouffre appréciable... Une idée l'effleura, puis il la repoussa, la jugeant saugrenue. Non, Zian ne pouvait être là-dessous. A moins d'être aveugle ou distrait, nul ne pouvait tomber sur ce glacier découvert. Toutefois, il continua ses investigations. Quelques mètres en contrebas, s'amorçait une nouvelle crevasse; elle mesurait à peine cinquante centimètres à l'endroit le plus large et était bordée d'un bourrelet de vieille neige pourrie. Boule s'avança avec précaution, se pencha, sonda le trou qui paraissait extrêmement profond, puis étonné par ce qu'il découvrait, lâcha une exclamation de surprise : à moins de deux mètres du bord, sur une lame de glace détachée de la paroi principale, un bout de corde était accroché. L'aventure du piolet l'avait rendu méfiant. Cependant, il se dit qu'une corde en cet endroit était une chose insolite. A voix haute, il appela les autres :

– Pierre ! Oh ! Pierre !

A cet instant, il lui sembla entendre son nom.

– Boule !

Sans y prêter attention, il cria encore :

– Venez voir par ici, vous autres !

Un appel pressant, crispé, angoissé monta alors jusqu'à lui.

– Boule !

Il pâlit et se retourna. Là-bas, les autres n'avaient pas bougé.

« Je deviens fou ! » pensa-t-il. Puis il hurla avec fureur :

– Eh bien, vous vous décidez, vous autres ?

De nouveau il crut entendre son nom, mais très faiblement cette fois. Il se redressa, effrayé, parlant tout seul.

– Bon sang de bon sang... Mais tu rêves... calme-toi!... Pourtant, j'ai bien entendu!... Non, je ne rêve pas... Alors!... Il serait là-dessous, toujours vivant, au bout de huit jours? (L'inconcevable réalité l'affolait; il appela encore :) Pierre! Paul! Docteur! Venez vite. Je crois que je bats la breloque. (Intrigués, ils se précipitèrent. Boule pouvait à peine parler. Il leur montrait du doigt la crevasse.) Il est là!... Ou alors c'est un revenant... Il a appelé!

— Calme-toi, Boule, fit Pierre qui avait conservé tout son sang-froid. Tu dérailles. Il n'y a plus de fantômes à notre époque. (Puis, se penchant sur la crevasse, il aperçut la corde, fouilla du regard les parois qui se perdaient dans une obscurité glauque, aperçut enfin une forme vague couchée dans la neige... Il se releva d'un bond, le visage soudain très grave :) C'est lui... Vite, Paul! Taille un champignon de rappel. (Mais il doutait encore :) Ça n'est pas possible qu'il ait appelé. Tu perds la tête, Boule. Comment veux-tu qu'un homme puisse tenir une semaine au fond d'une crevasse, exposé au froid, sans nourriture?

Ils déplièrent fiévreusement les cordes.

Nanette, à genoux dans la neige, priait à voix basse.

12

Couché sur l'étroit bouchon de neige pourrie, Zian n'a plus connaissance du temps. Il ne sent plus le froid ni la faim... Il a oublié même qu'il possède un corps. Celui-ci, d'ailleurs, ne lui demande plus rien. Il gît, étendu sur le dos, les yeux brûlés par l'éclat de la neige. Parfois, il a toute sa connaissance; alors il fixe son regard sur ce cercle de clarté qui vient d'en haut. Quelques nuages courent dans le ciel et, à l'intensité de la réverbération solaire, il mesure la chute du jour. Il ne détache plus ses yeux brillants de fièvre du cercle irisé par où coule jusque vers lui la caresse imprécise de la lumière. Puis, il sombre dans le néant. Nul n'est là pour l'entendre délirer à voix haute, mêler des histoires sans suite, hurler parfois un nom, puis, calmé, sourire avec béatitude.

Ainsi se passe la septième journée, mais Zian l'ignore, car, depuis la veille, il a perdu toute notion de durée; la corde inutile pend au-dessus de sa tête. Parfois, il la suit du regard avec étonnement et remonte avec elle jusqu'à cette ouverture par où se déversent les bruits extérieurs. Il n'y prête plus aucune attention, pas plus qu'au grondement des avalanches ou au fracas des chutes de pierres, pas même aux « plouf » des ponts de neige qui s'effondrent dans le clapotis des lacs sous-glaciaires.

Plein de sérénité, il n'appartient déjà plus à la terre. Par ce puits de lumière, parfois, des apparitions radieuses viennent le visiter, dansant sur les flocons blancs des nuages. Il reconnaît tous ses amis, il se reconnaît lui-même, se sourit. Une immense envie le prend de monter, d'aller les rejoindre.

« Il doit faire chaud, là-haut, pense-t-il. Comme ça doit être bon de se baigner dans le soleil, d'errer ainsi au-dessus de la terre, au-dessus des brumes ! »

La nuit vient, la septième de son calvaire, mais pour lui il n'y a plus de nuit. Il « voit » et il constate avec étonnement que les étoiles brillent en plein jour.

Immobile sur la neige, il n'a plus de vivant que le regard, un regard halluciné, qui étincelle, au fond de ses yeux caves, autant que l'étoile du berger qui vient de s'éteindre là-haut, avec l'aube du huitième jour.

Un éclairage très doux irise maintenant le bord supérieur de la crevasse; c'est comme une couronne de lumière qui descend lentement vers lui, et au milieu de cette couronne apparaît le visage aimé. Zian murmure d'indistinctes prières, des mots d'amour s'exhalent directement de son cœur. Brigitte !...

Il délire, il entend des voix qui l'appellent. Il voudrait remuer les lèvres, répondre! Comme c'est drôle de parler sans s'entendre!

– Oui, c'est moi! Je suis là, les amis!

Il les sent, il les devine tout près de lui; il sait que cette fois, ils ne partiront plus, ils prendront part à la fête mystérieuse à laquelle il les convie. Il perçoit une voix toute proche, familière, qui appelle :

– Pierre!...

Et il répond :

– Boule!...

Et cette fois, le son dépasse ses lèvres et monte. Boule! C'est lui, le vieux, le cher camarade... Il savait bien qu'on ne l'abandonnerait pas. Il rit.

–. Boule! répète-t-il. Comme c'est effrayant une voix qui sort d'un cadavre...

– Boule! répètent ses lèvres, cependant qu'il ferme les yeux, envahi par une étrange et bienheureuse lassitude.

Sur le glacier les sauveteurs s'empressent. Paul Mouny taille la glace à grands coups de piolet pour y creuser une gorge capable de supporter la corde de rappel; les autres préparent des longueurs de corde. Nanette, immobile, espère l'impossible. Le docteur ouvre sa trousse de secours, sort une seringue, brise une ampoule d'huile camphrée. Il est sceptique, mais sait-on jamais!

Le rappel placé, Paul s'offre à aller chercher Mappaz. Ses camarades le laissent glisser tout doucement dans la crevasse, freinant sa descente par des tours morts sur les manches des piolets. Il est bientôt en bas et les avertit d'un cri. Penchés au bord du trou sombre, haletants d'émotion, les sauveteurs sondent le vide du regard.

Paul Mouny se penche sur Zian, d'un geste prompt glisse sa main sous la veste gelée et dure, touche la chair froide, cherche le cœur et perçoit enfin, très faibles, très lentes, quelques pulsations. Il se redresse, hurle :

– Il vit !... Il vit !... Vite ! Envoyez une corde d'attache ! (Puis, en un clin d'œil, il ficelle soigneusement Zian, prenant soin de ne pas l'étouffer, passe une corde sous ses jambes, une autre sous ses bras.) Allez-y, vous autres !

Les trois hommes restés en haut et Nanette hissent le rescapé, tandis qu'en bas, Paul veille à ce qu'il ne heurte pas trop durement les parois. Dans un dernier effort, Zian est amené sur le glacier. Il est presque rigide. Rapidement, on le couche sur le brancard, et tous s'écartent pour laisser agir le médecin. Sous la peau violette de froid, celui-ci fait une injection d'huile camphrée. Puis il attend, silencieux, hochant la tête d'un air de doute... Tous, autour de lui, retiennent leur respiration.

Quelques minutes se passent, puis les paupières de Zian battent, et ses yeux, ses pauvres yeux brillants s'ouvrent. Il regarde avec étonnement le cercle de figures amies et ne les reconnaît pas. Eux, lui parlent doucement, comme on fait avec un grand malade. Zian contemple, hébété, ces visages crispés, puis tourne son regard, au-dessus des têtes, vers les nuages qui courent dans le ciel. Peut-être aperçoit-il également l'orgueilleuse Pointe de Blaitière incendiée de soleil. Enfin, son visage se détend, le rictus qui crispait ses lèvres s'adoucit, on dirait même qu'il ébauche un sourire, et les autres, les yeux embués, sourient aussi.

Et tout à coup, il se met à parler. Les yeux fixés sur Nanette qu'il voit à contre-jour, tous ses cheveux baignés de lumière, il fait un effort inouï pour se dresser vers elle et retombe lourdement. Lentement, articulant avec peine, il prononce avec extase :

– Brigitte !... Brigitte !...

– Calme-toi, Zian, fait Boule. C'est pas Brigitte, c'est Na...

Mais Nanette l'arrête d'un geste. Il comprend et se tait.

Est-ce l'effet de la piqûre ? Zian s'exalte tout à coup, devient volubile.

– Brigitte ! dit-il. C'est toi, Brigitte !... Tu es revenue, je le savais... Nous serons heureux maintenant... Viens avec moi... il fait si beau... Regarde les montagnes, très loin... très loin... Toutes ces montagnes... pour nous... Pour nous deux... et les autres sont en bas... Nous, nous resterons toujours en haut... Bri...

Il se tait brusquement, mais ses yeux qui sourient contemplent ardemment Nanette. La jeune fille se penche sur lui, lui caresse doucement les cheveux, essaie de sourire, incapable de retenir plus longtemps les larmes qui glissent sur ses joues... A son tour, elle parle... elle ment avec ferveur :

– Oui, c'est moi, Zian... C'est moi, Brigitte, je ne te quitterai plus... Ne parle plus... Ne te fatigue pas !...

Les guides se détournent pour cacher leur émotion. Boule prépare la descente, car il ne faut plus tarder maintenant. A l'écart, Pierre interroge le médecin :

– On pourra le sauver ?

Tristement, le docteur fait signe que non.

Sur le brancard, Zian, apaisé, respire faiblement. Son regard fiévreux ne quitte plus celui de Nanette. Quand la jeune fille a voulu retirer sa main du front du malade, elle a vu la flamme brillante du regard s'éteindre tout à coup. Alors elle a pris place à côté du brancard et, malgré les difficultés de la marche, malgré les crevasses, elle n'a plus cessé de caresser doucement le pauvre visage émacié.

Ils firent halte sur la moraine des Nantillons. Zian était très affaibli et le docteur lui fit une seconde piqûre puis ils reprirent leur descente.

Comme ils atteignaient les premiers mélèzes, juste au-dessus des Vacheries de Blaitière, le médecin qui, de temps en temps, prenait le pouls de Zian, dit aux porteurs :

– Ce n'est plus la peine de vous presser.

Alors, ils posèrent délicatement le brancard au milieu des rhododendrons, se relevèrent et se découvrirent.

Personne ne parlait : Zian avait conservé un sourire figé sur les lèvres, mais de ses yeux fixes, toute flamme était absente.

Une dernière fois, Nanette se pencha, abaissa ses paupières. Il avait à présent l'air de dormir. Ensuite, la voix brouillée, elle prit congé.

– Vous n'avez plus besoin de moi ? Je vous laisse. Il faut que je passe par le Montenvers, j'ai encore des tas de choses à ranger.

Elle s'enfonça dans la forêt où ils la regardèrent disparaître. Ensuite, comme c'était plus commode pour porter, ils coupèrent une longue perche et ficelèrent le corps dessus.

Les brumes du soir flottaient dans les vallons tranquilles, et de longs écheveaux traînaient sur Chamonix, mais en altitude, tout était pur et radieux.

– On aura un bon automne ! fit Paul Mouny, en soulevant la perche.

Les autres approuvèrent.

Les personnages de ce roman se retrouvent dans Retour à la Montagne *paru aux Éditions J'ai Lu.*

Littérature

extrait du catalogue

Cette collection est d'abord marquée par sa diversité : classiques, grands romans contemporains ou même des livres d'auteurs réputés plus difficiles, comme Borges, Soupault, Goes. En fait, c'est tout le roman qui est proposé ici, Henri Troyat, Bernard Clavel, Guy des Cars, Alain Robbe-Grillet, mais aussi des écrivains tels que Moravia, Colleen McCullough ou Konsalik.

Les classiques tels que Stendhal, Maupassant, Flaubert, Zola, Balzac, etc. sont publiés en texte intégral au prix le plus bas de toute l'édition. Chaque volume est complété par un cahier photos illustrant la biographie de l'auteur.

ADAMS Richard	**Les garennes de Watership Down** 2078 ******
ADLER Philippe	**C'est peut-être ça l'amour** 2284 *** (déc. 87)
AKÉ LOBA	**Kocumbo, l'étudiant noir** 1511 ***
AMADOU Jean	**Heureux les convaincus** 2110 ***
ANDREWS Virginia C.	Fleurs captives :
	- Fleurs captives 1165 ****
	- Pétales au vent 1237 ****
	- Bouquet d'épines 1350 ****
	- Les racines du passé 1818 ****
	Ma douce Audrina 1578 ****
APOLLINAIRE Guillaume	**Les onze mille verges** 704 *
	Les exploits d'un jeune don Juan 875 *
AUEL Jean-M.	**Les chasseurs de mammouths** 2213 ***** & 2214 *****
AVRIL Nicole	**Monsieur de Lyon** 1049 ***
	La disgrâce 1344 ***
	Jeanne 1879 ***
	L'été de la Saint-Valentin 2038 **
	La première alliance 2168 ***
BACH Richard	**Jonathan Livingston le goéland** 1562 * illustré
	Illusions 2111 **
	Un pont sur l'infini 2270 **** (nov.87)
BALZAC Honoré de	**Le père Goriot** 1988 **
BARBER Noël	**Tanamera** 1804 **** & 1805 ****
BATS JOËL	**Gardien de ma vie** 2238 ***
BAUDELAIRE Charles	**Les Fleurs du mal** 1939 **
BEAULIEU PRESLEY Priscillia	**Elvis et moi** 2157 ****

BENZONI Juliette	***Marianne*** 601 **** & 602 ****
	Un aussi long chemin 1872 ****
	Le Gerfaut 2206 ******
	Un collier pour le diable 2207 ******
BLOND Georges	***Moi, Laffite, dernier roi des flibustiers*** 2096 ****
BOLT Robert	***Mission*** 2092 ***
BORGES & BIOY CASARES	***Nouveaux contes de Bustos Domecq*** 1908 ***
BOVE Emmanuel	***Mes amis*** 1973 ***
BOYD William	***La croix et la bannière*** 2139 ****
BRADFORD Sarah	***Grace*** 2002 ****
BREILLAT Catherine	***Police*** 2021 ***
BRISKIN Jacqueline	***Paloverde*** 1259 **** & 1260 ****
	Les sentiers de l'aube 1399 **** & 1400 ****
BROCHIER Jean-Jacques	***Odette Genonceau*** 1111 *
	Villa Marguerite 1556 **
	Un cauchemar 2046 **
BURON Nicole de	***Vas-y maman*** 1031 **
	Dix-jours-de-rêve 1481 ***
	Qui c'est, ce garçon ? 2043 ***
CALDWELL Erskine	***Le bâtard*** 1757 **
CARS Guy des	***La brute*** 47 ***
	Le château de la juive 97 ****
	La tricheuse 125 ***
	L'impure 173 ****
	La corruptrice 229 ***
	La demoiselle d'Opéra 246 ***
	Les filles de joie 265 ***
	La dame du cirque 295 **
	Cette étrange tendresse 303 ***
	La cathédrale de haine 322 ***
	L'officier sans nom 331 **
	Les sept femmes 347 ****
	La maudite 361 ***
	L'habitude d'amour 376 **
	Le Grand Monde 447 **** & 448 ****
	La révoltée 492 ****
	Amour de ma vie 516 ***
	Le faussaire 548 ****
	La vipère 615 ****
	L'entremetteuse 639 ****
	Une certaine dame 696 ****
	L'insolence de sa beauté 736 ***
	L'amour s'en va-t-en guerre 765 **

	Le donneur 809 **
	J'ose 858 **
	De cape et de plume 926 *** & 927 ***
	Le mage et le pendule 990 *
	Le mage et les lignes de la main... et la bonne aventure... et la graphologie 1094 ****
	La justicière 1163 **
	La vie secrète de Dorothée Gindt 1236 **
	La femme qui en savait trop 1293 **
	Le château du clown 1357 ****
	La femme sans frontières 1518 ***
	Le boulevard des illusions 1710 ***
	Les reines de coeur 1783 ***
	La coupable 1880 ***
	L'envoûteuse 2016 *****
	Le faiseur de morts 2063 ***
	Sang d'Afrique 2291 ***** (oct.87)
	La vengeresse 2253 *** (oct.87)
CARS Jean des	Sleeping Story 832 ****
	Louis II de Bavière 1633 ***
	Elisabeth d'Autriche (Sissi) 1692 ****
CASTELOT André	Les battements de coeur de l'Histoire 1620 ****
	Belles et tragiques amours de l'Histoire 1956 **** & 1957 ****
CASTRIES duc de	Madame de Récamier 1835 ****
CATO Nancy	L'Australienne 1969 **** & 1970 ****
	Les étoiles du Pacifique 2183 **** & 2184 ****
CESBRON Gilbert	Chiens perdus sans collier 6 **
	C'est Mozart qu'on assassine 379 ***
CHASTENET Geneviève	Marie-Louise 2024 *****
CHAVELET É. & DANNE J. de	Avenue Foch 1949 ***
CHEDID Andrée	La maison sans racines 2065 **
CHOW CHING LIE	Le palanquin des larmes 859 ***
	Concerto du fleuve Jaune 1202 ***
CLANCIER Georges-Emmanuel	Le pain noir :
	1- Le pain noir 651 ***
	2- La fabrique du roi 652 ***
	3- Les drapeaux de la ville 653 ****
	4- La dernière saison 654 ****
CLAUDE Madame	Le meilleur c'est l'autre 2170 ***

CLAVEL Bernard	**Lettre à un képi blanc** 100 ★
	Le tonnerre de Dieu 290 ★
	Le voyage du père 300 ★
	L'Espagnol 309 ★★★★
	Malataverne 324 ★
	L'hercule sur la place 333 ★★★
	Le tambour du bief 457 ★★
	Le massacre des innocents 474 ★
	L'espion aux yeux verts 499 ★★★
	La grande patience :
	1- La maison des autres 522 ★★★★
	2- Celui qui voulait voir la mer 523 ★★★★
	3- Le coeur des vivants 524 ★★★★
	4- Les fruits de l'hiver 525 ★★★★
	Le Seigneur du Fleuve 590 ★★★
	Victoire au Mans 611 ★★
	Pirates du Rhône 658 ★★
	Le silence des armes 742 ★★★
	Tiennot 1099 ★★
	La bourrelle - L'Iroquoise 1164 ★★
	Les colonnes du ciel :
	1- La saison des loups 1235 ★★★
	2- La lumière du lac 1306 ★★★★
	3- La femme de guerre 1356 ★★★
	4- Marie Bon Pain 1422 ★★★
	5- Compagnons du Nouveau Monde 1503 ★★★
	L'homme du Labrador 1566 ★★
	Terres de mémoire 1729 ★★
	Bernard Clavel, qui êtes-vous ? 1895 ★★
	Harricana 2153 ★★★★
CLERC Michel	**Les hommes mariés** 2141 ★★★
COCTEAU Jean	**Orphée** 2172 ★★
COLETTE	**Le blé en herbe** 2 ★
COLLINS Jackie	**Les dames de Hollywood** 2234 ★★★★ & 2235 ★★★★ (sept.87)
CORMAN Avery	**Kramer contre Kramer** 1044 ★★★
DANA Jacqueline	**L'été du diable** 2064 ★★★
DARLAN Eva	**Le Journal d'une chic fille** 2211 ★★★
DAUDET Alphonse	**Tartarin de Tarascon** 34 ★
	Lettres de mon moulin 844 ★
DAVENAT Colette	**Les émigrés du roi** 2227 ★★★★★★ (août87)
DEFLANDRE Bernard	**La soupe aux doryphores** 2185 ★★★★
DHÔTEL André	**Le pays où l'on n'arrive jamais** 61 ★★

DIDEROT	***Jacques le fataliste*** *2023* ***
DJIAN Philippe	***37°2 le matin*** *1951* ****
	Bleu comme l'enfer *1971* ****
	Zone érogène *2062* ****
	Maudit manège *2167* *****
DORIN Françoise	***Les lits à une place*** *1369* ****
	Les miroirs truqués *1519* ****
	Les jupes-culottes *1893* ****
DOS PASSOS John	***Les trois femmes de Jed Morris*** *1867* ****
DUMAS Alexandre	***La dame de Monsoreau*** *1841* *****
DUTOURD Jean	***Henri ou l'éducation nationale*** *1679* ***
DYE Dale A.	***Platoon*** *2201* ***
DZAGOYAN René	***Le système Aristote*** *1817* ****
EGAN Robert & Louise	***La petite boutique des horreurs*** *2202* *** *illustré*
EXBRAYAT Charles	***Le Château vert*** *2125* ****
FEUILLÈRE Edwige	***Moi, la Clairon*** *1802* **
FLAUBERT Gustave	***Madame Bovary*** *103* ***
FRANCOS Ania	***Sauve-toi, Lola !*** *1678* ****
FRISON-ROCHE	***La peau de bison*** *715* **
	La vallée sans hommes *775* ***
	Carnets sahariens *866* ***
	Premier de cordée *936* ***
	La grande crevasse *951* ***
	Retour à la montagne *960* ***
	La piste oubliée *1054* ***
	La Montagne aux Écritures *1064* ***
	Le rendez-vous d'Essendilène *1078* ***
	Le rapt *1181* ****
	Djebel Amour *1225* ****
	La dernière migration *1243* ****
	Peuples chasseurs de l'Arctique *1327* ****
	Les montagnards de la nuit *1442* ****
	Le versant du soleil *1451* **** *& 1452* ****
	Nahanni *1579* ***
	L'esclave de Dieu *2236* ****** *(sept.87)*
GALLO Max	*La baie des Anges :*
	1- La baie des Anges *860* ****
	2- Le palais des Fêtes *861* ****
	3- La promenade des Anglais *862* ****
GEDGE Pauline	***La dame du Nil*** *1223* *** *& 1224* ***
	Les seigneurs de la lande *1345* **** *& 1346* ****
	Les Enfants du Soleil *2182* *****

GERBER Alain — *Une rumeur d'éléphant* 1948 *****
Le plaisir des sens 2158 ****
Les heureux jours de Monsieur Ghichka 2252 ** (oct.87)

GOES Albrecht — *Jusqu'à l'aube* 1940 ***

GRAY Martin — *Le livre de la vie* 839 **
Les forces de la vie 840 **
Le nouveau livre 1295 ****

GRÉGOIRE Menie — *Tournelune* 1654 ***

GROULT Flora — *Maxime ou la déchirure* 518 **
Un seul ennui les jours raccourcissent 897 **
Ni tout à fait la même, ni tout à fait une autre 1174 ***
Une vie n'est pas assez 1450 ***
Mémoires de moi 1567 **
Le passé infini 1801 **

GUERDAN René — *François Ier* 1852 *****

GUIGNABODET Liliane — *Dessislava* 2265 **** (nov.87)

GUIMARAES Bernardo — *Isaura* 2200 **

GURGAND Marguerite — *Les demoiselles de Beaumoreau* 1282 ***

HALÉVY Ludovic — *L'abbé Constantin* 1928 **

HALEY Alex — *Racines* 968 **** & 969 ****

HAYDEN Torey L. — *L'enfant qui ne pleurait pas* 1606 ***
Kevin le révolté 1711 ****

HÉBRARD Frédérique — *Un mari c'est un mari* 823 **
La chambre de Goethe 1398 ***
Un visage 1505 **
La Citoyenne 2003 ***

HIRSCHFELD Burt — *Les maîtres de Dallas* 1387 ****
Les hommes de Dallas 1550 ****

ISHERWOOD Christopher — *Adieu à Berlin (Cabaret)* 1213 ***

JAGGER Brenda — *Les chemins de Maison Haute* 1436 **** & 1437 ****
Retour à Maison Haute 2169 *****

JEAN-CHARLES — *La foire aux cancres* 1669 **
Tous des cancres 1909 **

JONG Erica — *Le complexe d'Icare* 816 ****
La planche de salut 991 ****
Fanny Troussecottes-Jones 1358 **** & 1359 ****
Les parachutes d'Icare 2061 ******

KAYE M.M.	*Pavillons lointains* 1307 **** & 1308 ****
	Zanzibar 1551 *** & 1552 ***
	L'ombre de la lune 2155 **** & 2156 ****
KOESTLER Arthur	*Spartacus* 1744 ****
KONSALIK Heinz G.	*Amours sur le Don* 497 *****
	Brûlant comme le vent des steppes 549 ****
	La passion du Dr Bergh 578 ***
	Docteur Erika Werner 610 ***
	Mourir sous les palmes 655 ***
	Aimer sous les palmes 686 **
	L'or du Zephyrus 817 **
	Les damnés de la taïga 939 ****
	L'homme qui oublia son passé 978 **
	L'amour est le plus fort 1030 ***
	La caravane des sables 1084 ***
	Une nuit de magie noire 1130 **
	Le médecin de la tsarine 1185 **
	Amour cosaque 1294 ***
	Natalia 1382 ***
	Double jeu 1388 ****
	Le mystère des Sept Palmiers 1464 ***
	La malédiction des émeraudes 1565 ***
	L'héritière 1653 **
	Amour en Camargue 1709 ***
	Il ne resta qu'une voile rouge 1758 ****
	Bataillons de femmes 1907 *****
	Le gentleman 2025 ***
	Un mariage en Silésie 2093 ****
	Coup de théâtre 2127 ***
	Clinique privée 2215 ***
	Quadrille 2229 ** (août 87)
	La nuit de la tentation 2281 *** (déc.87)
KRANTZ Judith	*Princesse Daisy* 1211 **** & 1212 ****
	Scrupules 1319 *** & 1320 ***
LAMALLE Jacques	*L'Empereur de la faim* 2212 *****
LANE Robert	*Une danse solitaire* 2237 *** (sept.87)
LANGE Monique	*Histoire de Piaf* 1091 ***
LAPOUGE Gilles	*La bataille de Wagram* 2269 **** (nov.87)
LASAYGUES Frédéric	*Vache noire, hannetons et autres insectes* 2268 *** (nov.87)
LE NABOUR Éric	*Le Régent* 2098 ****
LESPARRE Christiane	*L'appartement* 2126 *****

LOTTMAN Eileen	***Dynasty*** *1697* ★★
	Dynasty (Le retour d'Alexis) *1894* ★★★
LOWERY Bruce	***La cicatrice*** *165* ★
MAALOUF Amin	***Les croisades vues par les Arabes*** *1916* ★★★★
McCULLOUGH Colleen	***Les oiseaux se cachent pour mourir*** *1021* ★★★★ *& 1022* ★★★★
	Tim *1141* ★★★
	Un autre nom pour l'amour *1534* ★★★★
	La passion du Dr Christian *2250* ★★★★★★ *(oct.87)*
McNAB Tom	***La grande course de Flanagan*** *1637* ★★★★ *& 1638* ★★★★
MAHIEUX Alix	***Coulisses*** *2108* ★★★★★
MARKANDAYA Kamala	***Le riz et la mousson*** *117* ★★
MARKSTEIN George	***Tara Kane*** *2239* ★★★★★★ *(sept.87)*
MARSHALL G. William	***La sixième saison*** *1910* ★★★★
MARTINO Bernard	***Le bébé est une personne*** *2128* ★★★
MATTHEE Dalene	***Des cercles dans la forêt*** *2066* ★★★★
MAUPASSANT Guy de	***Une vie*** *1952* ★★
	L'ami Maupassant *2047* ★★
	Le Horla et autres contes *2187* ★★
MAURE Huguette	***La cinquantaine au masculin*** *1745* ★★★
	Vous avez dit l'amour ? *2267* ★★★ *(nov.87)*
MELNIK J. & COUDRET P.	***Passeur d'enfants*** *2228* ★★★ *(août 87)*
MENDELSSOHN Peter de	***Marianne de ma jeunesse*** *2020* ★★
MERMAZ Louis	***Madame de Maintenon*** *1785* ★★
	Un amour de Baudelaire *1932* ★★
MERRIEN Jean	***Christophe Colomb*** *2197* ★★★★★
MILLER Henry	***Sexus*** *1283* ★★★★ *& 1284* ★★★★
MODIANO P. & LE-TAN P.	***Poupée blonde*** *1788* ★★★ *illustré*
MONSIGNY Jacqueline	***Michigan Mélodie (Un mariage à la carte)*** *1289* ★★
	L'amour dingue *1833* ★★★
	Le palais du désert *1885* ★★
MONTLAUR Pierre	***Imhotep*** *1986* ★★★★
	Nitocris *2154* ★★★★
MORAVIA Alberto	***1934*** *1625* ★★★★
	La Ciociara *1656* ★★★★
	La chose *2171* ★★★
	L'homme qui regarde *2254* ★★★ *(oct.87)*
MORRIS Edita	***Les fleurs d'Hiroshima*** *141* ★
MYRER Anton	***Les derniers jours de l'été*** *1073* ★★★★ *& 1074* ★★★★
	On ne peut vivre sans aimer *1584* ★★★★
NASTASE Ilie	***Tie-break*** *2097* ★★★★
	Le filet *2251* ★★★ *(oct.87)*

ORIOL *Laurence*	**Thérèse Humbert** 1838 **
OWENS *Martin*	**Le secret de mon succès** 2216 ***
PARTURIER *Françoise*	**Calamité, mon amour** 1012 ****
	Les Hauts de Ramatuelle 1706 ***
PECK *Richard*	**Amanda-Miranda** 1248 *** & 1249 ***
PERRIN *Elula*	**Les femmes préfèrent les femmes** 1874 ***
PEYREFITTE *Roger*	**Les amitiés particulières** 17 ****
	La mort d'une mère 2113 **
PIRANDELLO *Luigi*	**Le mari de sa femme** 2283 **** (déc.87)
PLAIN *Belva*	**Tous les fleuves vont à la mer** 1479 **** & 1480 ****
	La splendeur des orages 1622 *****
	Les cèdres de Beau-Jardin 2138 ******
POE *Edgar Allan*	**Le chat noir et autres récits** 2004 ***
	Le scarabée d'or 2143 ***
POIVRE D'ARVOR *P.& O.*	**Le roman de Virginie** 2080 ***
POUCHKINE *Alexandre*	**Eugène Onéguine** 2095 **
PRATTE *Josette*	**Et je pleure** 1390 **
PRÉVOST *Abbé*	**Manon Lescaut** 1972 **
PROSLIER *Jean-Marie*	**Vieucon et son chien** 2026 ***
RACHET *Guy*	**Les vergers d'Osiris** 1423 *** & 1424 ***
RASPAIL *Jean*	**Les yeux d'Irène** 2037 ****
REMY *Pierre-Jean*	**Orient-Express** 1152 *** & 1153 ***
	Orient-Express 2ème époque 2186 *****
	Le dernier été 1882 ***
RENARD *Jules*	**Poil de carotte** 11 *
REY *Frédéric*	**La haute saison** 1967 ****
RHODES *Evan H.*	**Le prince de Central Park** 819 **
RIPLEY *Alexandra*	**Charleston** 1760 **** & 1761 ****
ROBBE-GRILLET *Alain*	**L'année dernière à Marienbad** 546 **
	Un régicide 1772 **
ROCHE *Eliane*	Châteauvallon :
	- La fortune des Berg 1856 ****
	- L'or des Kovalic 1936 ****
	- Retour à la Commanderie 2140 ****
ROGERS *Rosemary*	**Au vent des passions** 1668 ****
	La femme impudique 2069 ****
ROSSFELDER *André*	**Tropique du crabe** 2198 ***
ROTHSCHILD *Guy de*	**Contre bonne fortune...** 1787 *****
RUGGIERI *Eve*	**Eve Ruggieri raconte...** 1926 ****
	Les grandes rencontres amoureuses 2226 *** (août 87)

SADOUL Jacques	*La mort du héros* 1950 ★★★
SAGAN Françoise	*Un peu de soleil dans l'eau froide* 461 ★★
	Des bleus à l'âme 553 ★
	Un profil perdu 702 ★★
	Le lit défait 915 ★★★
	Le sang doré des Borgia 1096 ★★
	Le chien couchant 1272 ★★
SEGAL Erich	*Love story* 412 ★
	Oliver's story 1059 ★★
	Un homme, une femme, un enfant 1247 ★★
SEGAL Patrick	*Quelqu'un pour quelqu'un* 2210 ★★★★
SIENKIEWICZ Henryk	*Quo Vadis* 2255 ★★★★ (oct.87)
SIM	*Elle est chouette, ma gueule !* 1696 ★★★
	Pour l'humour de Dieu 2001 ★★★★
	Elles sont chouettes, mes femmes 2264 ★★★ (nov.87)
SOLDATI Mario	*L'épouse américaine* 1989 ★★★
SOUPAULT Philippe	*Le grand homme* 1759 ★★★
	Le nègre 1896 ★★
	En joue ! 1953 ★★★
STEEL Danielle	*Leur promesse* 1075 ★★★
	Un monde de rêve 1733 ★★★
	Palomino 2070 ★★★
	Souvenirs d'amour 2175 ★★★★★
	Maintenant et pour toujours 2240 ★★★★★★ (sept.87)
STENDHAL	*Le rouge et le noir* 1927 ★★★★
STEWART Fred Mustard	*America* 1535 ★★★★ & 1536 ★★★★
	Les portes de l'espoir 1987 ★★★★
SULITZER Paul-Loup	*Popov* 1865 ★★★★
SUMMERS Anthony	*Les vies secrètes de Marilyn Monroe* 2282 ★★★★★★ (déc.87)
SWINDELLS Madge	*Tant d'étés perdus* 2028 ★★★★★★
	Écoute ce que dit le vent 2280 ★★★★★★ (déc.87)
TANNAHILL Reay	*Sur un lointain rivage* 2142 ★★★★★★
TCHERINA Ludmila	*L'amour au miroir* 1789 ★★★
THOMAS Bernard	*Aurore* 2027 ★★★★★
TROYAT Henri	*La neige en deuil* 10 ★
	La lumière des justes :
	1- Les compagnons du coquelicot 272 ★★★
	2- La barynia 274 ★★★
	3- La gloire des vaincus 276 ★★★
	4- Les dames de Sibérie 278 ★★★
	5- Sophie ou la fin des combats 280 ★★★

951
★★★

Impression Brodard et Taupin à La Flèche (Sarthe)
le 18 juin 1987
6233-5 Dépôt légal juin 1987. ISBN 2-277-11951-2
1er dépôt légal dans la collection : mai 1979
Imprimé en France
Editions J'ai lu
27, rue Cassette, 75006 Paris
diffusion France et étranger : Flammarion